한국어로 내려온
New Bible

새로운
성 경

제**136**권

9부 | 총10부

하얀마음

하나님 말씀 중에서

1. 사랑의 하나님

- 세상을 창조하신 하나님은 모두를 사랑하신다. 인간만 특별히 더 사랑하지 않고, 우주 만물을 다 똑같이 사랑하신다. 그러니 하나님이 창조하신 천지 만물과 화친하고, 미물까지도 소중히 대하라.

- 하나님은 특정 종파나 민족만을 더 사랑하지 않으신다. 자기 자신만 구원받겠다는 욕심을 버리고, 자기 종파만 구원받는다는 편협한 교리에서 벗어나야 한다. 종파를 초월해서, 모두를 사랑하라.

- 원수까지 사랑하라 했으니, 이 세상에 사랑하지 못할 자가 누가 있겠는가? 종파가 다르다고 해서 부모 형제와 원수처럼 지내는 자는 인간의 근본을 모르는 자다. 가장 가까운 가족부터 사랑할 때 남도 진심으로 사랑할 수 있다.

- 한 사람을 원수같이 생각하던 마음에서 사랑하는 마음으로 돌리면, 자기 자신의 마음이 가장 기쁘고 행복하다. 하나님께서는 인간의 마음속에 무거움이 없이 기쁘고 행복한 삶을 살기를 바라신다.

- 이웃을 "내 몸처럼" 사랑하라 했으니, 마지막 한 장 남은 천국의 티켓도 이웃에게 양보하라. 자기 중심적인 신앙에서 벗어나서 남을 위해 살아야 한다.

- 독초도, 약초도, 이단도 사탄도 천사도 다 필요하기에 존재한다. 독초일지라도 극소량을 사용해서 생명을 살릴 수 있고, 약초라 하더라도 남용하면 생명을 잃을 수 있다.

- 세상 모든 것을 명약으로 활용하는 것은 인간의 지혜에 달렸다. 어떤 것이든 어떤 사람이든 적재적소에 꼭 필요한 명약으로 승화시키라.

- 사탄도 이단도 천사도 모두 하나님의 주관하에 존재한다. 진정한 하나님의 백성은 사탄과 마귀까지도 감화시켜서 천사로 거듭나게 한다.

2. 기도

- 하나님은 인간의 생각까지 모두를 다 알고 계신다. 우리의 소원도 이미 알고 계시기에, 소원의 기도를 할 필요가 없다. 우리가 받을 자격이 되면 내려 주신다.

- 죄를 짓고 아무리 회개를 해도 용서받지 못한다. 도둑질한 자는 용서해 달라고 기도하고, 도둑맞은 자는 도둑을 잡게 해 달라고 기도하면, 공의의 하나님은 누구의 편에 서시겠는가?

- 자기가 잘못한 것은 그 사람에게 직접 갚고 용서를 구하라. 그가 용서하면 하나님도 용서하신다. 땅에서 매면 하늘에서도 매이고, 땅에서 풀리면 하늘에서도 풀리는 이치다.

- "회당에서 기도하지 말고 골방에서 기도하라" 했다. 눈에 보이는 골방이 아니라, 골방과 같이 고요한 마음이다. 잡념을 버리고 하나님을 향해 마음을 집중하며, 사랑하고 용서하는 아름다운 생각만 나오도록 하라.

- "두드리면 열릴 것이다." 하는 것은 육의 소원을 위해 두드리라는 것이 아니라, 진리의 깨달음을 얻기 위해 두드리라는 것이다.

- 기도하는 방법: 생활 속에서 수시로 기도하는 삶을 살아야 한다.

- "저의 죄를 용서하여 주옵소서." 하는 회개의 기도를 하라.
- 범사에 "하나님! 감사합니다." 하라. 현재 가진 것에 감사하며, 과욕하지 말라. 자기 노력 이상의 것을 더 갖고자 기도하는 것은 도둑놈심보다. 공의의 하나님은 각자 노력한 만큼 주신다.
- "하나님 뜻대로 살아가겠나이다." 하며 마음의 각오를 다지라.

- 기도는 하나님의 말씀을 받아서 "행하는 것"이다. 하나님이 계심을 굳건히 믿고, 하늘을 향하여 한 점 부끄럼 없이 사는 삶 자체가 가장 위대한 기도이며, 삶이 곧 예배다.

3. 지도자

- 똑같이 사랑한다는 말을 해도, 순수하게 하는 말은 천사의 말이지만, 사기 쳐서 재산을 가로채려고 하는 말은 사탄의 말이다.

- 종교 지도자가 아무리 훌륭한 설교를 해도, 신도의 재물을 거둬서 더 큰 교회를 짓고 자기의 부귀영화를 바라며 실교하면 사탄의 가르침이 된다.

- "저희 교회는 만원사례요, 믿음은 다 같으니 이웃의 개척 교회에 가서 예배를 드리시오." 하며, 이웃 교회의 부흥을 먼저 생각하여 제 신도를 보내는 종교 지도자가 있다면 그를 따르라. 그가 하나님의 사랑을 실천하는 자다.

- "부자가 천국에 들어가는 것은 낙타가 바늘구멍을 통과하는 것보다 더 힘들다" 하였거늘, 지금의 교회에서는 부자가 되기만을 기도하고 소원하니, 이는 곧 천국을 포기하고 지옥 행 열차의 티켓을 사는 것과 같다.

- 예수는 빈손이었다. 종교 지도자가 예수보다 더 호화롭고 편안하게 살아간다면 잘못된 것이다. 부귀영화와 명예를 바라는 자는 절대로 갈 수 없는 좁고 협착한 길이 종교 지도자의 길이다.

- 종교 지도자는 유리로 비춰 봐 한 점의 부끄러움이 없이 살아야 한다. 의식주도 직접 일해서 해결하고, 예수의 가르침과 행함을 그대로 따라야 한다.

- 종말은 없다. 지금의 잘못 가는 종교 집단에게만 종말이 있다. 보이지 않는 하나님은 보이는 육의 종말은 관여하지 않으신다. 환경 파괴로 인간이 스스로 멸망을 자초하는 것이다. 종파끼리 싸우기 전에, 무너진 인성을 바로잡고 지구의 몸살을 해결하는 데 뜻을 모으는 게 급선무다.

4. 성전이란

- 이 세상 자체가 하나님께서 만드신 성전이다. 자연보다 더 아름다운 성전이 있는가? 보이는 건물이 성전이 아니라, 성스러운 마음가짐이 성전이다.

- 반석 위에 교회를 지으라 했다. 지상의 단단한 돌은 인간이 쪼갤 수 있으나, 마음속의 굳은 결의는 세상 무엇으로도 쪼갤 수 없다. 바르고 굳건한 믿음으로 성경의 가르침을 실천하는 것이 마음의 반석 위에 교회를 짓는 것이다.

- 손으로 지은 건물의 교회에 모여서 복음을 전하는 것이 아니라, 교회를 개인과 가정에 심어 주어야 한다. 무너지고 부서지는 건물을 짓지 말고, 마음속에 영원히 불변하는 참진리의 교회를 지으라.

5. 십계명

- 십계명은 인간이 죽어서 반드시 통과해야만 하는 열 개의 관문이다.

\- 부모를 공경하지 아니한 자는 "네 부모를 공경하라." 하는 제5계명의 관문이 열리지 않으니 구원받을 수 없다.
\- 살인, 간음, 거짓, 우상 등의 나머지 계명도 마찬가지다.

- 십계명은 하나님의 친필이다. 모기소리만 한 하나님의 음성이라도 들어 보겠다고 여기저기 찾아 헤매지 말고, 십계명부터 암송하고 지키라.

- 십계명은 영혼을 구원하는 양식이며, 십계명을 지키는 것이 구원을 받는 길이다. 인간이기에 지키고자 노력하고 또 노력한다면 지킬 수 있다.

- 십계명을 지키고 천사처럼 아름답게 살아가는 그 마음 하나면 세상에 이루어지지 않는 것이 없다.

6. 보물

- 하나님은 재물이 아니라 우리의 마음을 받으신다. 사랑을 실천하며 천사처럼 변하는 마음이 하나님께 바치는 보물이다.

- 보이지 않는 하나님께 재물을 바치려 하지 말고, 너희를 길러 준 부모에게 용돈 드리고, 찾아뵙고, 효성을 다하라. 그것이 하나님께 효도하는 것이다.

- 하늘에는 선과 악의 창고가 있다. 자기 창고에 선이 많으면 천국으로 구원을 받고, 악이 많으면 심판받아 지옥으로 간다. 그것이 바로 "선한 일을 행한 자는 생명의 부활로, 악한 일을 행한 자는 심판의 부활로" 나오는 것이다.

- "선악과를 따먹지 말라"는 것은 양심을 지키라는 것이다. 선과 악을 구분할 수 있는 양심을 최초에 인간에게 주셨다. 선한 열매는 취하고, 악한 열매는 버리며, 양심에 비추어 부끄럼 없는 삶을 살아가라.

- 가장 작은 거짓말을 하지 않고, 가장 작은 죄를 짓지 않으며, 가장 작은 선행을 하고, 가장 작은 악행을 멀리하는 것이 율법의 일점 일획도 빠뜨리지 말고 다 지키는 삶을 사는 것이다.

7. 우상

- 박물관에 있는 불상은 하나의 예술품이다. 그 조각품에 대고 제 소원을 빌 때 우상숭배가 된다. 십자가라 하여도 그 앞에서 소원을 빈다면 우상숭배하는 것이며, 하나님께 소원을 빈다면 하나님을 우상으로 전락시키는 것이다.

- 지금 기복신앙에 젖어 있는 모든 사람이 우상 앞에 절을 하고 있다. 조각품을 우상이라며 파괴하지 말고, 네 마음속에 있는 욕심의 우상을 무너트리라.

- 생수를 약초가 먹으면 약을 만들고 독사가 먹으면 독을 만든다. 같은 성경을 봐도 선한 지도자는 신도를 천사로 만드는 데 활용한다. 그러나 욕심이 가득한 지도자는 재물을 거두어들여 제가 부귀영화를 누리는 데 악용한다. 그가 바로 성경을 우상숭배의 도구로 전락시키는 거짓 선지자다.

- 성경을 한 획도 빼거나 더하지 말라는 것은, 그 가르침을 빠트리지 말고 온전히 지키라는 것이다. 성경 속에서 자기에게 유리한 구절만 보는 것은, 자기에게 불리한 구절들을 빼 버리는 것이다. 믿음이 제일이요, 행함은 구원과는 관계없다는 것은 자신에게 유리한 쪽으로 성경을 악용하는 것이다.

- 진정한 종교 지도자는 종파에 관계없이 어떤 종파든 어떤 책이든 접하고 보고 깨우쳐 견문을 넓히도록 인도한다. 참진리를 모르고 자신이 없는 자가 남을 이단이라며 배척하고, 신도들의 눈과 귀를 가린다.

8. 예수

- 예수의 재림은 없다. 예수가 다시 온다 해도, 과연 누가 그를 예수라고 믿겠는가? 예수와 같은 삶의 행함이 곧 예수의 재림이다. 각자 모두가 "재림 예수"가 되는, 차원 높은 믿음으로 가야 한다.

- 예수는 "주여 주여 하지 말고, 아버지의 뜻대로 행하라"고 했다. 예수가 전한 하나님의 뜻이 곧 "길이요, 진리요, 생명"이며, 그 가르침이 예수의 보혈처럼 소중한 것이다. 예수를 믿는 것은, 예수의 가르침을 믿고 따르는 것이다.

- 예수는 낮은 자로서 만백성을 섬기고자 했다. 만나는 모든 사람을 다 하나님이라 생각하라. 돈을 벌수록 겸손하고, 높은 지위를 얻을수록 낮아지라.

▪ 예수는 종파를 만들지 않았다. 인간이 만든 종교와 인간의 교리를 따르지 말고, 예수를 통해 전한 하나님의 참진리를 연구하고 따르라.

▪ 예수가 2천 년 전에 만백성을 위해 죽었으니, 지금 이 땅에는 예수의 가르침대로 사는 천사만 존재해야 한다. 예수가 죽어 가면서 바란 것은 만백성이 천사가 되어 예수의 자리를 채워 주는 것이지, 지금과 같이 재물을 바치면서 중언부언 제 소원만을 비는 백성들을 바란 것이 아니다.

9. 구원

▪ 천사가 사는 천국에는 천사만 갈 수 있으니, 천사 같은 마음을 길러야 한다.

- "천국 열쇠를 네게 주리니 땅에서 무엇이든지 매면 하늘에서도 매일 것이라" 했다. 땅에서 천사같이 사는 자가 하늘에서도 천사가 되어 천국에 들어간다. 모든 사람에게 천사같다는 말을 듣는 삶을 살아야 한다.

▪ 천사의 곱고 아름다운 마음은 부모를 공경하고 어른을 어른으로 대접하는 데에서 출발한다. 효도하는 자는 형제와 화목하게 지내기에 가정이 화목해지고, 이웃과 화목해지고, 국가가 화목해지고, 온 인류가 화목해진다.

- 그러므로 지상의 아름다운 소왕국은 가정에서부터 이루어야 한다.

▪ 선택된 14만 명만 구원받는 것이 아니라, 천사처럼 변하고자 하는 14만 명을 기초로 온 인류가 천사처럼 거듭나는 영적인 개혁이 시작되는 것이다.

▪ 천 년에 걸쳐서 하늘에서 이루어진 것같이 이 세상을 낙원으로 만들어, 만백성이 지상의 천국에서 살다가 죽어서 그대로 하늘의 천국으로 들어가는, 영원한 지상 낙원을 건설하는 것이 하나님의 계획이다.

- **이것이 구약과 신약에 이어 "새로운 성경"으로 역사하시는 하나님의 창조의 완성이다.**

▪ 지금의 믿음으로 구원받을 수 있다면 그 길을 가라. 그러나 자신이 없다면 하나님께서 직접 내리신 160권의 "새로운 성경"을 읽고 구원의 길을 보라!

하나님 머리말씀

이 새로운 성경을 읽는 너희 모두는
이 율법에 따라 행하면 영원히 구원받을 것이니라.

너희 인간이 수년, 수십 년, 평생
성서를 공부하고 기도하는 것은
하늘나라 나의 곁으로 오고 싶은 소망일진대,

몇천 년 전의 너희 인성과 생각이
지금의 너희와는 판이하게 다르니,

꺾여 가고 병들어 가는 너희를 고칠 수 있는 길은,
오늘 내가 선지자에게 내리는 새로운 성경과 같이
너희가 변화되는 것뿐이니라.

나의 예수가 태어난 것처럼
내가 아들 선지자를 선택하여
나의 새로운 성경을 온 세계에 전하고자 하니,

묵은 것은 버리고 새로운 것은 취하여,
너희 모두는
'여호와 하나님! 저의 죄를 용서하여 주옵소서.'
하는 기도문으로 기도하고, 죄를 뉘우치라.

이 새로운 성경은
수천 년간 내려온 성서를 요약한 것이니,
너희는 이 책을 정독하여 쉽게 깨달음을 얻고,
이대로 실천하여 하늘에 오르라.

대역자 머리말

■ 하나님의 율법을 지키는 선지자로 선택을 받도다.

저는 남들처럼 그저 열심히 살아온 평범한 사람이었습니다. 그러나 50대 중반에 사업에 실패하여 많은 부채에 시달렸으며, 건강도 악화되어 눈이 잘 안 보이고, 걷기도 어렵고, 두통이 심해서 잠을 이룰 수 없는 고통의 나날을 보냈습니다. 그때 제가 선택할 수 있는 것은 육의 삶을 끝내는 길뿐이었습니다.

죽기 직전에 그동안에 죄를 지은 이들에게 용서를 빌고 인생을 끝내기로 작정하였습니다. 어려서부터 지은 죄를 빌고 빌다 보니 끝이 없었고, 죽음으로도 그 많은 죄를 용서받을 길이 없다는 생각에 하염없이 눈물이 흘렀습니다. 그 순간 '재래식 화장실의 구더기는 죄를 짓지 않는데, 나는 인간으로서 구더기만도 못한 삶을 살았구나.' 하는 생각이 들면서 괴로움에 몸부림칠 때, 갑자기 하나님의 음성이 들렸습니다.

"나는 여호와 하나님이니라. 너는 십계명을 암송하고 내가 내려 주는 메시지를 받아 책으로 만들어 만백성을 구하라." 하시며, 제 눈을 손으로 문지르게 하시고, 아픈 머리와 다리를 손으로 두드리게 하셨습니다. 그러고 나니 눈도 잘 보이고 걸을 수 있었으며 머리의 통증도 말끔히 낫게 되었습니다. 그때부터 십계명을 암송하고 나면 들려주시는 말씀을 기록하였고, 1999년 8월부터 2004년 7월까지 권당 288쪽, 총 160권을 받아서 "새로운 성경"이라는 책으로 펴내게 되었습니다.

그러한 저에게 죽기보다도 힘든 길이 시작되었습니다. 모든 교인들이 저에게 사탄이요, 이단이요, 악마요, 마지막 시대에 온 거짓 선지자라 하면서 공격하였고, 저를 짐승을 보듯이 대하는가 하면, 편협한 종교 지도자들의 선동으로 신도들이 이 책을 직접 읽어 보고 평가할 기회마저 막아 버렸습니다. 그래서 하나님의 말씀을 세상에 내는 데 많은 어려움을 겪으며, 피를 토하는 심정으로 책을 전하고 있습니다.

그러나 아무리 인간의 힘으로 막으려 해도, 하나님의 뜻이 세상에 전해지는 위대한 역사는 계속될 것입니다. 책으로 전해지는 "하나님의 말씀"은 세상 끝날까지 항상 우리와 함께하실 것입니다. 사람은 죽어도, 책에 기록된 말씀은 영원히 남으니까요.

■ 따뜻한 실천

하나님께서는 어려운 사람들에게 삶의 터전을 마련해 주고, 미래를 열어 주는 것을 기뻐하십니다. 어려운 이웃이 스스로 자립할 수 있도록 이끌어 주는 것이 진정으로 이웃을 돕는 것이라고 말씀하셨습니다. 그래서 일자리가 없는 제자들에게 작은 사업장을 만들어 주는 "달란트 사업"을 하고 있습니다. 식당, 반찬 가게 등을 차려 주고, 기존의 어려운 사업장이 자립할 수 있도록 돕고 있습니다(커피숍, 미용실, 의상실 등).

하나님께서는 교회에 나와서 모든 시간과 재물을 쏟기를 원하지 않으시고, 그 시간과 재물을 교육에 투자하여 스스로 미래를 열어 가기를 원하십니다. 그래서 제때 공부하지 못한 제자들에게 학업을 이어 가도록 하였습니다. 중화요리 주방장을 하며 초등학교 검정고시부터 공부하여 2012년에 방통대를 졸업한 36세 남성, 만학도들의 2년제 중학교에 입학해서 2007년에 명지대학을 졸업한 38세 여성, 중학교 검정고시를 시작으로 숭의여자대학을 졸업한 47세 여성 등이 있습니다. 그밖에도 많은 제자들에게 나이를 초월하여 배우고 깨우쳐서 사회 속의 당당한 일원이 되도록 인도하고 있습니다.

학자금 대출로 힘겨워하는 젊은이들을 위해 "따뜻한 바람 장학회"를 발족하여(2016년 12월) 대출받은 학자금 전액을 매월 갚아 주고 있습니다. 또한, 다문화 가정을 위해 "다문화 가족 랜드"를 조성하여, 각종 시설을 무료로 활용하도록 하고 있습니다.

이러한 따뜻한 실천이 아직은 미약합니다. 그러나 책의 수입이 늘고, 저와 뜻을 같이하는 분들이 늘어나면 계속 확대할 것입니다. 지도자로서 신도의 재물을 헌금으로 거둬들여 착복하는 것이 아니라, 하나님께서 기뻐하시는 일에 사용하도록 중매 역할만 하며 살아가고자 합니다. 이런 제가 과연 사탄이고 이단인가요? 하나님께서 기뻐하시는 일이라면, 저에게 사탄이라 하든 거짓 선지자라 하든 굽히지 않고 실천해 나갈 것입니다.

끝으로, 일상의 삶 속에서 "지금 내가 하는 행동이 과연 하나님께서 기뻐하실까, 슬퍼하실까?" 생각하고, 매사에 하나님께서 기뻐하시는 길을 택하기 바랍니다. 교회에 모여서 집단적으로 예배 드리는 것이 아니라, 개인이나 가정 단위로 새로운 성경을 읽어 스스로 깨우치고 그대로 행하면 충분합니다. 그것이 마음속에 성전을 짓고, 신령과 진정으로 예배 드리는 길입니다. 그러면 천국의 문에 들어서게 됩니다.

2017. 2. 1.

하나님 말씀 대역자 김용철

차 례

십계명

이 책은 십계명을 암송하고 나면 내려 주시는 "하나님의 음성"을 듣고 그대로 받아쓴 기록입니다. 하나님께서 십계명을 모세에게 내려 주셨지만, 그것은 만백성에게 내려 주신 것입니다. 마찬가지로 이 책의 모든 말씀도 저에게 내려 주셨지만, 만백성 각자에게 들려주시는 말씀입니다. 여러분도 이 책을 접할 때마다 십계명을 암송하고 나서 정독해 주시기 바랍니다.

제일은, 너는 나 외에는 다른 신들을 네게 있게 말지니라.
제이는, 너를 위하여 새긴 우상을 만들지 말고, 또 위로 하늘에 있는 것이나, 아래로 땅에 있는 것이나, 땅 아래 물 속에 있는 것의 아무 형상이든지 만들지 말며, 그것들에게 절하지 말며, 그것들을 섬기지 말라.
제삼은, 너는 너의 하나님 여호와의 이름을 망령되이 일컫지 말라.
제사는, 안식일을 기억하여 거룩히 지키라.
제오는, 네 부모를 공경하라.
제육은, 살인하지 말지니라.
제칠은, 간음하지 말지니라.
제팔은, 도적질하지 말지니라.
제구는, 네 이웃에 대하여 거짓 증거하지 말지니라.
제십은, 네 이웃의 집을 탐내지 말지니라.

나 여호와가 존재함을 믿는 그 자체가 구원의 길에 들어서는 기본이요, 근본이며, 나의 새로운 성경을 가슴에 안고 정독하는 자, 반석 위에 서서 하늘에 오르는 찬란한 빛을 보게 되는 영광을 얻게 됨이니라. 진정 나를 따르고 믿는 자는 감히 사탄이나 마귀도 근접하지 못하느니라.

〈하나님 말씀〉

2004년 3월

10,128 번째 하나님 말씀

2004년 3월 27일 20시 10분

1 사랑하는 나의 아들아!
2 "네, 아버님! 말씀하옵소서."
3 너희들이 죄의 험악한 이 세상 속에서
죄를 지으며 그를 행하고 삶을 살아가
느니라.
4 죄 속에서 너희들이 살아가는 그 삶을
살면서 너희들은 화평이요, 평화로운
너희들의 삶이라 생각하며,
5 오늘의 너희들이 육을 위하여 사는 그
삶이 영원히 지속될 것이며, 이는 무
너지지 아니하며 깨지지 아니할 것이
라는 그와 같은 생각으로써 지금 살아
가고 있지 않으냐?
6 그리하여 내가 나의 백성을 구원하기
위하여 예언자를 통하여 나 여호와의
뜻을 전해 주며, 너희들이 미리 당할
그 모두를 내가 깨우쳐 주나,
7 너희들은 그와 같은 것을 믿지 아니하
며 그것을 두려워하지 않느니라.
8 그러면서 너희들이 설마 그와 같은 것
이 있을까 하는 그 마음에서 오늘에
너희들이 안주하고 살아도 된다 하여
너희들이 변화를 원하지 아니하며,
9 선지자요, 예언자를 통하여 전하는 그
와 같은 깨달음을 너희들이 정녕 받아
들여 소중하고 귀한 것으로 알아 너희
들의 귀를 여는 그와 같은 삶을 살지
않는 것이니라.
10 모세에게 내렸던 그와 같은 것도 그들
이 믿지 아니하였으며,
11 내가 나의 아들 예수를 통하여 역사한
그 모두도 너희들이 믿지 않는 그와
같은 삶을 사는 것이 아니더냐?
12 그리하여 지금 내가 나의 새로운 성경
이요, 하늘에 오르는 길이요, 만백성
을 구하는 것이요, 그리고 너희들으
심판의 기준이라는 새로운 성경의 법
전이라 하여 내가 세상에 내려보내거
늘,
13 이를 너희들이 접하고 이를 행하고 이
를 따라 살아가는 그와 같은 삶의 길
을 선택하는 것이 아니요,
14 너희들은 이는 구원의 길이 아니요,
구원의 길을 역사하는 것이 아니요,
너희들을 지옥으로 이끌어 가는 것이
라 하여 너희들이 사탄이요, 마귀가
역사하는 것이라 그리 말하며, 사탄의
장난이라 감히 이를 그리 붙여 말하고
있는 것이 아니더냐?
15 그러니 오늘의 그 믿음으로 가는 그
백성들로 하여금 너희들이 나의 사랑
하는 백성들이요, 깨달음을 얻을 수
있는 백성이요, 나의 법전을 보고 바
른길을 올 수 있는 구원의 길에 올 수
있는 그 백성들의 앞까지 막는 것이
오늘의 종교 집단이요, 지도자들이니
라.
16 그러니 너희들이 몇천 년 동안 나의
백성으로서 불행 속에서 살아왔으며,
죄 속에서 살아온 이 삶을 너희들이
바로잡고 거듭날 수 있는 그와 같은

기회를 내가 너희들에게 내려 주며,
그와 같은 역사를 이루고자 하거늘,
17 너희들은 이를 보지 아니하며 이를 따
르려 하지 아니하며 행하지 않는 것이
니라.
18 다만, 너희들이 지금까지 살아왔던 방
법으로써 너희들이 그것을 기원하며,
그 속에서 무엇을 구원하고자 울고불
고 얻고자 하는 그것으로써 너희들이
만복을 다 얻는 것처럼 그와 같은 믿
음으로 가는 것이 오늘의 백성 너희들
이니,
19 그와 같은 너희들의 생각 속에서 너희
가 과연 어떠한 결과를 기다리고 있으
며, 너희들은 어떠한 것으로써 심판대
에 섰을 때, 너희들이 거기에서 어떠
한 벌을 받고 어떠한 대가를 치르는지
를 지금 모르고 있는 자들이니,
20 그러니 두려움을 모르고 무서운 줄을
모르며,
21 오늘의 생활이요, 너희들의 육의 삶을
위하여 그저 너희들이 편안한 것, 화
평한 것, 그와 같은 삶이 영원히 지속
될 것이라 하여 너희들은 그를 지탱하
고자 할 것이며,
22 그는 무너지지 아니하며 변화되지 아
니할 것이라 하여 너희들이 그와 같은
안주된 마음에서 살아감이니,
23 새로운 성경이요, 참진리를 너희들에
게 깨우쳐 바른길을 보고 영원히 사는
길이라는 나의 법전을 너희들에게 전
해 주고 들려주나,
24 이를 보지 아니하며 사탄의 장난이라
하여 찢어 버리고 태워 버린 어리석은
너희들이 그 삶을 사니,
25 이것이 바로 너희들이 나에게 와 심판
대에 서는 기본이요, 근본이니 이것이
얼마나 귀하고 소중한 것인가!
26 그때 너희들이 이를 찾아도 그는 네
옆에 있지 않을 것이며, 이를 봤다 해
도 너희들이 그 내용을 모를 것이며,
27 태워 버리고 찢어 버린 자가 나는 그
법전을 봤으며 그 책을 읽었다 말해
도, 나 여호와의 사탄과 천사들은 너
희들에게 속지 아니함을 알라 그리 전
하라.

10,129 번째 하나님 말씀

2004년 3월 27일 20시 13분

1 사랑하는 나의 아들아!
2 "네, 아버님! 말씀하옵소서."
3 인간 세상에서 너희들이 살아가면서
인간관계에도 어려울 때만 찾아오는
그 형제요, 어려울 때만 찾아오는 그
친구요, 그리고 문제가 있을 때만 그
문제를 보따리째 들고 와 너희들에게
찾아와 의논하며,
4 그를 도와주기를 원하며 풀어 주기를
원하는 백성, 과연 그와 같은 백성들
을 너희들은 얼마나 반기고 사는가?
5 그러니 인간 세상에서도 너희들이 어
려울 때 그 문제의 보따리를 가져와
너희들에게 그 모두를 넘기려는 그와
같은 백성을 반기는 자 없을 것이며,
6 그와 같은 백성을 믿는 자 없을 것이
며, 그와 같은 백성에게 정을 주고 사
랑을 주는 백성은 없을 것이니라.
7 너희들이 형제지간에도 그러하며 이
웃 간에는 더한 것이며, 세상사에 살

아가는 인간관계에서는 더욱이 그러
한 자를 멀리할 것이며, 그러한 자를
반기지 아니할 것이니라.
8 그러니 지금의 믿음의 길을 가는 백
성 너희들이 과연 어떠하더냐?
9 인간관계에서도 평소에 너희들이 찾
지 아니하며, 평소에 뜻을 같이하지
아니하며 그리 멀리하다가,
10 너희들이 문제요, 어렵고 힘든 시련
을 겪을 때, 그 보따리를 들고 와 의논
하는 자는 반기지 아니한다 하였거늘,
11 오늘의 믿음의 길을 가는 백성 너희
들이 과연 어떠하더냐?
12 너희들은 나를 찾는 것이 어떠하던가?
13 나를 평소에 너희들은 버려두었으며
지워 두었으며, 너희들은 나 여호와를
기억도 하지 아니하며,
14 그러다 너희들이 어려운 일에 부닥치
며 너희들이 힘들고 어려울 때 나를
찾고 울고불고하는 것이 아니더냐?
15 그러면서 너희들이 나의 뜻에 의해
역사하는 것이 바로 나 여호와로부터
모두를 얻고자 하며 필요할 때만 찾
는 것이라 그리 생각하고 있지 않으
냐?
16 다만, 너희들이 나 여호와가 존재하며
내가 있다는 것을 한 구석 마음속에
기억은 하고 있음이니라.
17 그러면서 너희들이 나를 기억하는 속
에 뒷전으로 접어 두고, 너희들이 평
소에 살다 평화롭고 행복할 때는 나를
찾지 아니하며 나를 버려두며 그리 사
느니라.
18 그저 마음속 한 곳에 너희들이 그림자
처럼 남겨 두고 사느니라.
19 그리하다 너희들이 어려운 것에 부닥
쳤을 때, 너희들이 해결할 수 없는 것
이 찾아왔을 때,
20 너희들은 나를 꺼내어 또한 나를 부르
며 나에게 그 뜻을 이루어 달라, 소원
을 이루어 달라며 울고불고하는 그것
이 오늘의 너희들의 믿음이요,
21 나를 경배하는 너희들의 자세요, 나를
따라 너희들이 나에게 오르겠다는 자,
그리고 내 뜻대로 살아 내 품에 오겠
다는 백성들이 나를 생각하고 나를 찾
는 것이 이와 같은 형국이 되어 있다
는 것을 내가 나의 아들을 통하여 법
전에 기록함이니,
22 과연 너희들이 그렇지 아니한가 그러
한 것인가는 너희들이 평가하고 스스
로 따져, 너희들이 필요할 때 찾는 나
여호와로 그리 만들지 말라.

10,130 번째 하나님 말씀

2004년 3월 27일 20시 17분

1 사랑하는 나의 아들아!
2 "네, 아버님! 말씀하옵소서."
3 내가 종교 집단이요, 지도자 너희들은
어떠한 명분이든지 너희들이 재물을
거둬들이며 헌금을 거둬들이며 십일
조를 갈취하는 행위를 하지 말라 하였
음이니라.
4 내가 나의 아들을 통하여 나의 법전에
기록하여 너희들에게 전함이니, 종교
지도자요, 집단에 속해 있는 너희들이
어떠한 명분이든지 재물을 거둬들이
고 챙기는 것은 바로 너희들이 뇌물을
받아들이는 그와 같은 자들임을 알라.

5 그리하여 재판이요, 모든 판결까지도 뇌물에 의하여 억울한 자와 바른 자를 구분하지 않는 그 사악한 재판을 하는 자들처럼,

6 너희들이 지금 재물을 받아들이는 것은 뇌물을 거둬들이고 받아들이는 그와 같은 행위이니,

7 그와 같은 종교 집단이요, 지도자가 어찌 바른 것을 가르치며 바른 판정을 내릴 수 있단 말이더냐?

8 인간이요, 너희들이 법을 재판하는 자도 뇌물을 받는 그와 같은 자는 바른 판결이요, 바른 재판을 할 수 없다 하였음이니라.

9 인간관계에 인간 세상에 너희들이 어떠한 것을 재판하고 송사할 때, 그 재판하는 자가 뇌물을 이미 벌써 받아들였다면 그 재판의 결과는 뻔한 것이며, 그리하여 바른 재판의 결과는 나올 수 없을 것이며,

10 그리고 아무리 바르고 정당한 것으로써 재판을 했다 해도, 그를 원했다 해도, 그 백성은 억울함과 분함을 참지 못하는 그와 같은 결과가 되지 않더냐?

11 하물며 지금 나의 피조물 만백성을 깨우쳐 하늘에 오르는 길이요, 그리고 모든 백성들을 구원하는 그 길을 역사하는 종교 집단이요, 지도자요, 너희들이 뇌물을 거둬들이기에 혈안이 되어 뇌물을 받아들이고 그와 같은 짓을 하고 있다면,

12 뇌물을 챙기기에 혈안이 되어 있는 너희들이 과연 진정한 참진리요, 나 여호와의 뜻을 위하여 구분할 수 있는 그와 같은 백성들이 될 수 있던가?

13 너희들은 이미 재물을 거둬들이는 데 혈안이 되었음이니, 너희들이 사탄의 노예가 되었으며 사탄의 자식이 되어 사탄의 역사만을 하는 것이라는 것을 절대 잊지 말라.

14 그러니 내가 나의 아들을 통하여 너희들에게 어떠한 헌금이요, 십일조요, 어떠한 명분이든지 너희들이 갈취하는 방법으로써 재물을 거둬들이지 말라 함이니, 그 재물이 모두가 다 뇌물로써 변화되는 것이니라.

15 모든 종교 집단이요, 지도자들이 단상에 서서 너희들이 큰 성전을 지었으며 제왕적인 위치를 만들었으며, 궁궐같이 너희들이 모두를 역사했어도,

16 그것은 너희들이 뇌물을 거둬들여 만든 것이기에 너희들이 뒷거래하여 그와 같은 추하고 더러운 것으로 만들었기 때문에 그게 죄의 온상이요,

17 그와 같은 뇌물로 만들어진 성전이요, 너희들의 궁궐 같은 그 법당이요, 그리고 너희들이 말하는 성막이요, 그와 같은 것은 죄의 온상이요, 나와 관계없다는 것을 내가 너희들에게 전함이니라.

18 이제 모든 종교 집단, 지도자, 너희들은 재물을 거둬들이는 것이 뇌물을 받는 것이라 뇌물을 챙기는 행위라 내가 너희들에게 가르쳐 전했음이니,

19 이 후부터도 너희들이 또 거둬들이고 챙기는 그와 같이 하는 자, 너희들이 바로 얼마나 두렵고 무서운 죄 앞에 너희들이 그 대가를 치르는가 그것을 모를 것이니라.

20 모든 종교 집단이요, 지도자 너희들이

나의 법전을 읽고,
21 재물을 어떤 명분이든지 거둬들이는
것은 너희들이 뇌물을 챙기며 뇌물을
거둬들이는 사악한 자의 행위를 하는
것이며, 그리하여 너희들이 사탄의 자
식으로 전락된 자들이라 그리하였음
이니,
22 이를 읽고도 너희들이 그 모두를 단절
하며 바로 서는 그와 같은 역사를 이
루지 아니하면,
23 결코 너희들은 오늘의 짧은 이 육의
세상에서 살다 영원히 사는 세상에서
그만큼 그 대가를 치르고 산다는 것을
잊지 말도록 그리 전하라.

10,131 번째 하나님 말씀

2004년 3월 27일 20시 26분

1 사랑하는 나의 아들아!
2 "네, 아버님! 말씀하옵소서."
3 나는 나의 아들을 통하여 너희들에게
가르쳤느니라.
4 너희들이 나 여호와에게 무엇을 바치
고자 한다면, 너희들은 네 부모에게
열 번을 행하고 난 다음에 나에게 바
치라 하였음이니, 과연 그 뜻이 무엇
인 줄 알겠느냐?
5 "네, 아버님! 저는 아버님께서 그리
말씀하시는 것을 다음과 같이 생각하
고 있사옵나이다.
6 저희들을 낳아 준 부모의 그 은혜에
보답하지 못하는 자가 아버님께 무엇
을 바치면, 아버님께 거래하고자 하는
마음이요,
7 그리고 저희들이 갖다 바치는 그것으
로써 아버님의 마음을 얻을 수 있다
생각하니,
8 아버님의 마음이요, 아버님이 존재함
을 저희들이 그것으로써 모두를 거래
할 수 있으며, 아버님을 그리 평가하
는 그와 같은 행위라 저는 그리 생각
되옵나이다.
9 그러니 아버님께서 그를 바치지 말라
하시며, 그를 거둬들이지 아니하려 하
시며, 아버님께 아무것도 바치지 말라
하시는 것이옵나이다.
10 물건으로써 아버님을 평가하는 것이
요, 제가 바치는 것으로써 아버님을
평가하는 것이니,
11 세상을 다 준다 해도 아버님의 그 뜻
이요, 아버님의 마음이요, 사랑을 평
가할 수 없거늘,
12 그들이 무엇을 바침으로써 무엇을 이
루고 얻고자 한다는 것은, 아버님을
저희들이 바칠 수 있는 그 재물로써
평가하며, 아버님을 그와 같은 것으로
써 다루는 것이라 그리 생각되기에,
13 결코 그와 같은 것을 해서는 안 된다
아버님께서 그리 말씀하시며, 그리 가
르쳐 주신 뜻이라 저는 그리 생각하옵
나이다."
14 사랑하는 나의 아들아! 그러하니라.
15 너희가 바치는 그 재물은, 너희가 그
것을 가지고 나 여호와를 평가하는 것
이며, 나의 법전을 평가하는 그와 같
은 행위로써 너희들이 접하는 행동이
라 내가 생각하고 있기 때문이니, 너
희들은 절대 그와 같은 행위를 하지
말라.
16 너희들은 정성이요, 성의라 하여 그를

바치는 것이나, 나는 그를 용납할 수
없음을 알아야 될 것이니라.
17 모든 종교 집단이요, 지도자들은 거둬
들이는 것으로써 사랑이요, 그것을 평
가하나,
18 너희들이 그 모두를 바치는 것은 나
여호와를 그 재물에 비하여 평가하며
그 값으로써 나를 매기는 것이니,
19 이는 너희들이 나를 거역하는 뜻이며
나를 욕되게 하는 행위가 여기 있음이
니,
20 재물로써 너희들이 바쳐 무엇을 얻으
려 하는 그와 같은 생각을 하지 말라.
21 그러기에 너희들이 정 바치려거든 네
부모에게 열 번을 하고 열한 번째 나
에게 그저 조금 바치는 것으로써 나는
기쁘다 하였음이니,
22 그와 같은 것으로써 너희들은 할 수
없기에 그와 같이 하지 말라 함이니,
나의 뜻임을 너희들은 알라.
23 나는 그를 절대 용납하지 아니함이니
라.
24 너희들이 나의 법전을 평가하는 기준
이 되는 것이요, 나 여호와를 평가하
는 그 기준이 되어 버리니,
25 너희들이 그와 같은 것을 바치는 것으
로 나를 평가하는 기준으로 삼지 말라.
26 세상의 모든 것을 다 바쳐도 너희들이
내 마음을 알 수 없으며 내 사랑을 알
수 없으며, 나를 너희들이 평가할 수
없으며, 거기에 비유하여 나를 평가하
는 기준이 될 수 없다는 그 뜻을 너희
들은 알아야 될 것이니라, 사랑하는
나의 아들딸들아!
27 이제 나는 나의 법전에 기록하여 너희
들에게 전함이니라.
28 너희들이 나에게 재물을 바치겠다 하
여 종교 집단이요, 지도자요, 그리고
나의 아들이요, 나의 성전에 그 재물
을 바치는 것, 너희들은 재물을 바치
는 것만큼 내가 너희들을 벌할 것이며
내가 너희들을 그리 다스린다는 걸 잊
지 말라.
29 오로지 사랑으로써 너희들이 다가오
는 것, 그 사랑만큼 너희들이 나에게
바치는 것만큼 나에게 너희들이 보이
는 것처럼,
30 너희들이 사랑을 행하고 사는 것만큼
나 여호와는 너희들을 사랑할 것이요,
너희들이 나를, 나의 법전을 재물로써
절대 평가하지 말라.
31 나 또한 너희들이 바치는 재물만큼 너
희가 나를 평가하는 그와 같은 행위를
용납하지 아니할 것이니,
32 너희들이 그와 같은 것이 아니라 하면
너희들은 재물을 바쳐 내 마음을 얻으
려 하지 말며, 나를 평가하는 행위를
하지 말라.
33 그는 절대 용서치 아니할 것이니라.
34 재물을 바치는 것은 너희들이 그 재물
을 바치는 만큼 나 여호와가 그것밖에
되지 아니하며, 나의 법전이 그 가치
밖에 되지 않는 그와 같은 행위를 함
이니,
35 세상의 모두를 다 바쳐도 나를 얻지
못하며 내 마음을 알 수 없으며 내 사
랑을 알 수 없는 것이 너희들이거늘,
36 작은 재물을 바치는 것으로써 은혜를
받으며 영광을 받는다 하는 것은, 너
희들은 내가 그 그릇밖에 안 되며, 그

걸 받아서 기뻐하는 자요,
37 그것으로써 나를 평가하며 나의 법전
을 평가하며 나의 성경이요, 나의 진
리를 평가하는 그와 같은 행위이니,
38 너희들이 그와 같은 죄를 면치 못한다
는 이 무서운 사실을 나는 나의 법전
에 기록하여 너희들에게 전하니, 두
번 다시 그와 같은 우를 범하지 말라.
39 너희들이 십일조요, 어떤 명분이요,
어떠한 형태든 헌금을 바치며, 교회를
짓는 곳에 주춧돌을 놓으며, 십자가를
세워 그 모두를 다 역사하는 종탑을
세우든 어떠한 것을 하더라도,
40 너희들이 그것을 바침으로 나에게 구
원이요, 나에게 사랑을 받는다는 것은
그것에 움직이는 나 여호와요, 거기에
팔리는 나의 성경이요, 거기에 팔리는
나의 법전이라 너희들이 평가절하하
는 사악한 행위요, 나를 욕되게 하는
행위니,
41 내가 그만큼 너희들에게 죄로 다스릴
것이며 절대 용서치 아니한다 함을 알
라.
42 다만, 너희들이 사랑하는 마음으로써
사랑을 실천하며 서서히 나에게 다가
오는 자, 그 사랑을 베푼 만큼 내가 너
희들을 사랑함을 알라.
43 이것이 하늘의 법도이니 그리 알도록
그리 전하라.

10,132 번째 하나님 말씀

2004년 3월 27일 20시 30분

1 사랑하는 나의 아들아!
2 "네, 아버님! 말씀하옵소서."
3 너희들이 내 뜻을 거역하며, 성서대로
행하지 아니하며, 십계명대로 행하지
아니하며 살아가는 것이 너희들이 얼
마나 무서운 오류를 범하는 것인 줄
알겠느냐?
4 그러니 내 뜻을 성서에 기록된 그 내
용을 내가 또다시 너희들에게 기록하
여 전하며 너희들을 깨우치는 이와 같
은 반복의 훈련의 역사가 이루어짐을
너희들은 알라.
5 내가 일찍이 성서에 기록하여 전하기
를, 내가 너희들에게 그리 전했느니라.
6 '너희들은 정녕 두려워하지 말라.
7 너희들이 감춰진 것이 드러나지 아니
하는 것이 없으며, 모두는 숨겨지지
아니하며, 감춘 대로 그대로 견딜 수
없으며 모두가 다 세상에 드러나는 그
와 같은 역사의 시대가 올 것이며,
8 숨은 것이 숨은 것으로써 존재하지
못하며 숨은 것이 세상에 다 알려질
것이며, 숨은 것이 세상에 다 헤쳐져
모두가 다 듣고 볼 수 있는 그와 같은
시대가 올 것이라는 것,
9 그리고 너희들에게 어두운 곳에 이른
그것도 모두가 광명한 데서 나오며,
귓속말로써 모두를 이르고 전한 것
또한 그것이 지붕 위에서 모두를 전파
하며 온 세상에 전해지는 그와 같은
시대가 올 것이라 하였음이니, 이 뜻
을 기록한 것이 무엇이더냐?
10 지금에 내가 나의 법전을 세상에 내려
보내어 그 모든 것을 알려 주고 깨우
쳐 주며, 너희들이 다 감춰진 것도 모
두를 다 드러내며 숨겨진 것도 드러내
며,

11 너희들이 어두운 곳에서 말하는 것도
광명천지에 드러내며, 너희들이 귓속
말로 하는 것도 내가 지붕 위에서 전
한다 했음이니,
12 지금 내가 인봉된 그 성서를 개봉하
며, 그 성서의 뜻이요, 그리고 나의 법
전이요, 내가 역사하는 것을 너희들이
만든 기계 문명의 그 모든 힘을 빌어
그것에 얹어 만백성을 구하는 그 새로
운 시대가 열어지며 그 역사가 이루어
진다는 것을 내가 너희들에게 일찍이
깨우쳐 주었음이니,
13 지금이 바로 법전이 내려와 나의 아들
이 역사하는 것이 그때가 되었음을 너
희들은 알아야 될 것이니라.
14 지금 이 세상에 성경의 모두가 알려지
며, 성경이 세상의 모두를 다 깨닫도
록 그를 깨우쳐 주며,
15 모두를 다 감춰진 것, 너희들이 숨은
것, 그 모두를 찾아내고 드러내어, 어
두운 곳에서 너희들이 귓속말로 한
것까지도 광명천지에 모두가 드러나
며 만백성을 깨우치는 그와 같은 너희
들이 열린 세상이 되었으며,
16 이 시대에 또한 나는 나의 아들을 통
하여 너희들에게 역사하면서 또한 직
접 나 여호와가 너희들을 직접 관여하
며 직접 통제하며,
17 내가 너희들의 것을 들으며 내가 너
희들에게 직접 내리는 이와 같은 열린
세상이 열린다는 것을 내가 미리 예
언하고 전한 뜻이 거기에 있음이니,
이를 너희들이 깊이 음미하며 깨달아
보라.
18 그러면 내가 나의 아들을 통하여 법전
에 기록한 그 내용을 알 수 있을 것이
며 들을 수 있을 것이니라.

10,133 번째 하나님 말씀

2004년 3월 27일 20시 36분

1 사랑하는 나의 아들아!
2 "네, 아버님! 말씀하옵소서."
3 나의 아들을 통하여 160권의 법전이
요, 새로운 성경으로써 너희들을 깨우
쳐 감이니, 너희들이 그 법전의 표지
를 엶이니 그 속에 전생이요, 윤회설
이라는 것을 가르치며 그 뜻을 설명하
여 기록된 내용이 있으니,
4 너희들이 이것을 보고 이는 사탄이요,
이단이요, 사악한 자가 역사하는 것이
라 그리 말함이니,
5 이는 곧 너희들의 교리에 맞지 아니하
며, 너희들 뜻에 맞지 아니하며, 너희
들이 받아들일 수 없으며, 너희들이
용서할 수 없는 것이라 하여 이단이
요, 사탄이라 그리 말하며 나의 아들
을 핍박하며, 나의 법전을 너희들이
찢어 버리고 태우는 그와 같은 행위를
하고 있지 않으냐?
6 그러니 너희들이 얼마나 어리석고 불
쌍한 백성들이며 제 것만을 주장하는
이기주의 백성이더냐?
7 너희들이 사랑하는 나의 아들 예수의
부활이 무엇이더냐?
8 바로 나의 아들 예수가 부활하는 그
자체가 윤회설이 아니고 무엇이더냐?
9 그리고 너희들은 지금 무엇을 위하여
사느냐?
10 너희들의 모든 믿음이요, 구원의 길을

가는 것이 너희들이 윤회설에 의하여
모두를 매달리고 윤회설을 믿고 기다
리는 그와 같은 것이 오늘의 종교 집
단이요, 지도자요, 광분하고 울고불고
하는 백성들이니,
11 너희들이 그를 기다리고 그를 바라고
살면서, 나의 아들이 윤회설이라는 것
을 가지고 너희들을 깨우치고 전하는
것은 사탄이요, 이단이라 그리 말함이
니, 너희들의 지금의 믿음이 무엇이더
냐?
12 나의 아들 예수가 세상에 재림하여 너
희들을 죽은 자 가운데서 구원하며 너
희들을 영원토록 인도한다 함이니,
13 너희들이 기다리고 소원하는 것이 바
로 윤회설을 기다리고 그를 믿고 너희
들이 목메어 울고불고하는 행위들이
아니더냐?
14 그러니 너희들의 오늘의 믿음은 윤회
설을 위하여 그를 기다리고 그를 역사
해 주기를 바라면서 가는 그 믿음이거
늘,
15 그리하여 내가 나의 법전에 기록하여
나의 아들을 통해 너희들의 윤회설이
요, 전생과 이승의 그 연결된 고리요,
그 어렵고 답답한 답을 풀어 줌이니,
16 전생을 모르며 이승의 세상을 사는 것
을 모르며 하늘의 뜻을 모르는 너희들
에게 그 답을 주려면 너희들의 전생의
역사함이요, 윤회설의 역사함이요, 그
리고 하늘의 뜻을 기록하여 전하지 아
니하면, 너희들이 어찌 알고 깨닫는단
말이더냐?
17 세상 속에서 너희들이 어찌 그를 알며
그 이치를 알겠는가?
18 너희들은 알아야 될 것이니라.
19 너희들의 모든 믿음이 결국은 윤회설
이니라.
20 그리하여 윤회설의 역사가 이루어지
기를 바라는 것이 너희들이 아니더냐?
21 나의 아들 예수가 재림하여 천군을 데
리고 나팔을 불며 와 너희들을 영접하
여 구원한다는 그 꿈만을 바라고 기다
리고 있음이니,
22 너희들의 최종적인 그 믿음은 바로 윤
회설이라는 것을 알아야 할 것이니라.
23 윤회설이라는 것이 너희들의 믿음의
생각 속에서 너희와 맞지 아니하며 다
르기 때문에 너희들이 이단시하는 것
이지,
24 윤회설이라는 것이 진리가 아니라는
내용이 어디에 기록되어 있으며 윤회
설이 진리가 아니고 나 여호와의 뜻이
아니라는 것이 어디에 있더냐?
25 너희 생각 속에서, 너희들의 그 믿음
속에서 그를 받아들이지 아니하며, 그
를 이해할 수 없으며, 너희들이 그를
받아들임으로써 혼동을 막기 위하여
그 모두를 받아들이지 못하는 것이 너
희들의 오늘의 형국이요,
26 내가 윤회설로써 전생과 이승으로써
가르치는 것, 그것이 진리에 어긋나는
것이 있으며, 내 뜻에 어긋나는 내용
이라 기록된 것이 어디에 있느냐?
27 그러니 너희들이 받아들이지 못하는
것이며, 너희들이 받아들임으로써 혼
동이요, 너희가 나의 피조물 만백성을
다스릴 수 없으며 제왕적인 역할을 할
수 없기에,
28 그와 같은 것으로써 너희들이 만든 교

리 속에 그를 부적합하다 하는 것이
지, 나는 너희들에게 그것이 진리가
아니라 명한 것이 없음을 너희들은 알
라.
29 그리고 모든 믿음의 길을 가는 종교
집단이요, 지도자, 그리고 울고불고하
는 너희 광신도들이요, 맹종하는 자,
그들이 바로 윤회설을 기다리며 그를
위하여 가는 믿음이라는 것을 너희들
이 한번 돌이켜 보도록 그리하라.
30 과연 나의 법전이요, 나의 아들을 통
하여 전하는 것이 틀린 것이 거기에
있는가?
31 틀린 것이 있다면 나의 성령이 아니
요, 나의 법전이 아님이니라.

10,134 번째 하나님 말씀

2004년 3월 27일 20시 40분

1 사랑하는 나의 아들아!
2 나는 모든 성서에 기록하여 너희들에
게 전하였음이니라.
3 나의 법전 속에 전하여 세상에 너희들
이 육의 세상에 사는 것, 하늘에 오르
는 길, 하늘에 와서 살 수 있는 자격증
을 받는 그 백성, 그 모두가 다 거기에
상세히 기록되어 있다 내가 하였음이
니,
4 나 또한 내가 구약과 신약을 통하여
너희들에게 나의 나라에 올 수 있는
백성이요, 구원을 받을 수 있는 나의
아들딸은 과연 누구며, 어찌 살아야
되는 것인가를 내가 상세히 기록하여
전했느니라.
5 다만, 너희들이 그를 행하지 아니하며
그를 따르지 아니하면서, 너희들이 예
수의 보혈로써 구원의 은혜를 받았으
며 은사를 받았다, 그리 너희들이 상
상이요, 착각 속에 빠져 오늘의 그와
같은 길을 가고 있기 때문에 이 세상
이 이와 같이 험악한 세상이 되었음이
니라.
6 일찍이 내가 성경에 기록하여, 나에게
오르는 백성이 누구인가를 알려 주었
느니라.
7 나의 나라는 어린아이와 같은 사람들
것이라 전하지 아니하였더냐?
8 누구든지 어린아이와 같이 순진한 마
음으로써 나 여호와가 하늘에 존재하
며, 나 여호와가 존재하는 것을 너희
들이 받아들이고 믿는 자는 나의 나라
에 올 수 있으나,
9 그와 같이 믿지 않는 자는 결코 거기
에 들어가지 못하며, 나의 나라에 올
수 없다 내가 너희들에게 이미 기록하
여 전하지 않았느냐?
10 그러니 너희들이 어린아이와 같은 자
요, 어린아이와 같은 마음으로써 너희
들이 살면 나에게 오를 수 있는 것이
니라.
11 그러니 어린아이와 같은 마음은 너희
들이 과연 어떠하던가, 너희 마음이
과연 어린아이들과 같이 변할 수 있는
것이냐?
12 너희들이 변하는 그 삶이 바로 나에게
오르는 길임을 알라.
13 그러니 너희들이 어린아이가 되는 것
은 '나'를 버리며 '나'를 의식지 않는
마음을 가지고 사는 것이 어린아이가
될 수 있는 기초이니라.

14 그렇다면 어린아이들의 마음은 과연
어떠한 마음이더냐?
15 남을 탓하지 아니하는 것이 어린아이
들의 마음이요,
16 남을 미워하지 아니하며, 시기하지 아
니하며 질투하지 아니하는 것, 그것이
어린아이의 마음이요,
17 자기 자신의 개념이 없으며 '나'를 먼
저 생각지 않는 순수한 그 마음이 어
린아이의 마음이요,
18 옳고 그름을 가지고 시시비비를 하지
아니하며, 그것을 구분하려 하지 아니
하며 그 또한 분별의 능력이 없는 것
이며,
19 그리고 너희들이 두려움을 모르고 살
아가는 것이 그 어린아이의 마음이요,
20 욕망이 없으며 욕심이 없으며, 원하는
것을 갖지 아니하며, 원하는 것을 받
지 아니하며, 적을 두지 아니하며 적
을 삼지 않는 그와 같은 것이 바로 어
린아이의 마음이 아니더냐?
21 정녕 어린아이의 마음은 부모의 보호
속에서 절대적으로 그를 믿으며 그 속
에서 모두가 역사한다는 것, 그리고
사랑과 화평 속에서 젖어서 살아가는
그와 같은 아이가 어린아이들이 아니
더냐?
22 그러니 너희들이 나의 가슴이요, 내
품에 앉아 나 여호와의 보호 속에 너
희들이 사랑 속에서 모두를 역사할 수
있다는 것, 그리고 거기에 너희들이
존재하는 것이 행복이요, 축복이라는
그 순수한 마음을 가지고 사는 자,
23 그리고 오로지 나에게 오를 수 있으
며, 나의 사랑을 받으며, 영원히 존재
하는 그 사랑의 화평한 나라를 생각하
며 살아가는 백성이 되지 아니하면,
결코 너희들은 나에게 오를 수 있는
길이 없음이니,
24 내가 모든 답을 가르쳐 주었으며, 모
든 역사하는 것을 너희들에게 전했음
이니,
25 여기에서 한 치의 오차가 있으며, 하
나라도 행하지 못하면, 결코 너희들은
나에게 오를 수 있는 백성이라 생각하
지 말라.
26 답이 다 있으며 미리 가르쳐 주었음이
니라.

10,135 번째 하나님 말씀

2004년 3월 28일 06시 15분

1 사랑하는 나의 아들아!
2 "네, 아버님! 말씀하옵소서."
3 모두가 인간의 생각이요, 너희들 생각
으로써 역사하는 것과, 나 여호와의
뜻에 의하여 너희들이 역사하는 것은
하늘과 땅의 차이라 그리하였으니, 너
희들의 생각으로써 모두를 하지 말라
그리하였느니라.
4 너희들이 너희 생각으로써 하는 것은
그 상대방이 무엇을 어찌해야 될 것인
가, 그 그릇이요, 그 한계를 모르고 너
희들이 행할 수 있음이니, 이는 바로
너희들이 모든 면에서 역사하는 것에
실패하는 것이요,
5 나의 법전을 전하며 대명을 주는 것,
그리고 나의 성전을 움직이는 자를 선
택하는 것,
6 그 모두가 다 내가 이름을 불러 주는

자 그 외에 네 생각이요, 인간들의 생
각으로써 너희가 합의하에 무엇인가
를 이루고자 한다 하면,
7 그것은 너희들이 승자가 될 수 있을
것 같으나, 결국 그것이 패자의 길이
요, 패망의 길이라는 것을 잊어서는
아니 될 것이니라.
8 그러니 모든 것은 너희들이 인간의 생
각으로써 해서는 하나부터 백까지 모
두가 다 실패함이니, 그 모두는 나의
뜻에 의하여 역사하는 그와 같은 너의
제자들의 삶을 살라 그리하라.
9 조용히 눈을 감고 나에게 기도를 드리
면, 그리고 너희들이 마음을 비우고
앉아 있으면, 내가 그에게 생각을 내
려 줄 것이며, 그 뜻을 이제는 내가 깨
우쳐 줄 것이니라.
10 그리하여 가장 어렵고 힘든 길을 선택
하는 것, 그리고 저에게 불리한 쪽으
로 모두를 역사하는 것이 내 뜻이요,
정답이라 그리하였느니라.
11 사랑하는 나의 아들아!
12 모두를 너희들은 그와 같은 것을 얻도
록, 그와 같은 것을 얻어 행하도록 그
리할 것이며,
13 그리고 너의 제자들에게 네가 물어야
될 것이니라.
14 너희들은 아브라함이 백 세에 얻은 이
삭을 나의 명에 의하여 제물로 바치려
는 그 정경이요, 그 뜻을 읽어 깨달았
음이니라.
15 그러니 과연 너희들이 지금 나의 아들
을 따라서 나의 성전에 와 나의 법전
을 읽고 깨우치는 너희들이 과연 너희
자식을 나의 성전에 오게 하여 그들을
깨우치며 그를 바로잡고자 과연 얼마
나 노력했으며, 얼마나 너희들이 그와
같은 믿음으로 가고 있는가?
16 아브라함은 그 아들 이삭을 바치라 하
니 주저 없이 그를 바치려 했음이니,
17 너희들이 그보다 더한 믿음이요, 그보
다 더한 생각으로써 나의 성전을 찾으
며, 나의 법전을 보는 것이 내가 직접
선택한 백성들이요, 나와 더불어 내
뜻을 역사하는 마지막 시대에 선택된
너희들이 해야 할 일이 아니더냐?
18 과연 너희들이 너희 자식을 그리 나의
성전에 바치며 나의 법전 앞에 너희들
의 자식을 바칠 수 있는 마음의 각오
가 되어 있는 자 있는가?
19 그러니 너희들의 믿음이 다 허상이요,
너희들의 믿음이 진실이 없으며,
20 다만 너희들이 이해관계에 의하여 움
직이는 지금의 모든 종교 집단이요,
지도자 그 백성들과 한 치도 어긋남이
없는 것이니,
21 과연 너희들이 무엇으로써 내 앞에
은혜를 받으며, 너희들이 무엇으로써
지혜를 얻으며, 너희들이 무엇으로써
헤쳐 나간다 그리 말하는가?
22 아브라함이 그 아들을 바치고자 하는
그 마음이요, 그는 그 아들을 죽음으
로써 몰고 가 그 모든 나의 명을 따르
려 하였음이니,
23 너희들이 과연 너희 자식들이 나의 성
전에 와 나의 성전에 모두를 바치는
것이 그들의 생명을 끊는 것인가, 그
들을 죽게 하던가?
24 다만 나의 성전에 와 너희들이 나의
뜻이요, 나의 법전이 나 여호와의 진

리의 뜻이라면,
25 너희들이 너희들 자식을 바쳐 그들이
바로 갈 수 있도록 깨우치며 가르치
지 아니하는 자, 그러면서 감히 너희
들이 나를 믿고 나를 경배한다 하며,
나의 법전을 보고 감사하며 은혜의
눈물을 흘리고 그와 같은 짓을 할 수
있는가?
26 다 너희들이 허상이요, 진실이 없는
믿음이니라.
27 그러면서 너희들이 나에게 무엇을 얻
고자 하며, 천년만년을 여기에 와서
있는다 해도 너희들이 그저 모든 믿음
에 맹종 맹신하는 그 백성들보다 한
발짝 앞에 나와 있을지언정,
28 너희들이 앞으로 전진하는 그와 같은
믿음도 아니요, 변화된 자들도 아니요,
29 그들과 너희들이 비슷한 자리에 있으
며 같이 허우적거리고 있는 것이 너희
들이라는 것을 그 제자들에게 전하라,
사랑하는 나의 아들아!

10,136 번째 하나님 말씀

2004년 3월 28일 06시 22분

1 사랑하는 나의 아들아!
2 "네, 아버님! 말씀하옵소서."
3 정녕 나의 백성 너희들이 나에게 오르
고자 한다면, 나의 자식으로서 거듭나
는 그 은혜를 얻고자 한다면, 십계명
대로 지키고 그리 살면 되는 것이요,
4 지금 내가 나의 아들을 통하여 새로
내리는 성경이요, 그 성경을 읽고 깨
우쳐 너희들이 그대로 행하고 살면 그
리되는 것이니라.
5 그리고 또한 너희들이 나의 아들 예수
가 2천 년 전에 세상에 내려와 너희들
에게 전하고 행하라 했던 그 사랑을
실천하는 것, 그것으로써 너희들이 나
에게 올 수 있는 길이요,
6 또한 나의 아들 예수가 너희들에게 구
원을 받는 길이요, 구원을 받지 못하
는 것, 하늘에 오르는 백성이 지켜야
할 것, 그리고 역사하는 것, 그 모두를
내가 거기에 기록하여 전했느니라.
7 그러나 지금의 모든 종교 집단이요,
지도자들이요, 그 믿음의 길을 가는
백성 너희들이 과연 사랑을 실천하며
사랑을 행하는가?
8 사랑을 실천하지 아니하며 사랑을 행
하지 아니하면서 너희들은 나의 아들
예수의 이름을 부르는 것으로써 울고
불고 광란의 짓을 하는 것으로 구원을
받았다 지금도 너희들이 그리 가고 있
으니,
9 그 어리석은 백성들에게 너희들은 깨
우쳐 주어야 될 것이니라.
10 사랑이란 무엇이더냐?
11 곧 어려운 백성들에게, 그리고 힘든
백성들에게, 고난을 겪고 있는 백성들
에게 너희들이 그 재물을 나누어 주는
것이며, 재물을 베풀어 주는 것이 그
사랑이 아니더냐?
12 그러니 재물에 모두를 걸고 지금의 가
는 종교 집단이요, 그 신도들, 너희들
이 과연 그와 같은 재물에 모두를 거
는 그 백성들이 가는 믿음이 진정한
믿음이라 너희들이 말할 수 있단 말이
더냐?
13 재물에 모두를 걸고 가는 지금의 종교

집단이요, 지도자요, 그 백성들은 모
두가 다 재물을 나눠 주는 것은 너희
들의 죽음보다도 더 어렵고 힘든 것이
며, 베푸는 것이 너희들의 죽음보다도
더 어려운 그와 같은 마음으로 욕심에
가득 차 있는 것이 오늘의 믿음의 길
을 가는 백성들이요, 구원을 받았다는
그 신도 너희들이니라.
14 그러니 내가 믿음의 길을 가는 그 백
성들에게 무어라 말하였느냐?
15 재물을 탐하는 자, 너희들은 정녕 그
죽음보다도 더 어려운 길을 행하지 못
하는 자들이기에, 너희들이 낙타가 바
늘구멍을 통과하는 것보다도 더 어렵
고 힘든 자라 그리하였음이니라.
16 그러니 재물을 나눠 주지 못하는 그
백성들이야말로 너희들이 어떠한 백
성인가를 스스로 알아야 될 것이며,
그것이 사랑이라 말하지 말라.
17 너희들이 재물을 나눠 주는 것을 죽음
보다도 더 어렵고 힘들다 생각하는 백
성들, 낙타가 바늘구멍을 통과하는 것
이 그보다 더 쉽다는 나의 가르침이
거기에 있음이니,
18 너희들이 재물과 믿음의 두 길을 가는
것이 얼마나 잘못된 것인가를 알아야
될 것이니라.
19 너희가 재물과 나 여호와를 섬기는 두
길로써는 두 마음을 가지고는 절대 갈
수 없음이니라.
20 재물을 나눠 주는 것이 사랑이요, 베
푸는 것이 사랑이라는 것을 너희들은
잊지 말라.
21 과연 너희들이 그와 같은 삶을 살고
가는가?
22 네 창고에 더 쌓아 놓고자, 더 이루고
자 나에게 기도하고 소원하는 것은 없
는가?
23 지금 모든 믿음의 길을 가는 백성 너
희들이 먹고 자고 사는 그와 같은 것
외에 더 쌓아 놓고 너희들이 챙기는
건 없는가?
24 내가 나의 백성은 무어라 말하였느냐?
25 너희들이 두 벌의 옷을 갖지 말며, 너
희들이 두 개의 지팡이를 갖지 말며,
두 벌의 신발을 갖지 말며, 너희들이
모두를 다 비우고 모두를 나누며 사는
그와 같은 삶을 살라 하지 아니하였더
냐?
26 과연 너희들이 그리 살아가는가?
27 그와 같이 살아가지 아니하는 백성 너
희들이 천년만년 죽을 때까지 울고불
고한다 해도 그는 나와 관계없다 함을
알라.
28 이제 나의 아들을 따르는 제자들이요,
그리고 나의 법전을 읽고 깨우치는 만
백성 너희들은 아무리 나의 법전이 훌
륭한 나의 뜻이요, 귀한 것이라 해도,
너희들이 그대로 행하고 지키지 아니
하면 아무런 가치가 없으며 읽지 아니
한 자보다 못함이니라.
29 신약 시대에 너희들이 구원을 받았다
말하는 자, 그리고 한 자도 더하고 빼
지도 아니하고 그대로 지키고 산다는
백성,
30 너희들이 나누고 베푸는 것, 하늘에
오르는 길이 무엇인가를 내가 다 기록
하여 상세히 나의 성경에 전하였거늘,
어찌하여 너희들이 그는 행하지 아니
하고 그와 같은 역사를 하는가?

31 내가 지금 너희들에게 묻느니, 이제
나의 아들을 따르는 제자 너희들은 두
벌의 옷을 갖고자 하지 말며, 두 개의
지팡이를 갖고자 하지 말며, 두 벌의
신발을 갖고자 하지 말며, 네 이름으
로 무엇인가를 쌓아 놓고자 하는 마음
을 갖지 말라.
32 쌓아 놓을 수 있는 것이라면 너희들은
남에게 나누어 주는 그와 같은 삶을
살라.
33 그 행함이 바로 사랑이요, 그 사랑이
나의 뜻을 역사하는 것이요, 나에게
오를 수 있는 백성이라는 것을 너희들
은 알아야 될 것이니 그리 전하라.

10,137 번째 하나님 말씀

2004년 3월 28일 06시 27분

1 사랑하는 나의 아들아!
2 "네, 아버님! 말씀하옵소서."
3 오늘의 믿음의 길을 가는 그 백성들이
요, 그 집단이요, 종교 지도자가 바른
자가 하나도 없으며, 거짓되지 아니한
자가 없으며, 하늘에 오를 자가 하나
도 없다 하였음이니,
4 그들이 과연 무엇을 가지고 오늘의 대
집단이요, 재물을 긁어모으며, 그와
같은 조직으로써 방대한 힘을 가지고
저희들이 이 세상의 제왕인 것처럼 행
동하는지 알겠느냐?
5 지금의 믿음의 길을 가는 백성 그들이
대집단으로 성장한 그곳에는 저희들
이 다음과 같은 사기극을 벌였기 때문
이니라.
6 성장한 그들의 모든 골격은 바로 이와
같은 것으로써 그들이 나의 피조물 만
백성들에게 재물을 갈취했으며, 노동
력을 갈취했으며, 그들을 미련하고 판
단력이 없는 백성으로 만든 자들이니
라.
7 그들은 그리 말하느니라.
8 나의 아들 예수를 믿고 찾기만 함으로
써 그들은 어떠한 백성이 되었다 말하
느냐?
9 '너는 죄가 없는 사람이 되었느니라.
너는 깨끗하게 표백된 사람이 되었느
니라.' 하며 죄가 없는 나의 깨끗한 백
성이 되었다 그리 말하느니라.
10 '나는 구원을 받은 자요, 그리고 나는
천국에 오를 자격을 가진 자라' 그리
말하느니라.
11 '나는 천국에 갈 자격을 확실히 받았
으며, 나는 당연히 가는 사람이라' 그
들이 세뇌시켰음이니라.
12 '나는 천국에 가서 그득히 받을 상이
남아 있으며 그 상만을 받으면 된다.'
그리 가르치느니라.
13 '예수께서 나의 죄를 완전히 씻어 주
었으며, 그리고 나의 모든 죄를 담당
해 주었다.' 그러면서 너희는 믿음이
나의 뜻에 의한 완전한 믿음의 길을
가고 있다 그들을 세뇌시키며, 너희
자신이 믿어 버리도록 그와 같이 한
것이 오늘의 너희들의 신앙이니라.
14 또한 너희는 무엇이더냐?
15 많이 그리고 자주 모든 것을 한 보따
리씩 싸 들고 가 너희들이 죄의 온상
인 그 교회의 거짓 종교 지도자에게
바치는 것,
16 그것이 나 여호와에게 바치는 것이요,

그것으로써 너희들이 구원을 받는 것
이요,
17 그것을 보따리 보따리 싸다가 너희들
의 거짓 종교 지도자에게 바침으로 그
것이 하늘의 네 보물의 창고에 쌓아
놓는 것이다 그와 같이 가르치며,
18 그것이 구원의 길이라는 너희들의 그
허황된 믿음이요, 신앙으로써 나의 백
성들을 우롱하며 지금까지 흘러오고
있지 않으냐?
19 그러니 나의 아들 예수가 와 나의 사
랑을 전하며 내 뜻을 전한 것과는 전
혀 관계없는 그와 같은 것으로 너희들
이 지금까지 흘러왔으니, 그리하여 너
희들이 썩을 대로 썩어진 자라 하였음
이니라.
20 그리하여 너희들이 나와는 관계없으
며, 너희들이 울부짖는 소리는 강아지
가 짖는 소리만큼도 나와 관계없다 함
을 너희들은 알아야 될 것이니라.
21 너희들은 이와 같은 것이 스스로 이루
어지고 스스로 역사하는 것이라 그리
생각하지 말라.
22 너희들은 행함이 중요함이요, 너희들
이 실천함이 중요함이요, 그것만이 너
희들이 나에게 오를 수 있는 것이라
함을 잊지 말라.
23 배고픈 자에게 너희들이 한 끼의 밥을
대접하는 것, 옷이 없는 자에게, 추워
떠는 자에게 옷을 주는 것, 그리고 갈
곳 없는 나그네에게 잠자리를 제공해
주는 것, 그리고 가난하고 불쌍한 사
람에게 터전을 역사해 주는 것,
24 그와 같은 것이 너희들이 나에게 오르
는 길이요, 하늘에 오르는 길이라 내
가 성경에 기록하여 전하였거늘,
25 그는 행하지 아니하고, 너희들이 그저
'나는 죄가 없는 사람이다, 나는 죄가
없는 아주 깨끗한 사람이다, 나는 구
원을 받은 사람이다, 나는 천국에 갈
수 있는 자격을 가진 사람이다.' 하며,
26 너희들이 나의 아들 예수가 완전히 너
희들의 모든 죄를 다 담당해 주었으며
씻어 주었다, 그리고 그는 나의 아들
로서 창조주 아버지임을 완전히 믿고
따르는 백성이다 그리 너희들이 말로
써 하니, 그와 같은 환상 속에서 깨어
나도록 그리하라.
27 보따리 보따리 싸 가지고 가서 바치고
바치는 것은 구원의 길이요, 그 구원
의 길을 사는 것이라 생각하는, 너희
들이 세 살 먹은 아이도 다 알 수 있는
그와 같은 사기극에 더 이상 희롱당하
지 말며 더 이상 고혈을 바치지 말라,
사랑하는 나의 아들딸들아!
28 너희들이 그 죄를 면치 못할 것이니라.

10,138 번째 하나님 말씀

2004년 3월 28일 06시 33분

1 사랑하는 나의 아들아!
2 "네, 아버님! 말씀하옵소서."
3 모든 종파요, 그리고 그 지도자요, 그
백성들이 과연 어떠한 길을 가고 있
는가?
4 나와 아무런 관계도 없는 그와 같은
길을 가는 백성들이라 하였음이니, 과
연 너는 이를 어찌 생각하며 너는 어
찌 그리 너의 제자들에게 전할 수 있
다 생각하는가?

5 너는 지금의 백성들의 믿음이 정녕
나와 관계없는 길을 가고 있다면, 너
는 그를 만백성에게 전해야 될 것이
며, 또한 너의 제자들에게 그를 깨우
쳐 주어야 될 것이니,
6 과연 너는 이 세상에 믿음의 길을 가
는 모든 종교 집단들이 어찌하여 나
와 관계없는 그 길을 간다 하는지, 내
가 말하는 그 뜻을 알겠느냐?
7 "네, 아버님! 저는 확실히 알 수는 없
사옵나이다.
8 그러나 제가 아버님의 말씀을 들어 법
전을 만들면서 제가 깨닫고 있으며 제
가 알고 있는 것은, 지금의 믿음의 길
을 가는 그 백성들은 참진리요, 성령
에 의한 믿음에 의한 길을 가는 것이
결코 아니옵나이다.
9 믿음을 중요시하는 것이 아니요, 성령
을 중요시하는 것이 아니라,
10 저희들의 교리에 빠져 있으며, 교리에
의한 믿음으로 가고 있는 것이라 저
는 그리 생각하옵나이다.
11 그 교리라는 것이 인간 저희들이 만든
것이며, 종파가 만든 그 교리가 중요
하며, 그 교리의 틀에 맞추어 모두를
다 지금 이끌어 가고 가르치고 있는
것이지,
12 진정한 아버님의 참진리요, 아버님의
성령이요, 아버님의 뜻에 의하여 만백
성을 인도하는 것이 아니라 생각되옵
나이다.
13 그리하여 오늘과 같이 지금 험악한 세
상이 되었으며, 아버님의 뜻은 세상에
찾아볼 수 없으며,
14 인간의 종파들이 만든 저희들이 내세
운 그 교리만이 이 세상을 지배하고,
종파 마음대로 그 모두를 가지고 다스
리는 그와 같은 형국이 되어 있으니,
15 정녕 갈 길은 접어 두고, 가서는 아니
되는 그와 같은 뜻으로써 그들이 모두
가 역사하고 있사옵나이다.
16 진정한 믿음이 아니라 형식에 젖어 있
으며 형식에 의한 저희들이 그 교리를
가지고 그것이 하늘에 오르는 길이요,
아버님의 뜻이라 그리 몰고 가고 있는
것이라 저는 그리 생각되옵나이다.
17 그리하여 모든 종파가 내세워 놓고 있
는 그 간판을 내걸고 그것만이 저희
들의 생명을 다 바쳐 외치고 가는 것
이 하늘에 오르는 길이라 함이니,
18 모든 종파가 지금 천태만상으로써 그
천태만상의 종파는 종파대로 제 교리
를 내세워 세상을 혼돈케 하며 이 세
상을 이와 같이 혼란하게 만들고 있다
저는 그리 생각되옵나이다, 아버님!
19 진정한 아버님의 뜻이요, 성령의 뜻과
아버님의 역사함은 찾아볼 수가 없는
세상이 되었으며, 오늘에 이와 같이
험악한 지경이 되었사옵나이다.
20 그리하여 사탄이 지배하는 세상이 되
었으며, 사탄의 모든 종이요, 앞잡이
가 되어 아버님의 사랑하는 아들딸들
을 지옥으로 인도하는 안내자가 지금
이 세상을 지배하고 있는 그와 같은
형국이라 그리 보옵나이다.
21 그리하여 아버님의 성령으로써 아버
님의 성령 속에서 모두를 역사할 수
있는 그 백성으로서 거듭나는 그와
같은 은혜와 영광을 마지막으로 주시
기 위하여 아버님의 법전을 세상에 내

려보냄이요, 이 법전으로써 세상을 덮
고자 하심을 저는 그리 알고 있사옵나
이다."
22 사랑하는 나의 아들아!
23 모든 종교 집단이 나의 뜻이요, 내가
역사하는 참진리요, 그 사랑을 위해
가는 그 믿음으로 가는 것이 아니라,
인간 저희들이 만들어 놓은 그 교리
요, 각종 그 교리 속에서 너희들이 각
종 행사요, 각종 헌금을 거둬들이며
재물을 거둬들이며,
24 그 거둬들이고 받아들이는 것이 만백
성에게 뇌물을 받는 훈련을 시키고 있
으며, 그 거둬들이는 모든 헌금이요,
십일조요, 그것은 내가 뇌물이라 하였
으니,
25 뇌물을 거둬들이는 그 교리를 만들어
뇌물을 거둬들이는 데 모두를 바치는
그와 같은 형국이 되어 있음이니,
26 진정한 믿음이라는 것은 찾아볼 수도
없으며, 악함이요, 죄악으로써 이 세
상을 덮고 있다 함을 너는 알아야 될
것이니라.
27 그러니 너의 제자들은 모두를 다 버리
고 진정한 성령의 길을 그리 가도록
하며, 성경대로 살며 계명대로 살며,
그리고 나의 법전에 의하여 모두를 살
아가는 그와 같은 길을 가도록 그리하
라.
28 어렵고 좁고 힘든 길이지만 그것이 하
늘에 오르는 길이니라.
29 사랑하는 나의 아들아! 이를 만백성
에게 전하도록 그리하라.

10,139 번째 하나님 말씀

2004년 3월 28일 06시 37분

1 사랑하는 나의 아들아!
2 "네, 아버님! 말씀하옵소서."
3 이 세상이 아름다운 세상이요, 내가
너희에게 내려 준 그 세상이 그대로
존재했다면, 얼마나 이 지상이 아름다
운 낙원인 줄 알겠느냐?
4 너희들이 상상할 수 없는 아름다운
낙원이 되었을 것이니라.
5 너희들이 사람을 사랑하며, 사랑함으
로써 그 사람이 얼마나 소중하며,
6 네 자식이요, 네 피붙이를 사랑하고
또 사랑할 때 그 사랑하는 마음을 퍼
부었을 때, 너희들이 얼마나 사랑하는
마음이 깊더냐?
7 너희들이 눈에 넣어도 아프지 않는
것이 너희 자식이라 하였음이니, 그와
같이 사랑하는 마음이요, 은애하는 마
음이 얼마나 아름답고 곱더냐?
8 너희들이 나의 뜻대로 내가 내려 준
나의 인성대로 살았다면 그와 같은
마음만이 이 세상을 덮고, 이 세상에
그와 같은 삶 속에서 너희들이 모두를
살아가게 되어 있음이니라.
9 내가 아무리 너희들이 네 가장 소중하
고 사랑하는 자식처럼 이웃을 사랑하
며, 처음 만나는 자를 그리 사랑하라
해도 너희들이 그 사랑이 나올 수 있
겠느냐?
10 너희들은 그와 같은 사랑을 베풀려 하
면 너희들이 더 어색할 것이며, 너희
들이 민망한 마음까지 가지며, 쑥스러
운 마음까지 드는 것이 오늘의 너희들

의 그 마음이 아니더냐?
11 그러나 너희들이 나의 본성이요, 나의
인성대로 사랑한다면, 눈에 넣어도 아
프지 않다는 너희들의 자식을 사랑하
는 그 마음이 바로 모두를 사랑하는
마음이요,
12 만백성이 그와 같은 마음으로 서로 보
고 사랑하는 세상이 바로 내가 이루고
자 하는 세상인 것이니라.
13 그러니 지금 나의 뜻과 나의 참진리
요, 내가 역사하는 그와 같은 사랑의
근거의 뿌리는 찾아볼 수도 없으며,
14 어디로 숨겨 있는지, 어디로 짓밟혀
있는지 그 터전도 그 기초도 보이지
않는 것이 오늘의 이 세상이니라.
15 근거까지 쓸어버렸으며 근거까지 뽑
아 버린 것이 바로 오늘의 종교 집단
이요, 지도자요, 그저 맹종 맹신하며
광분하는 그들이 바로 근거마저도 그
리 뽑아 버리며 없애 버리고 지워 버
렸느니라.
16 그러니 그 근거를 찾을 수 없는 그 뿌
리를 찾아 이 아름다운 지상의 낙원을
이루고자 터전을 마련하고 터전을 찾
으려는 너희들이야말로 얼마나 어렵
고 힘든 그 길을 역사하는 것인가를
알겠느냐?
17 너희들이 근거도 없어져 있는 나 여호
와의 뜻이요, 참진리요, 사랑의 근본
이요 그 모든 터전을 너희들이 역사해
야만,
18 그 역사 위에 너희 후손들이 그곳에서
무럭무럭 자라나 너희들이 말하는 눈
에 넣어도 아프지 않는 자식을 사랑하
는 마음으로 나의 피조물 만백성 너희
들이 세상의 만물 모두를 다 그리 사
랑하게 될 것이며,
19 그와 같이 사랑하는 것이 바로 지상의
낙원이 역사함이라는 것을 너의 제자
들에게 전하고 전하라, 사랑하는 나의
아들아!
20 이것을 내가 이루고자 하는 것이며,
이것을 이루고자 너희들이 나를 따름
이라는 것을 절대 잊지 말라.

10,140 번째 하나님 말씀

2004년 3월 28일 06시 40분

1 사랑하는 나의 아들아!
2 "네, 아버님! 말씀하옵소서."
3 나 여호와가 너를 부르되 항상 '사랑
하는 나의 아들'이라 함이니라.
4 그 사랑이 무엇인 줄 알겠느냐?
5 그 사랑의 본체가 나라 그리하지 아니
하였더냐?
6 그러니 내가 너를 부를 때마다 사랑하
는 나의 아들이라 부름이니라.
7 곧 너희들이 나 여호와를 알고자 하
며, 너희들이 하늘에 오르고자 하며,
너희들이 나의 뜻에 의해 모두를 역사
하고자 하는 그와 같은 마음을 갖는다
면, 너희들은 곧 사랑하지 아니하면
아니 됨이니라.
8 사랑하는 것이 나 여호와의 본체요,
너희들이 사랑하는 자마다 나에게 올
수 있으며, 사랑하는 자가 나 여호와
를 알 수 있는 것임을 너희들은 알아
야 될 것이니라.
9 사랑하지 않는 자는 나를 알 수 없으
며, 사랑하지 아니하는 자는 나의 뜻

을 들을 수 없으며, 내가 역사하는 길
을 올 수 없기 때문이라 함을 알아야
될 것이니라.
10 사랑하는 나의 아들아!
11 모든 너의 제자들에게, 너희가 눈에
넣어도 아프지 않다 하여 자식을 사랑
하는 것처럼 모두를 그리 사랑하라 전
하라.
12 그와 같이 사랑하는 것이 나에게 오르
는 길이요, 그것이 바로 나를 사랑하
는 것이요, 나를 보는 길이니라.
13 그리고 그것이 너희들이 나를 가장 기
쁘게 하는 길이니라.
14 너희들이 사랑을 하지 아니하면 그것
이 나를 사랑하지 아니함이요, 내 뜻
을 알 수 없는 백성이라는 것을 명심
하고 또 명심하도록 그리 가르치라.
15 나 여호와의 본체가 사랑이기 때문에,
너희들이 사랑하는 것, 그것만이 나를
사랑함이요, 세상을 사랑하는 것이요,
나에게 올 수 있는 길이라는 것,
16 그리하여 사랑으로써 하나로 이루어
지라 하는 나의 뜻을 가슴 깊이 새겨
두도록 그리하라, 사랑하는 나의 아들
아!

10,141 번째 하나님 말씀

2004년 3월 28일 06시 45분

1 사랑하는 나의 아들아!
2 "네, 아버님! 말씀하옵소서."
3 지금 너를 따르는 제자들이요, 그리고
강론을 수없이 들은 그 제자들, 그리
고 나의 법전을 접하여 읽고 깨우친
백성, 너희들은 과연 지금 사랑의 집
으로서 나의 집을 역사하는 그와 같
은 너희들로 지금 변해 가고 있는가?
4 그렇지 아니하면 너희들도 그저 말로
써 '주여, 주여!' 하며, 나의 아들 예수
의 보혈로써 구원을 받았다 하여 울고
불고 맹종하는 그와 같은 마음에서 정
녕 아직도 벗어나지 못한 믿음으로
가고 있는 것은 아닌가, 너희들 스스
로 다스려 봐야 될 것이니라.
5 이제는 너희들이 사랑의 집을 완벽하
게 지어 가는 그와 같은 너희들이 되
어야 될 것이며, 너희들이 그 사랑하
는 집으로서 너희들이 지어지며 너희
들이 완벽한 그 집을 지었을 때, 모든
사랑이라는 것이 그 집에 와 기거할
수 있는 것이니라.
6 사탄의 집이요, 악한 집을 지어 놓고
너희들이 사랑이 와 이루기를 바라며,
사랑이 와 실천하며 사랑이 와 살기를
바라는 그와 같은 웃지 못할 믿음은
과연 아닌가, 너희들은 이를 돌이켜
봐야 될 것이니라.
7 사랑하는 나의 아들딸들아!
8 너희들이 나의 사랑하는 집을 짓는 것
은 곧 내 뜻을 짓는 것이요, 내 뜻을
역사하는 것이요, 나 여호와의 성령이
그곳에 와 임할 수 있도록 너희들이
역사하는 것이니라.
9 그러니 나의 아들을 따르며 법전을 읽
고 깨우친 백성 너희들은 이제 사랑의
집을 과연 얼마나 지었으며, 그 사랑
의 집을 너희들이 완성했는가, 너희
자신을 들여다보도록 그리해야 될 것
이니라.
10 지금도 너희들이 사랑하는 집을 짓는

데 아직 기초도 다지지 못했다면, 과
연 사랑이라는 그 백성이요, 그 모든
사랑이 어찌 그곳에 와 기거하고 살
수 있겠느냐?
11 세상의 모든 사랑하는 마음들이 거기
에 와 기거할 수 있도록 너희들이 사
랑의 집을 완벽히 짓지 아니하면 아니
되느니라.
12 너희들이 사랑의 집을 짓기 위하여
지금 너희들이 1초도 허비할 시간이
없으며 다른 곳에 쓸 수 없는 그와 같
은 백성 너희들이,
13 나로부터 모든 오늘의 믿음의 길을
가는 백성들처럼 재물을 얻고자, 명예
를 얻고자, 좀 더 편한 길을 가고자 하
여 너희들이 그와 같은 생각으로써 지
금 그와 같은 집을 짓고 있지는 아니
한가?
14 욕심으로 짓는 것, 무엇을 거두고자
짓는 것, 얻고자 하는 것이 너희들이
그와 같은 흉물스러운 집을 짓는 것이
요,
15 사랑으로 실천하는 것은 나 여호와의
성령이 임할 수 있도록 사랑의 집을
짓는 것이니, 지금도 너희들이 아직
기초도 다지지 못한 그 사랑의 집을
짓고 있다면 아니 됨이니라.
16 어서 너희들은 서둘러 기초를 하며,
그 위에 사랑의 집을 짓도록 그리하라.
17 너희 자신이 사랑의 집이 되어야 됨
이니, 네가 아직도 기초도 안 된 마음
이요, 깨달음이라면 어찌하겠느냐?
18 너희 자신의 사랑의 집을 빨리 완성
하도록 그리하라.
19 그리하여 세상의 모든 사랑들이 그곳
에 와 기거할 수 있으며, 그리하여 나
의 성령이 거기서 기거하며, 너희들이
그 사랑의 집을 그대로 청결하게 잘
관리하고 잘 다스렸다가 그 사랑의
집 본체를 하늘의 집으로 옮기는 그와
같은 역사를 이루도록 해야 될 것이
니라, 사랑하는 나의 아들딸들아!
20 너희들이 너희 자신의 사랑의 집을
짓는 데 1초도 허비할 시간이 없거늘,
어찌하여 너희들이 온갖 생각에 지금
치우쳐 있으며 온갖 생각에서 벗어나
지 못한단 말이더냐?
21 아직도 '주여, 주여!' 하며 울고불고
무엇인가를 소원하는 그와 같은 기도
하는 마음이요, 그와 같이 바라는 마
음이 있다면, 모두를 다 지워 버리고,
오로지 사랑의 집을 짓도록 하라.
22 사랑의 집을 완성했을 때는 그 무엇도
거기에 근접하지 못하며, 너희들이 세
상의 이치를 알며 하늘의 이치를 아
니,
23 못 이루고 못 가꿀 것이 없다는 것을
알라, 사랑하는 나의 아들딸들아!

10,142 번째 하나님 말씀

2004년 3월 28일 06시 49분

1 사랑하는 나의 아들아!
2 너희들이 믿음의 그 길에 부르짖는 것
이 무엇이더냐?
3 뜻이 하늘에서 이루어진 것같이 땅에
서 이루어지기를 바라는 것이 너희들
의 마음이 아니더냐?
4 그러니 너희들이 하늘의 뜻이 땅에서
이루어지는 그것은 무엇이더냐?

5 너희들의 그 손에 의하여 너희들이 노
력에 의한 것이 아니더냐?
6 농부가 농사를 지음에 씨앗을 뿌리며
그 터전을 가꿔 그가 그 결과를 거둬
들이는 것이 그 농사의 의미요, 그는
그것으로써 그 한 해의 모두를 마쳤다
할 수 있지 않으냐?
7 그리하여 그 결실을 풍작을 거둬들일
때, 그의 기쁨은 말할 수 없는 것이니
라.
8 너희들이 하나의 농부가 농사를 짓는
것도 그 노력함에 의하여 그 결과에
따라서 모두가 이루어지거늘,
9 너희들이 하늘에서 이루어진 것같이
이 땅에서 이루는 그 역사를 이루고자
하면, 그것이 말로써 너희들이 부르짖
는 것으로써 모두가 이루어질 수 있다
생각하느냐?
10 결코 말로써는 이루어질 수 없는 것이
니라.
11 인간 세상에 너희들이 작은 소망을 이
루며 너희들이 계획한 뜻을 역사하는
것도 너희들이 피나는 노력의 그 결과
여야만 그를 얻고 이룰 수 있는 것이
아니더냐?
12 더욱이 하늘의 낙원을 지상에 이루는
것, 하늘에서 이루어진 것같이 이 땅
에서 이룬다는 것, 너희들이 어떠한
것으로써 그를 이룰 수 있단 말이더냐?
13 '주여, 주여!' 나의 아들을 찾는 것으
로써 너희들이 이루어지며, 나 여호와
에게 울부짖는 것으로써 이루어지며,
나를 믿고 찾는 것으로 이루어진다 그
리 생각하는가?
14 모든 믿음의 길을 가는 백성 너희들이
그리하느니라.
15 모두가 믿는 것이 우선이요, 믿는 것
으로써 모든 죄를 사하며 믿는 것으로
써 모두를 역사한다 함이니, 너희들이
믿는 그 마음도 천 갈래 만 갈래 천태
만상이니라.
16 믿는 마음이 너희들이 순수한 마음이
요, 사랑의 마음으로 나 여호와를 믿
는다면, 그것으로 너희들은 세상을 다
얻을 수 있으나,
17 너희들이 조건이 있으며 바라는 것이
있으며, 너희들이 소망하고 이루고자
하는 그 생각에서 너희들이 믿는 마음
을 가지고 있다면,
18 그것은 너희들이 믿는 마음이 아니요,
나를 욕되게 하는 마음이라는 것을 어
찌 모르는가?
19 그러니 '뜻이 하늘에서 이루어진 것같
이 이 땅에서 이루어지이다.' 하는 너
희들의 그 소원을 이루고자 하면 너희
들이 어찌 살아가야 되는가?
20 너희들 스스로 어떤 마음으로 살아가
야 되는가?
21 다만, 너희들이 죄의 껍질을 하나하나
벗어 버리고 두 번 다시 그와 같은 죄
를 짓지 않는 천사와 같은 아름다운
백성으로 이루어졌을 때, 뜻이 하늘에
서 이루어진 것같이 이 땅에서 이루어
짐이니,
22 뜻이 하늘에서 이루어지는 것같이 이
땅에서 이루어지는 것은 나의 성령이
이 세상을 덮는 것밖에 없음이니,
23 나의 성령이 뿌리를 내릴 수 있는 것
이요, 나의 성령을 받을 그릇이 세상
에 없다 함이니, 이는 너희들이 부르

짖는 것으로 끝날 것이니,
24 너희 스스로 나의 성령을 받을 수 있
는 아름다운 백성으로, 하늘을 향하여
한 점의 부끄럼이 없는 그와 같은 백
성의 삶을 살도록 그리하라.
25 그리해야만 너희들이 하늘에서 이루
어진 것같이 이 땅에서 이루어지는 그
소원이요, 바라는 것을 역사할 수 있
을 것이니라.

10,143 번째 하나님 말씀

2004년 3월 28일 06시 53분

1 사랑하는 나의 아들아!
2 "네, 아버님! 말씀하옵소서."
3 내가 수천 년 동안 나의 피조물 만백
성 너희들을 구원하며 너희들이 나에
게 오르는 길을 역사하는 것에 내가
얼마나 모두를 다 받쳐 주었던가?
4 그러니 내가 모두를 가지고 너희들을
깨우쳐 나의 백성으로 거듭나게 하려
하였으나, 너희들은 결국 그와 같은
역사를 이루지 못하여 오늘의 제3의
시대가 지금 역사하였음이니라.
5 나 여호와는 부분적인 뜻과 근본적인
나의 뜻이 있음을 너희들은 알아야 될
것이니라.
6 지금의 모든 백성들이 내가 부분적인
뜻을 세상에 내보내어 너희들이 깨우
치고 깨달을 수 있도록 그리하였음이
니라.
7 그 부분적인 깨달음을 내가 나의 피조
물 만백성 너희들에게 준 것은 무엇
인 줄 알겠느냐?
8 본뜻인 내가 세상에 내려왔을 때, 그
를 보좌하며 그와 더불어 내가 이루는
지상의 낙원을 이루고자 하는 것이 나
의 뜻이었음이니라.
9 그러나 구약이요, 신약 시대에 내가
너희들에게 본뜻을 내려보내지 아니
하며 부분적인 뜻을 깨우쳐 전했으나,
10 너희들은 그것을 터득하고 깨우치기
전에, 그를 악용하여 오늘의 이 험악
한 세상이요, 너희들이 말하는 말세
요, 종말의 시대를 너희들이 만들어
놓지 아니하였더냐?
11 그러니 내가 지금 제3의 시대를 열어
본뜻을 내려보냄이니, 바로 내가 무어
라 하느냐?
12 계주를 하는 출발선이요, 중간 주자
요, 마지막 주자와 같은 그와 같은 역
사의 형국이니라.
13 모두는 이제 내가 본뜻을 세상에 전함
이니라.
14 그러니 내 본뜻을 세상에 전함으로 무
엇이더냐?
15 비유로써 너희들이 밀봉된 비밀의 그
성서를 푸는 기초공사가 지금 시작되
었으며, 그 기초공사 위에 서서히 그
공사는 완성됨이니, 160권의 법전이
세상에 내려왔을 때 그 모두는 역사하
게 됨을 너희들은 알라.
16 내가 일찍이 나의 아들을 통하여 열여
섯 권의 법전을 세상에 내보냈으며,
이것이 너희들이 하늘의 문을 여는 열
쇠라 했으니, 그것은 바로 비밀을 푸
는 기초공사요,
17 지금 그 공사의 160권이라는 법전이
세상에 나오니, 그 봉한 말씀의 비밀
을 모두를 내가 헤쳐 너희들에게 깨우

쳐 준다 하지 않았더냐?
18 어두운 곳에서 하는 것, 그리고 너희
들이 숨겨 놓은 것, 그리고 너희들이
감춰 놓은 것, 그리고 너희들만이 알
고 있다 생각하는 것, 너희들이 지금
깨달았다 하는 것,
19 그 모든 진정한 답을 내가 헤쳐 너희
들에게 전해 주는 그와 같은 역사를
이룬다 하였음이니라.
20 그러니 모든 백성 너희들은 알라.
21 이제는 나 여호와가 본뜻을 가지고 너
희들에게 보내 줌이니, 원액으로써 너
희들을 다스려 하늘에 오르는 길을 열
고자 함이니라.
22 나 여호와는 부분적인 뜻과 본뜻을 가
지고 지금 역사하니, 지금까지는 내가
부분적인 모든 그와 같은 뜻을 가지고
역사했으며,
23 또한 나의 아들을 통하여 내가 본뜻을
세상에 내려보내기 전에 모든 백성들
에게 내가 하늘에서 그 부분적인 뜻을
그들에게 깨우쳐 줘, 나의 법전이 세
상에 나올 때 그를 이끌고 앞에서 안
내자가 되라 하였거늘,
24 그들이 다 제왕이요, 대장이요, 지배
자요, 나의 본뜻을 받아 역사하는 자
라 그리 서로 지금 하고 있으니, 그 모
두가 다 너희들의 그 심성이 욕심에서
이루어지는 것이니,
25 이제 너희들이 한두 가지를 깨달았다
하나 그것은 나의 부분적인 뜻이니,
26 나의 본뜻인 160권의 법전이 세상에
내려가니, 너희들이 이를 따를 수 없
으며, 이 내용을 알 수 없으며, 거기에
풀어 주는 것을 너희들이 알지 못하거
든,
27 조용히 고개 숙여 나의 본뜻인 나의
법전이 나가는 길을 안내하며 길잡이
로서 너희들이 길을 쓸고 갈 수 있도
록 그리하며,
28 힘들고 어려울 때 나의 아들의 등을
밀어 주며 너희들이 같이 갈 수 있는
그와 같은 길을 가는 것이 내가 본뜻
이 아닌 부분적인 뜻으로써 세상의 많
은 백성들에게 심어 준 역사함이라는
것을 알라, 사랑하는 나의 아들딸들아!

10,144 번째 하나님 말씀

2004년 3월 28일 06시 57분

1 사랑하는 나의 아들아!
2 "네, 아버님! 말씀하옵소서."
3 내가 성서에 일찍이 너희들에게 기록
하여 전했느니라.
4 농부가 터전을 가꿔 그 씨를 뿌려 정
성을 다하여 그를 가꾸고 농사지음이
니,
5 그리하여 그는 그 결과를 맺는 그와
같은 풍요로움을 얻는다 하지 아니하
였더냐?
6 내가 너희들이 믿음의 길을 오는 길이
꼭 그와 같다 하였음이니라.
7 너희들이 터를 닦으며 씨앗을 뿌려 가
꾸는 농부처럼 꾸준히 변하지 않는 그
노력이요, 돌보고 가꾸는 그 마음으로
써 내가 결실을 거둬들일 수 있는 거
듭나는 백성으로서 태어난다 하지 아
니하였더냐?
8 그러니 너희들은 그와 같은 단계를 거
쳐 꾸준히 노력하는 그와 같은 믿음으

로써만이 나에게 올 수 있는 것이니라.
9 그러나 지금 너희들이 기초를 나시며
씨앗을 뿌리며, 그와 같은 단계의 그
모두가 정해져 있으며 그와 같이 역사
를 할 수 있거늘,
10 너희들이 터를 닦는 자가 결실을 거두
는 자라 하여 열매를 딴다 대들며, 씨
앗을 뿌려야 할 자가 열매를 거둔다
지금 너희들이 난리를 치고 있으며,
11 너희들이 그를 가꾸고 보살필 자가,
그리고 접목하며 또 자를 것, 보호할
것을 다스려 열매를 얻는 결실을 거둬
야 되는 그와 같은 임무를 맡은 자가
너희들이 열매를 따는 자요, 열매를
딴다 대듦이니,
12 너희들이 농사를 짓는 농부가 그를 보
지도 아니하며, 쳐다보지도 아니하며,
씨앗을 뿌려 놓고 그저 결실을 거두려
는 것처럼 바라는 그와 같은 오늘의
오합지졸이요, 뒤죽박죽인 이와 같은
세상이 되어,
13 도둑이 들끓으며, 말세요, 너희들이
가만히 앉아 있으면 그 육신이 하늘에
들려 나에게 온다는 그 허황된 것을
믿는 그와 같은 어리석은 백성들이 되
어 있으니, 이것이 무엇이냐?
14 질서를 파괴했으며 질서의 순리를 모
르느니라.
15 이제 내가 너희들에게 말하느니라.
16 농부가 농사를 짓는 그와 같은 단계로
써 나의 피조물 만백성들의 열매를 거
두고자 함이니,
17 터를 닦는 자, 씨앗을 뿌리는 자, 가꾸
는 자, 그리고 거둬들이는 자 중에, 지
금 나의 법전을 읽고 깨우치는 백성
너희들은 낫을 들고 거둬들이는 자들
이니라.
18 그러니 거둬들이는 자만이 거둬들일
수 있는 그 대명을 할 수 있으니,
19 너희들이 나의 법전을 만들어 온 세상
에 전하면, 그를 보고 깨우치는 자를
거둬들이는 그 시대요,
20 지금의 너희들이 그 농부요, 그 풍요
로움을 얻을 수 있는 그 대명을 맡은
자들이니,
21 너희들은 나의 법전을 전하여 마지막
시대요, 거둬들이는 시대의 그 대명을
충실히 하도록 하라, 사랑하는 나의
아들딸들아!
22 농부가 농사를 짓는 것이 너희들이 나
에게 오는 믿음의 길이요, 그것이 꾸
준히 그리 가꾸고 돌보는 것이 믿음이
라는 것을, 그리고 나에게 올 수 있는
길이라는 것을,
23 그리고 마지막 추수할 때 낫을 들고
들에 나가 추수하는 자는 따로 정해
졌다는 것, 지금 그 모두를 거둬들이
는 것은 나 여호와가 열매를 거둬들
임이니, 그걸 거둬들이는 나로부터 명
령을 받은 백성들이요, 선택된 백성만
이 거둬들일 자격이 있으니, 그 거둬
들이는 백성은 무엇이더냐?
24 그를 거둬들여 그득히 짊어지고 그
열매와 같이 더불어 나에게 오를 수
있는 너희들이 은혜를 받은 백성이라
는 것을 잊지 말라.
25 그리하여 너희들이 오는 길에 그 모두
가 따라오며, 너희들이 인도하는 길에
너희가 다스린 백성들이 너희들을 따
라온다 하지 않았더냐?

26 너희들이 추수를 하고 그 모두를 추수
를 했을 때, 너희들이 그를 짊어지고
오를 자가 있으며 못 오를 자도 있으
니, 그때도 못 오르는 자가 있다는 그
의미를 알겠느냐?
27 너희들이 만백성을 추수하여 네가 추
수한 백성들이 너를 따라 하늘에 오
르는 거기에 낙오자가 되지 말라는 것
이 나의 아들을 따르는 제자들이요,
28 또한 그와 같이 너희들이 모든 백성을
인도하여 꼭 나에게 올 수 있도록 그
득히 추수하여 거둬들여서 오는 백성
이 되는 것이 너희들의 대명이니,
29 만백성을 구하는 데 모두를 다 바치라
함이니라.

10,145 번째 하나님 말씀

2004년 3월 28일 07시 06분

1 사랑하는 나의 아들아!
2 "네, 아버님! 말씀하옵소서."
3 나 여호와가 이 세상의 모든 백성들
중에 심판을 한다면 누구부터 심판을
한다 생각하느냐?
4 "네, 아버님! 저는 그리 생각하고 있
사옵나이다.
5 아버님께서 마지막 내리신 이 법전을
접한 백성이요, 그리고 저를 따르는
그 제자들이요, 그를 읽고 깨우쳐 아
버님의 뜻을 알았다는 그 백성들이요,
6 그와 같은 저희들부터 제일 먼저 아버
님께서 심판하실 것이라 저는 그리 알
고 있사옵나이다."
7 사랑하는 나의 아들아! 그러하니라.
8 너를 따르며 나의 법전을 읽고 깨우쳤
다 하며 나의 성령을 나의 강론을 듣
고 너희들이 무엇인가를 만백성이 가
는 길을 알며, 하늘에 오르는 길이 무
엇이며 내가 역사하는 길이 무엇인지
를 아는 자,
9 그 법도를 아는 너희들부터 먼저 내가
엄히 심판할 것이며 너희들을 다스린
다는 것을 너는 알고 있음이니, 그것
이 나의 뜻이라는 것을 너의 제자들에
게 가르쳐 주라.
10 나를 찾지 못하며 나의 뜻을 알지 못
하며 진정한 참진리의 길이 무엇인가
를 모르는 그들을 먼저 내가 심판하
는 것이 아니요,
11 사랑하는 나의 아들을 따르는 제자들
이요, 그리고 나의 법전을 읽고 깨우
친 자들이요, 그리고 나의 법전을 믿
은 자들이요, 그와 같은 너희들을 내
가 심판하여 쭉정이와 알곡식을 고를
것이니,
12 너희들은 쭉정이로서 불려 나가는 그
와 같은 백성이 있어서는 아니 될 것
이니 그리 알라, 사랑하는 나의 아들
아!
13 너는 잘 알고 있음이니라.
14 모두는 너희들이 먼저 심판의 대상이
요, 너희들부터 먼저 엄히 심판하여
다스린다는 그 이치를 너희들은 알 것
이니라.
15 그러니 지금의 믿음의 길을 가는 수천
년 동안 오는 그 백성들이 과연 어찌
하는가?
16 저희들이 모두를 심판을 내리며 그리
고 알곡식과 쭉정이를 가려 가라지를
버리고 쓸 것은 거둬들인다 그리 말하

는 자,
17 그것이 불신자요, 믿지 않는 백성들과
지금 믿음의 길을 가고 있는 저희들과
구분하는 것이라는 가장 편안한 방법
으로써, 가장 안일한 방법으로써 그리
믿고 울고불고 가는 것이 아니더냐?
18 그러니 그들에게 경종을 울리라.
19 그리고 그들이 몰라도 너무 모르는
자, 그들의 가슴에 너희들이 이 싸늘
함을 전해야 될 것이니라.
20 이 세상에 나 여호와가 와서 심판을
한다면, 가장 먼저 엄하게 심판을 할
자들은 지금 나의 법전을 읽고 깨우쳐
나에게 선택된 백성 너희들이라 하였
음이니라.
21 그러니 믿음이라는 것, 종교 집단 속
에 살아가는 그 백성들에게 전하라.
22 그들은 정녕 너희들을 심판하기 위해
오는 것이요,
23 너희들이 믿지 않는다는 불신자와 그
믿는다는 너희들로 구분하여 내가 지
옥으로 가고 안 가는 것을 구분한다
생각하지 말라.
24 그렇다면 그 심판이 무엇이 필요하더
냐?
25 이미 구분 되어 있는 것을, 너희들 말
대로 불신자요, 믿지 않는 자는 지옥
으로 가며 너희들만이 구원을 받는다
면, 이미 너희들 말대로 심판은 나 있
으며 결정이 나 있는데,
26 나 여호와가 뭐하러 그를 심판하러 오
는 번잡한 일을 하며, 너희들을 심판
을 한단 말이더냐?
27 그러니 지금 너희들이 나의 아들을 예
수를 따르며 믿음의 길을 온 것이며,
종파 속에서 지금 허덕이고 있는 것,
아비규환이 된 자들, 믿음의 길을 가
는 너희들을 먼저 내가 심판하는 것이
요, 심판은 너희들에게 해당되는 것을
알아야 될 것이니라.
28 그러니 이제 너희들이 깨우치라 전하
라.
29 너희들은 불신자와 믿는 자를 구분하
여 심판을 함이 아니라, 이미 너희들
이 구분되어 있지 않으냐?
30 믿는다 하면서, 나의 성서를 가지고
공부한다면서 내 뜻대로 살아간다는
믿음으로 가는 너희들에게 내가 쭉정
이와 가라지를 구분할 것이며, 버릴
것과 알곡식을 구분하여 구하는 그와
같은 심판은 너희들에게 해당되는 것
이요,
31 이방인이라는 불신자라는 백성들에
게는 해당됨이 아님이니라.
32 그러니 너희들을 심판하는 것이기 때
문에, 너희들이 과연 심판의 자격이
있는 백성이요, 너희들이 나에게 올
수 있는 백성인가,
33 너희 자신을 들여다보며 네 믿음을 바
라보며, 지금 가고 있는 믿음이 진실
한 믿음이요, 참진리요, 나 여호와의
뜻에 의한 것인가 그것을 먼저 보도록
하라.
34 심판은 이방인과 너희들 믿는 백성이
라는 그를 심판을 하러 오는 것이 아
니라는 것을 알겠느냐?
35 그러니 믿음을 가는 백성들이 몰라도
너무 모르며, 어리석은 백성들이니라.
36 믿음의 길을 가고 있는 종교 집단 속
에서 구원을 받았다는 자, 내가 거기

서 쭉정이와 알곡식을 구분하여 버릴
자 버리고 구원할 자 구한다는 뜻이
너희들에게 해당되는 것이니라.
37 이방인이라는 백성은 내가 또한 그들
에게 따로 역사할 것이니라.
38 내가 나의 아들에게 명하지 아니하였
더냐?
39 내가 이 세상에 와서 심판을 한다면,
너희들보다도 먼저 지금 나의 아들을
따르는 백성들이요, 그리고 나의 아들
을 따르는 제자들이요, 그리고 나의
법전을 읽고 깨우친 백성들이요, 나의
아들의 강론을 듣는 그 백성들이요,
40 그들부터 내가 먼저 심판을 하며, 쭉
정이와 알곡식을 구분한 다음에,
41 지금 믿음의 길을 가는 백성 너희들을
내가 심판할 것이며, 그리고 이방인을
또한 심판한다는 것을 너희들은 알라.
42 그러니 믿음의 길을 가는 백성 너희들
이 심판이라는 것은 너희들에게 해당
되는 것이요,
43 불신자와 믿음의 길을 가는 백성을 심
판하는 것이 아니라는 것을, 종교 지
도자와 모든 믿음 속에 그리 믿고 가
는 백성들에게 경종을 울려 그들을 깨
우쳐 주도록 그리하라, 사랑하는 나의
아들아!

10,146 번째 하나님 말씀

2004년 3월 28일 07시 14분

1 사랑하는 나의 아들아!
2 "네, 아버님! 말씀하옵소서."
3 네가 너의 제자들에게 하고픈 말이 무
엇이며, 네가 너의 제자들의 가슴에
심어 주고 싶은 마음이 무엇이더냐,
아들아!
4 "네, 아버님! 저는 무엇을 아는 것도
없으며, 또한 그리 심을 것도 없사옵
나이다.
5 저 자신이 부족하며 제가 변하지 못하
는 이 시점에서 제가 무엇을 심으며
무엇을 전하오리까?
6 그러나 다만 아버님께서 명하신다면,
저는 아버님의 그 슬프고 아픈 마음을
기록하여 전하고 싶사옵나이다.
7 밤이 되면 모든 사람들이 돌아갈 집이
있으며 그들이 쉴 수 있는 공간의 안
식처가 있사옵나이다.
8 그리고 돌아가 쉴 집이 다 구비되어
있는 것이 저희들이 살아가는 오늘의
삶이옵나이다.
9 그러나 창조주 아버님께서 이 세상을
다 창조하셨으며, 그 모두를 역사하셨
으며, 그 모두를 저희들에게 내려 준
이 우주 공간에 아버님께서 거할 처소
가 없으며 아버님이 계실 곳이 없다는
것,
10 이는 곧 아버님이 성령을 내릴 곳이
없으며 성령이 임할 곳이 없다는 그
탄식이요, 그 아픔이요,
11 그 말 못 하고 계시던 아픔을 이제 저
를 통하여 저의 제자들이요, 아버님을
따르는 백성들이요, 그리고 법전을 읽
은 백성들에게 그를 털어놓으시며, 그
를 전해 주시는 그 아버님의 아픈 마
음의 그 심정을 들여다보고 들여다볼
때, 제 가슴이 찢어지며 제 가슴이 아
파 옴을 어찌하오리까?
12 그것을 그 제자들에게 간곡히 하소연

하고 싶으며 그를 그들에게 전하고 싶
사옵나이다.
13 수천 년 동안 이 세상의 모두를 창조
하시고 역사하신 아버님께서,
14 하물며 창조물 인간 저희들도 밤이
되면 돌아갈 곳이 있으며, 안식처가
있으며 쉴 곳이 있으며, 가족과 더불
어 아름다운 대화를 할 수 있는 그와
같은 가정이 있사옵나이다.
15 그러나 정녕 만물을 창조하셨으며 모
두를 역사하신 아버님의 집이 비어
있으며, 이 지상에 또한 아버님이 거
할 곳이 없으며 역사할 곳이 없다는
그 아픈 마음을, 그 탄식 소리를 듣는
제 가슴이 찢어질 것 같으며, 그 아픔
을 감출 수가 없사옵나이다.
16 수천 년 동안 그 아픔을 감추고 덮어
두셨다가 어찌하여 이 부족한 저요,
잡석만도 못한 저를 통하여 저의 제
자들에게 그 말씀을 전하시는지,
17 그 말씀을 듣는 저의 제자들이 바로
서지 못하며 바로 가지 못하며 아버님
의 그 탄식 소리를 듣지 못하는 오늘
의 이 아픈 가슴을 어찌 전해야 될 것
이며 어찌 명하여야 될 것인가,
18 그것이 가슴이 미어지며 제 마음을
아프게 하옵나이다.
19 이것을 전할 길이 없사옵나이다, 아버
님!
20 모든 인간도 다 돌아갈 곳이 있으며,
날짐승도 돌아갈 곳이 있으며, 모든
아버님께서 창조한 미물들까지도 돌
아갈 곳이 있으며, 안식처가 있으며,
21 더욱이 저희들은 돌아가 그 가정에 아
내와 자식이 있어 화기애애하게 웃음
꽃을 피우며 행복을 누리며 살아가는
그와 같은 삶을 살면서,
22 모두를 창조하고 직접 만드신 아버님
께서는 갈 곳이 없으며 거할 곳이 없
다는 그 아픈 가슴을 감춰 놓고 말씀
을 하지 못하며,
23 오늘의 이 잡석 같은 자식이요, 능력
없으며 아무것도 제대로 내놓을 수도
없는, 아담과 하와의 그 죄를 연상케
하는 그와 같은 삶에서 허덕이는 저희
들,
24 아브라함과 같이 자식을 바칠 수 있는
그러한 역사함도 없음이요, 노아의 방
주를 역사했던 그 노아처럼 그와 같은
믿음도 없는 저의 제자들에게 어찌하
여 아버님의 그 감춰 두었던 그 가슴
아픈 탄식을, 이제야 그를 보이시나이
까?
25 그것을 듣고 알면서도 바로 가지 못하
며 그것을 알아듣지 못하는 저의 제자
들이요, 그리하여 방황하는 자요, 시
시비비하며 남을 시기하고 질투하며
옳고 그름을 따지는 그와 같은 저희들
의 오늘의 그 삶을 가슴 아프게 생각
하옵나이다.
26 그러니 그것을 전하고 싶사옵나이다."
27 사랑하는 나의 아들아! 눈물을 거두
라.
28 너희들이 있기 때문에 나의 기쁨이 있
으며, 내가 감춰 놓았던 모든 탄식을
할 수 있는 것이 아니더냐?
29 모든 미물이요, 동물이요, 그 모두가
돌아갈 곳이 있거늘, 이 세상을 창조
한 나 여호와가 갈 곳이 없으며 쉴 수
없는 그 아픈 마음을, 그래도 너를 통

하여 너의 제자들에게 이를 전하니,
30 내가 나의 법전에 기록하여 그들이 이
를 듣고 깨닫는 그와 같은 오늘의 기
쁨이 이루 말할 수 없느니라.
31 사랑하는 나의 아들아! 너희들이 있
기 때문에 내가 감춰 놓았으며 숨겨
놓았으며 나 혼자만이 앓던 그 슬픔의
눈물이요, 그 탄식의 그 소리를 내가
너희들에게 전할 수 있지 않더냐?
32 이제 가슴 아파하지 말며 눈물을 거두
라.
33 네가 있으며, 너를 따르는 제자들이
있으며, 그리고 이 법전을 읽은 깨우
친 백성들이 있으니,
34 내 기거할 집이요, 내 권세요, 지상과
하늘과 그 모두를 다스릴 수 있는, 그
리고 모두가 역사할 수 있는 그날이
머지않다 하지 아니하였더냐?
35 내가 너를 사랑하며 너의 제자를 사랑
함이니, 너희들이 오늘의 그 아픈 마
음이요, 그 역사함 속에, 너희들이 무
엇을 이루기 전에 내가 지금까지 숨겨
놓고 말 못 했던 내가 갈 곳이 없는 나
의 이 탄식 소리를 네가 알아들어 그
모두를 너의 제자들의 가슴에 심어 줌
이니,
36 오늘의 나의 기쁨이 이루 말할 수 없
음이니, 너의 눈물을 거두도록 하라,
사랑하는 나의 아들아!

10,147 번째 하나님 말씀

2004년 3월 28일 11시 45분

1 사랑하는 나의 아들아!
2 "네, 아버님! 말씀하옵소서."
3 백사장의 모래알보다도 더 많은 모든
종교 집단이요, 지도자요, 그 선생이
라는 자들이 나로부터 기름 부음을 받
은 자요, 기름 부음의 영광을 얻어 저
희들이 나에게 오르는 길을 인도하는
백성들이라 그리 말하고 있음이니라.
4 그리고 그 말을 듣고 또한 저희들이
구원의 길이라 하여 나의 사랑하는 백
성들이 그곳에 가 맹종 맹신하며 울고
불고 그리 매달리고 있음이니,
5 정녕 기름 부음을 받았다는 것이 가짜
기름이요, 진정한 나의 기름을 부은
것이 아니라면, 너희들은 과연 어찌하
겠는가?
6 내가 기름을 부은 자라 명하는 자가
기름 부음을 받은 자요, 성령이 임한
자이지, 저희들이 나로부터 기름 부음
을 받았다는 자가 성령이 임한 백성이
라 너희들이 그리 말할 수 있겠느냐?
7 너희들은 나로부터 성령이 임한 그 백
성의 차이점이 무엇인 줄 알겠느냐?
8 기름 부음을 받은 자요, 성령이 임한
백성들은 내가 그와 같이하고 있음이
니,
9 그는 너희들이 구약 시대의 그 모두를
알 수 있으며, 신약 시대의 나의 아들
예수가 역사했던 그 모두를 다 알고
있으며, 그리고 하늘의 뜻이 무엇이
며, 내가 역사하는 것이 무엇인가 그
를 다 알고 있으며,
10 그러니 과거와 현재와 미래의 그 모두
를 통달한 자가 바로 나로부터 기름
부음을 받은 자요, 성령이 임한 백성
이라는 것을 너희들은 알아야 될 것이
니라.

11 그와 같이 역사하지 못하는 백성은 나
로부터 기름 부음을 받은 자가 아니
요, 진정한 성령을 받은 자가 아니라
는 것을 너희들은 알아야 될 것이니라.
12 모든 자들이 기름 부음의 성령을 받은
역사를 한 자라 그리 말하나,
13 나의 아들을 따르는 제자들이요, 그
나의 법전을 읽고 깨우친 만백성 너희
들은 들어야 될 것이며, 너희들 스스
로 판단하는 지혜를 얻어야 될 것이니
라.
14 구약 시대의 그 모두를 들여다볼 수
있으며 그를 너희들에게 강론하며, 신
약 시대를 들여다보며 그 모두를 알
며, 그리고 하늘에 있는 나 여호와가
무엇을 원하는 것인가를 알며,
15 내가 항상 같이하며, 내가 필요에 따
라서 그에게 지혜와 능력이요, 하늘의
뜻을 명해 주는 자가 바로 기름 부음
을 받은 자요, 만백성을 구하는 그 대
명을 받은 자라는 것, 너희들은 이를
구분할 줄 알아야 되는 것이니,
16 이를 잊지 말도록 하라, 사랑하는 나
의 아들딸들아!
17 이 세상에 내가 정녕 기름을 부은 자
가 없음이니, 모두가 나로부터 기름
부음을 받은 자요, 기름 부음의 영광
을 얻었다 하여 지도자라 말하고 있음
이니, 과연 그들이 만백성을 구할 수
있는 그와 같은 역사를 이룰 수 있너
냐?
18 저 비탈길에 있는 하나의 작은 움막에
서 기름 부음을 받은 자가 만백성을
구한다 그리 말함이니,
19 과연 나의 법전이 세상에 나가 너희들
의 손으로 만들고 너희들이 손으로 엮
어 이고 지고 전하는 나의 법전이 만
백성을 깨우치며 그를 인도하는 역사
를 그들이 이룰 수 있다 하지 않았느
냐?
20 나는 너희들에게 약속했느니라.
21 10년이라는 그 세월 속에 그 모두를
볼 것이며 역사할 수 있다는 것을 내
가 너희들에게 명하고 가르쳤느니라.
22 그러니 너희들이 기름 부음을 받으며
진정한 나로부터 선택된 나의 아들이
요, 진정한 나로부터 명받은 자가 누
구인가를 너희 스스로 평가하고 따져
깨우쳐 가도록 그리하라, 사랑하는 나
의 아들딸들아!
23 너희들이 구분하는 것은 너희들이 깨
우쳐 택하는 길밖에 없다 함을 명심하
도록 그리하라.
24 내 성령이 임한 자와 성령이 임하지
아니한 자의 뜻을 너희들은 알았으니,
그를 보고 구분하여 깨닫도록 그리하
라.

10,148 번째 하나님 말씀

2004년 3월 28일 11시 53분

1 사랑하는 나의 아들아!
2 "네, 아버님! 말씀하옵소서."
3 수천 년 동안 흘러오는 그 종파요, 믿
음이요, 그 아름다움으로 승화되어야
될 나에게 오르는 그 종교 집단이요,
지도자 그들이 과연 어찌 되었느냐?
4 그들은 세월이 흐르는 속에서 참진리
요, 나의 뜻을 깨우쳐 만백성을 구하
는 그와 같은 역사의 길을 온 것이 아

니요,
5 너희들이 세상 속에서 급속히 세속화
되어 가는 지금의 종교 집단이 변질되
고 또 변질되어 가고 있음이니,
6 사랑하는 나의 아들딸을 너희들이 나
에게 오르는 길로 인도하는 것이 아니
요, 지옥의 벼랑 끝으로 몰고 가니, 홍
수에 밀려난 급류보다도 더 무섭게
그들을 너희들이 그리 밀고 가고 있음
이니라.
7 그러니 그와 같이 밀려가는 나의 백성
들을 더 이상 볼 수가 없으며 더 이상
보고만 있을 수가 없어,
8 내가 나의 법전이라 하여 나의 아들을
통하여 너희들이 읽고 듣고 깨우쳐 하
늘에 오르는 길을 볼 수 있도록 그 모
두를 다 지금 내려보내고 있는 것이
나 여호와의 뜻이니라.
9 너희들이 믿음이라는 길을 나의 성경
이요, 나의 성령에 따라 그 믿음을 가
지 아니하고,
10 인간 각 종파가 만들어 놓은 그 인간
이 만든 그 교리요, 그들의 교법에 따
라 너희들이 거기에 이용되며 그를 추
종하고 따라가는 이와 같은 형국이 되
었으니,
11 어찌하여 지혜가 높은 나의 백성들이
그리도 어리석고 아둔하단 말이더냐?
12 너희들이 모든 종교 집단이요, 지도자
가 성령이요, 나의 성경을 그대로 보
고 그대로 가르치는 것이 아니요, 거
기에 너희들이 인간의 교리를 만들어
나의 백성을 이끌고 가니,
13 이것이 나에게 오르는 길이 아니요,
지옥의 벼랑으로 떨어지는 그 길을 두
주먹을 쥐고 달려가는 그러한 형상이
라 내가 말함이니라.
14 그러니 그를 막아야 되며 그들을 깨우
쳐야 되는 것이 너희들의 대명임을 너
희들은 잊어서는 아니 될 것이니라.
15 나의 법전을 세상에 내려보내어 새로
운 성경이라 하여 그를 가지고 그들을
깨우치고자 하니, 그를 전하는 자가
있어야 될 것이며, 그를 만들어 세상
에 역사하는 자가 있어야 될 것이니,
16 바로 나의 아들을 따르는 제자들이요,
선택된 너희들이 이를 역사하는 것이
니라.
17 그러니 너희들이 지금 나의 법전을 만
들며, 나의 법전을 가지고 만백성에게
전하고 전하는 길이 고달프고 힘들고
어렵다 하여 너희들이 이를 중도에서
포기한다면,
18 너희들은 오늘의 급류에 휩쓸려 모든
백성들이 지옥으로 가는 것을, 그리
가도 관계없다 생각하는 자들이요, 그
와 같은 것을 막을 필요가 없다 생각
하는 백성이니,
19 계산법에 따라 너희들이 이해관계를
따져 너희들이 옳고 그름을 버리는 그
와 같은 백성들과 너희들이 과연 차별
화되는 것이 무엇이 있으며 무엇이 다
르단 말이더냐?
20 이대로 급류에 휘말려서 지옥으로 가
는 그와 같은 형상이 계속 연장된다
해도 이것이 너희들이 가슴이 아프지
아니하며,
21 이것이 나 여호와의 바라보는 마음을
너희들이 위로하며, 내 뜻에 의해 역
사할 필요가 없다 하며, 너희들이 나

의 법전을 던지고 그저 홀연히 떠나
가도 나는 너희들에게 말하지 아니할
것이니라.
22 그러나 너희들이 그 대가를 어찌 다
감당하겠는가?
23 그러니 이대로 흘러가도록 놔두어서
는 아니 된다 생각한다면, 너희들이
짧은 그 인생의 삶이요, 그 모두를 다
포기하더라도,
24 그 모르고 몰라서 흘러가는 그 백성들
을 너희들이 구원하는 데 모두를 다
바치도록 해야 될 것이라는 것을 너희
들은 잊어서는 아니 될 것이니라.

10,149 번째 하나님 말씀

2004년 3월 28일 11시 57분

1 사랑하는 나의 아들아!
2 "네, 아버님! 말씀하옵소서."
3 나의 법전은 바로 서고자 하는 백성,
참진리의 길을 가고자 하는 백성들에
게 내가 내리는 것이며,
4 지금 나의 아들을 따르는 제자들이요,
그리고 나의 법전을 읽고 깨우친 백성
들이요, 오늘의 믿음에서 바로 서고자
노력하는 그 백성들이 나의 법전을 접
하고 나의 아들을 통하여 내리는 강론
을 듣는 것은 하늘의 뜻이요, 하늘에
내가 직접 내리는 메시지임을 너희들
은 알아야 될 것이니라.
5 그러니 나의 메시지를 듣고 접한 백성
너희들이 나의 메시지를 전하는 데 최
선을 다해야 됨을 알아야 될 것이니라.
6 마지막 나의 메시지가 이 세상에 내려
가는 것이 지금의 내가 역사하는 것이
니라.
7 그러니 너희들이 마지막 나의 메시지
가 세상에 내려간다는 것을 증거하는
것은 무엇이라 내가 나의 아들에게 말
하였더냐?
8 몇천 년 동안 너희들이 인봉되었던,
그리고 비밀에 쌓였던 성서를 내가 개
봉하여 너희들이 그 모두를 같이 가르
치며 같이 깨우치도록 그 역사를 이루
는 것이니, 이 모두는 나 여호와만이
할 수 있는 길이라 하였음이니라.
9 그리하여 지금 때가 되었으며 그 개봉
할 때가 되었으며, 내가 오늘을 기다
려 여태껏 인내하고 있었음을 너희들
은 알라.
10 이제 모든 믿음의 길을 가는 백성 너
희들에게 전하느니라.
11 내가 육을 가지고 존재하는 것은 신이
아니요, 오로지 유일한 창조주는 나
여호와라 하였음이니,
12 너희들이 지금 울고불고 '주여, 주여!'
하며 예수의 이름을 찬양하며 그 보혈
로써 구원을 받았다, 나를 찾고 울부
짖는 것으로써 구원을 받았다는 그와
같은 믿음에서 깨어나지 아니하면 절
대 너희들이 나에게 올 수 있는 길을
볼 수 없다 함을 전하라.
13 참진리의 길을 보라 전하라.
14 너희들이 성서를 열 수 있는 그 열쇠
를 지금 내가 너희들에게 내려 주는
나의 법전을 너희들이 가슴에 안고 정
독할 때 모두를 얻을 수 있음이니라.
15 내가 너희들을 마음대로 구원하고 너
희들을 인도할 수 있는 그 힘이 나에
게 없다 하였음이니라.

16 사탄과 모든 천사들이 너희들의 점수
를 매겨 올리는 그것으로써 내가 승인
하는 것이요,
17 내가 누구를 구원해 주고 버리는 그와
같은 역사를 할 수 없다 하였음이니,
18 너희들이 나의 이름을 부르고 매달리
는 그와 같은 시간을 소비하지 말며,
나의 아들 예수를 '주여, 주여!' 구세
주라 부르면서 너희들이 거기에 모든
시간을 허비하는 그와 같은 삶을 살지
말며,
19 너희들이 가난하고 불쌍한 자 도우며,
어려운 자 도우며, 부모에게 효성하는
마음으로 살아가는 것, 그리고 인간
세상에서 천사라는 말을 들을 수 있는
그와 같은 삶을 사는 데 너희들의 모
두를 다 바치라 함이니라.
20 정녕 너희들이 나를 부르고 나의 아들
예수를 찾는 것으로써 하늘에 오르는
길이라 하면, 어찌하여 너희들이 나를
찾고 나에게 매달리며 나에게 열광하
는 것이 내가 무엇이 기쁘지 않겠더냐?
21 그보다 더한 기쁨이 없을 것이니라.
22 그러나 너희들이 이것이 나에게 오를
수 있는 길이 아님이니라.
23 너희들이 무대에 서서 그 무대를 바라
보는 수많은 관중들이 노래 부르는
자, 열창하는 자가 나오니,
24 그가 노래를 부르기도 전에 그를 보고
아우성 치고 소리치는 그와 같은 백성
을 보고, 그 노래 부르는 자는 그와 같
은 박수의 열광을 기뻐하지,
25 그를 버리며 그를 지우라 하는 백성이
어디 있으며, 그와 같은 노래 부르는
자가 어디 있겠느냐?
26 너희들이 그보다도 더한 열광이요, 모
두를 다 바쳐 나에게 모두를 다 경배
하니, 그것이 잘못되었다 말하는 나
여호와가 그것이 아니기 때문에 너희
들에게 그리 가르치고 전하는 나의 그
뜻을 알아야 될 것이니 그리 알라.
27 나의 아들 예수를 '주여, 주여!' 하며
구세주라 부르며 거기에 매달려 가는
것이 너희들이 진정 하늘에 오르는 길
이라면 내가 그를 왜 막겠는가?
28 그는 하늘에 오르는 길이 아니니라.
29 진리는 위에서 낮은 곳으로 흐르듯이
너희들이 가장 낮은 곳에서 역사하며,
가장 낮은 곳에서 너희 자신만이 가지
고 있는 아름다운 너희 자신의 한 송
이 꽃을 피우는 것이 너희들이 나에게
오르는 길이라는 것을 명심하고 또 명
심하라 함이니 그리 알라.

10,150 번째 하나님 말씀

2004년 3월 28일 12시 01분

1 사랑하는 나의 아들아!
2 "네, 아버님! 말씀하옵소서."
3 기름 부음의 선택을 받은 백성과 기름
부음의 선택을 받지 못한 그 백성을
구분하는 그 지혜를 너의 제자들에게
내려 주어야 될 것이며 그를 내려 주
어야 됨을 너는 알라.
4 "네, 아버님! 알고 있사옵나이다."
5 지금의 모든 종교 집단이요, 지도자들
이 과연 어찌 가는가?
6 너희가 나의 백성들 앞에서 종교 집단
이요, 지도자가 너나 할 것 없이 그리
말하느니라.

7 '나는 기름 부음을 받은 자요, 나는 주
의 종이요, 나는 주의 종으로서 선택
된 자요, 그리하여 내 말을 듣고 너희
들이 나를 따라오는 자, 구원을 받으
며 하늘에 오른다.' 그리하여 나의 사
랑하는 백성들을 쇠사슬로 묶어 끌고
가는 것이 오늘의 그들의 행위이니라.
8 그러니 너희들이 기름 부음을 받은 자
를, 진짜 기름 부음을 받은 자와 가짜
기름 부음을 받은 자를 구분하는 것을
확실히 그 지혜를 가져야 됨이니,
9 이것을 너희들이 모르고서는 아니 됨
이니라, 사랑하는 나의 아들딸들아!
10 진정한 기름을 부음 받은 지도자라는
것은 무엇인 줄 알겠느냐?
11 진정한 기름 부음을 받은 자라는 것은
아무에게도 가르침을 받지 아니하며,
아무에게도 깨달음을 얻지 아니하며,
아무에게도 교육을 받지 않는 것이니
라.
12 받지 아니하며 받을 필요가 없는 것이
니라.
13 교육을 받지 아니하며 받을 필요가 없
는 그와 같은 백성, 받지 아니하여도
그 지혜를 받음이요, 그 성령의 뜻을
전할 수 있는 것, 그것이 바로 진정 내
가 성령으로 임한 자요,
14 너희들이 그리 갈구하는 기름을 받은
자, 진짜 기름 부음을 받은 나의 목자
임을 너희들은 알라.
15 나 여호와가 나의 성령으로 임하여 있
으니, 그는 이 세상에 인간 누구에게
도 가르침을 받을 필요가 없으며,
16 가르침을 받지 아니한다 해도 성서의
뜻이요, 모든 하늘의 이치를 알고 있
으며, 그 모두를 통달한 자이니라.
17 성경의 비밀까지도 알며, 그 스스로
모두를 다 깨우쳐 앞으로 나가는 자이
니라.
18 그러니 기름 부음을 받은 자요, 그 역
사를 이루는 자가 바로 이것이 차이가
남을 너희들은 알아야 될 것이니라.
19 내가 기름을 부은 자는 아무것도 배울
것이 없으며, 들을 것도 없으며, 그리
해도 스스로 제가 성경의 비밀을 알며
하늘의 뜻을 통달하여 많은 백성들을
구하는 길을 역사하는 것이니라.
20 그러나 가짜의 기름 부음을 받은 자는
무엇이더냐?
21 앵무새처럼 저희 한정된 것을 가지고
되풀이하고 되풀이하며 그저 짖어 대
는 것이 그것이요,
22 그리고 할 말이 없으면 재물을 거둬들
이니라, 그리고 재물을 거둬들이고 명
예를 얻기 위하여 모든 나의 백성들을
이용하고 사용하는 그들이 바로 가짜
기름 부음을 받은 자라는 것, 너희들
은 이를 알아야 될 것이며, 이를 구분
할 수 있는 지혜를 얻도록 그리하라.
23 그리하여 내가 나의 아들을 통하여 너
희들에게 구분하는 지혜를 다시 한 번
내림이니 그리 알라.
24 정녕 나로부터 선택된 목자는 이 세상
에 아무에게도 가르침을 받지 아니하
며, 아무도 그 지도자로서 선생으로
모시지 아니하며,
25 그리고 그와 같은 교육을 받지 아니한
다 해도 그 모두를 알며 하늘의 뜻을
다 알아 너희들에게 전하고 깨우칠 수
있는 자가 정녕 나로부터 기름 부음을

받은 자이니,
26 그는 하늘을 통하며 교통하고 있기 때
문이요, 내가 그에게 필요에 따라 항
상 명하고 내리니, 주저함이 없으며
막힘이 없는 것이 바로 나의 성령을
받은, 내가 선택한 목자라는 것을 너
희들은 구분하는 지혜를 얻도록 그리
하라, 사랑하는 나의 아들딸들아!
27 이를 구분하지 못하며 너희들이 혼돈
속에서 지옥의 길을 달려가면서 나에
게 오는 길이라 함이니,
28 너희들이 심판대에 서서 아무리 통곡
하고 몸부림쳐도 지옥문에 가서 들어
가지 아니하려 너희들의 손발이 잘리
도록 몸부림을 쳐도 가지 아니할 수
없는 것이 너희들의 운명이요, 울고불
고 가지 아니하려는 자들이 지금 네
모습이라는 것을 알라.

10,151 번째 하나님 말씀

2004년 3월 28일 12시 06분

1 사랑하는 나의 아들아!
2 "네, 아버님! 말씀하옵소서."
3 나로부터 선택된 자요, 나로부터 보내
진 진정한 지도자는 하늘의 뜻을 알며
구약 시대에 역사한 그 모두를 다 안
다 하였음이니라.
4 그리고 신약 시대의 그 역사함도 그
모두를 다 안다 하였음이니라.
5 그보다 또한 더 귀하고 소중한 것은,
내가 모세를 통하여 역사하고자 하는
내 뜻을 알며, 예수를 보내어 내가 예
수를 통하여 역사하고자 한 것을 아는
자요, 그리고 그 모두를 연계하여 계
승하여 참진리의 길로써 인도하는 자
이기 때문이니라.
6 이것이 바로 내가 보낸 자요, 내가 선
택한 나의 아들이 가는 길임을 너희
들은 알아야 될 것이니라.
7 그러니 지금 내가 나의 아들의 입을
빌어 너희들에게 전하는 새로운 성경
이요, 새로운 160권의 이 법전을 내가
내려보내니,
8 이를 읽고 깨우치는 너희들도 과거를
알며 오늘을 알며 미래를 알 수 있는
지혜를 얻게 되어 있음이니라.
9 그러나 모든 믿음의 길을 가는 그 백
성들이 그를 벗어나지 못하며 이를 보
지 못하며 사탄이요, 마지막 시대에
거짓 선지자가 역사하는 것이라 그리
말함이니,
10 이제 과거에 얽매여 벗어나지 못하는
그 불쌍하고 가련한 백성들을 구원하
는 데 너희들이 최선을 다하라.
11 인간이 만든 그 교리에 얽매여 벗어나
지 못함이니, 참진리요, 나의 뜻을 너
희들이 저버린 자들이니라.
12 그와 같은 인간의 교리로써 나의 피조
물 만백성을 이끌어 가는 지도자들이
과연 나의 백성을 구할 수 있다 생각
하느냐?
13 그러니 구할 수 없는 자들이 그저 나
의 백성들에게 거짓된 것으로써 일관
하며, 거짓으로써 시작하여 거짓으로
끝나는 그와 같은 어리석은 지도자요,
그 어리석은 지도자의 강론이요, 설교
를 듣고 구원을 받는다 말하는 가련하
고 불쌍한 그 백성들을 깨우쳐 주고
인도하도록 그리하라.

14 이 세상에 너희들이 살아갈 때 인간의
삶이 어떠하더냐?
15 너희들이 고등 교육을 받고 세상의 삶
을 살아보니, 너희들이 어린 시절의
그 교육이요, 초등 학문이 얼마나 기
초적이었는가를 그를 알지 않더냐?
16 그러니 지금의 초등 학문의 기초에서
그 기초의 학문에서 벗어나지 못하며,
기초의 믿음에서 벗어나지 못하고 헤
매고 있으며, 그것을 붙잡고 있는,
17 거기에만 매달려 있는 어리석은 나의
백성들을 인도하고 깨우쳐 주는 것이
너희들이 나의 법전을 만드는 것이요,
나의 법전을 전하는 뜻이 거기 있으니,
18 너희들이 그 어리석고 불쌍한 백성을
인도하는 데 주저해서도 아니 되며,
네가 몸과 마음이요, 충성을 다하여
그들을 구원하도록 그리하라, 사랑하
는 나의 아들딸들아!
19 그리하여 너희들이 구원하는 자, 너희
가 인도하여 하늘에 오르는 그 은혜를
입을 것이니라.

10,152 번째 하나님 말씀

2004년 3월 28일 12시 10분

1 사랑하는 나의 아들아!
2 "네, 아버님! 말씀하옵소서."
3 나의 법전을 접하고 정독하고 나의 아
들을 통하여 내리는 강론을 듣고 깨우
치라 함은, 너희들이 무엇을 얻고자
하는 줄 알겠느냐?
4 내가 너희들에게 내리고자 하는 것은
인간 세상에 너희들이 진리요, 그 도
덕이요, 너희들의 그 삶의 한계를 벗
어날 수 없는 것을 너희들에게 깨우쳐
주고 전하고자 하는 것이 아니니라.
5 선택된 나의 백성 너희들에게 하늘의
비밀이요, 나 여호와의 뜻이요, 내가
역사하고자 하는 것을 너희들에게 가
르쳐 주며, 몇천 년 동안 내가 밀봉해
두었던 성서의 그 비밀을 열어 주며,
감춰 놓았던 그 비밀의 모든 부분을
헤쳐 너희들에게 깨우쳐 주느니라.
6 그리하여 너희들이 나의 법전과 내가
깨우쳐 주는 성서의 그 모두를 가지고
만백성을 구하는 그 역사에 임해야 될
것이며,
7 그리고 너희들이 하늘과 땅에서 살아
가는 그 모든 너희들이 미흡하며 알지
못하는 것, 의문하는 것, 그 모두를 다
통괄할 수 있는 그 지혜가 나의 법전
속에 들어 있음을 너희들은 알아야 될
것이니라.
8 그리하여 너희들이 나의 법전을 정독
하고 그 속에 있는 그 깨달음을 얻으
라 함이요, 너희들이 이 세상에서 구
하고 원하고자 하는 그 금화와 보화
요, 그 모두를 너희들이 구하고 잃는
법 또한 그 속에 다 있음이니,
9 너희들이 그를 깨우쳐 네 것으로 만들
어 바른 삶을 살라 하는 것이 내가 법
전을 내려보내며 나의 뜻이 여기에 있
음을 알라.
10 이제 모든 믿음의 길을 가는 그 백성
들이 하늘과 땅의 그 부분적인 것만을
알며 부분적인 것을 가르치면서 너희
들이 구원을 받았다 함이니,
11 그것이 얼마나 너희들이 자만함이요,
오만함이요, 너희들 스스로 죽음의 길

로 가는 것인 줄 알겠느냐?
12 이제 사랑하는 나의 아들을 따르는 제
자들이요, 나의 법전을 읽고 깨우친
백성 너희들은 알라.
13 부분적인 그 깨달음으로써는 너희들
은 구원을 받을 수 없으며, 하늘의 뜻
을 알 수 없으며, 내가 역사하는 것을
알 수 없음이니라.
14 나의 뜻 전체를 너희들이 알아야 될
것이며, 내 뜻을 들여다보는 그와 같
은 변화되는 삶으로써 거듭나는 백성
이 되도록 그리하라.
15 그렇지 아니하면 결코 너희들은 나에
게 역사할 수 없음이니라.
16 이제 나의 법전을 읽고 깨우친 만백성
너희들은 나 여호와가 지상에서 이루
고자 하는 뜻, 내가 역사하고자 하는
곳에 너희들이 불러 쓰이는 백성이 되
며 당당히 참여할 수 있는 그와 같은
백성이 되도록 그리하라.
17 그리하여 너희들이 나의 아들과 더불
어 모든 임무를 역사하고 내 앞의 심
판대에 섰을 때, 당당히 나를 보며 너
희들이 그 답을 기다릴 수 있도록 그
와 같은 삶을 살도록 그리하라.
18 그 영광이요, 그 모든 축복은 너희들
의 육이 존재하는 이 세상에서만 이루
어질 수 있을 것이며, 여기서만 역사
할 수 있는 것이니라.
19 너희들이 육의 삶을 마치고 심판대에
섰을 때는 그 누구도 너희들을 도울
수 없으며, 누구를 붙잡고 너희들이
애원해도 들어줄 사람이 없으며, 울고
불고하며 나를 아버지라 부를 수 있는
그 자격도 그 순간에 박탈됨이니,
20 모두를 역사할 수 있는 지금의 육이
존재하는 이 세상에서 너희들이 얼마
남지 않은 인생의 그 삶을 함부로 허
비하지 말며,
21 귀하고 귀한 남아 있는 그 시간을 오
로지 나의 뜻에 살며, 정의로움에 살
며, 아름다움에 살며, 사랑을 베풀며
사는 데, 1초도 다른 데 허비하지 아
니하는 그와 같은 귀하고 소중한 삶의
역사를 이루도록 그리하라.
22 지금이 너희들에게 기회요, 이것이 마
지막 기회라 함이 여기에 있는 것이니
라.
23 두 번 다시 너희들에게 기회가 없음이
니라.
24 죽어 와 너희들이 심판대에서 나를 찾
으며 울고불고할 때, 내가 너희들에게
상을 내리며 너희들의 소원을 들어줄
수 있는 것이 하늘의 법도라 하면, 내
가 너희들에게 오늘의 이 좁고 험난하
고 어려운 길을 가라 명하지 아니할
것이니라.

10,153 번째 하나님 말씀

2004년 3월 28일 12시 14분

1 사랑하는 나의 아들아!
2 "네, 아버님! 말씀하옵소서."
3 마지막 시대에 나의 새로운 성경을 내
려보냄이니, 이가 '하늘에 오르는 길'
이요, '하나님! 말씀하옵소서.'요, 법전
이라 하여 너희들이 세상에 전함이니
라.
4 이 위대한 나의 법전이 어떤 것을 지
니고 어떠한 것을 역사하는지 너희들

은 알겠느냐?
5 나의 법전이요, 새로운 성경은 너희들
이 구약의 4천 년 역사의 그 속에 있
는 것, 신약의 2천 년 그 속에 있는 그
모든 비밀이요, 그 답을 여기서 기록
하며, 여기서 너희들이 찾을 수 있으
며 얻을 수 있는 것이니,
6 너희가 지금까지 알지 못하며 불안하
며, 정답을 몰라 방황하던 그와 같은
백성 너희들이 모두가 여기서 이루어
짐을 알아야 될 것이니라.
7 너희들이 구원이요, 버려짐이요, 그
모든 비밀이 다 여기에 있음을 알라.
8 새로운 나의 성경 속에 너희들이 이와
같은 것이 다 들어 있느니라.
9 부활의 비밀이 또한 거기에 들어 있으
며, 너희들이 재림의 비밀이요, 재림
을 부르짖는 그 역사함이 또한 나의
법전 속에 모두가 다 답이 있음이니라.
10 나의 아들 예수가 천군을 데리고 나팔
불며 지상에 내려와 너희들을 구원할
자와 구원하지 않을 자, 버릴 자와 버
리지 않을 자를 구분하는 그와 같은
역사를 이룬다고 너희들이 울부짖는
것, 그 정답이요, 그 비밀이 또한 나의
법전 안에 다 있음을 너희들은 알아야
될 것이니라.
11 너희들이 살아가면서 과연 천국이 있
으며, 지옥이 있으며, 그리고 하늘나
라가 있으며, 하늘나라가 역사하는가,
그리고 너희들이 과연 죽어서 천국에
가며 지옥에 가는 그와 같은 것이 있
는가?
12 그와 같이 너희들이 불안한 마음이요,
그를 의혹하는 마음, 그 비밀의 답이
여기에 다 있음을 너희들은 알아야 될
것이니라.
13 심판은 과연 어떻게 진행되는 것이며,
심판이라는 것은 과연 있는가?
14 그 너희들이 의문하는 비밀이요, 심판
의 과정이요, 심판의 역사하는 것이
다 여기에 있음이니라.
15 심판은 무엇으로써 기준하여 너희들
을 평가하며, 너희들은 그 심판에 따
라서 어찌 행해지며, 그 심판의 대가
를 치르는 것이 무엇인가 하는 것을
너희들이 알지 못하며 의혹함이니,
16 그 깨달음이요, 그 지혜가 이 법전 속
에 모두가 다 있다는 것을 너희들은
알아야 될 것이니라.
17 그리하여 구약과 신약을 다 통틀어 마
지막 시대에 내가 직접 역사하며, 내
가 직접 내려 내 모두를 태워서 내리
는 나의 새로운 성경이라 한 의미가
여기에 있음이니라.
18 이 귀하고 소중한 법전을 다루고 만들
고 가는 선택된 너희들이 바로 어떠한
마음으로 이 세상을 살아가야 되는 것
인가를 알아야 될 것이니라.
19 이와 같이 귀하고 소중한 나의 법전을
사탄이요, 거짓 선지지가 만든 것이
요, 마귀가 역사하는 것이요, 이 혼미
한 세상에 혼미하게 흔들어 놓는 사악
한 자의 짓이라 그리 말하고 태워 버
리고 찢어 버리는 백성들과, 이를 만
들어 전하고자 몸부림치는 너희들과,
20 과연 누가 나의 뜻에 의해 역사하는
것이며, 누가 나의 뜻에 의하여 가는
자인가?
21 나의 뜻을 이루고자 하는 데 참여한

자요, 그리하여 너희 모두를 다 바친
자요, 그리고 구원을 받을 자인지, 구
원을 받지 못할 자인지,
22 너희들이 얼마 남지 않은 그 삶 속에
서 그것이 끝나는 그 순간에 다 알 수
있음이니, 머지않았음을 알라 그리 전
하라.

10,154 번째 하나님 말씀

2004년 3월 28일 12시 17분

1 사랑하는 나의 아들아!
2 "네, 아버님! 말씀하옵소서."
3 모두가 때가 있으며, 그 시작이 있으
며 끝남이 있다 내가 말하지 아니하였
더냐?
4 너희들이 지금 구약이요, 신약이요,
제3의 시대의 그 역사요, 6천 년 동안
흘러온 그 역사를 한번 돌이켜 보도록
그리하라.
5 구약 시대에 역사하면서 예언자가 나
와 무어라 말했느냐?
6 새로운 시대에 예수가 세상에 내려온
다 그리 전하지 아니하였더냐?
7 그러니 구약 시대에서 너희들이 새로
운 시대가 역사한다는 것은 바로 구약
시대가 무엇이더냐?
8 이미 거둬들이는 시대가 되었다는 것
을 너희들은 알 수 있을 것이며, 또한
구약 시대는 그것으로써 끝을 맺는 것
이라 그리하였음이니라.
9 그러니 너희들이 예수가 또 세상에 나
와 뭐라 말하였느냐?
10 나의 아들 예수가 신약 시대를 역사하
면서 또 새로운 보혜사가 세상에 와
예수가 역사하던 걸 가지고 가르치는
자가 있을 것이며,
11 아버지가 비유의 뜻으로 가르치지 아
니하고 모두를 밝히는 세상이 올 것이
며, 너희들이 알기 쉽게 깨우칠 수 있
는 그와 같은 시대가 온다 그리하였음
이니,
12 그것은 바로 예수의 시대가 때가 되면
끝난다는 것이요, 신약 시대가 때가
되면 끝난다는 것을 너희들에게 알려
준 것이 아니더냐?
13 그와 같은 모두를 다 역사하여 가르쳐
주었거늘, 너희들은 구약 시대에 예언
하여 예수의 시대가 온다 함이니, 구
약은 끝난 것이라 하며,
14 너희들이 새로운 보혜사가 와 나 창조
주 아버지의 뜻을 간단하고 쉽게 펴낸
자가 그리 올 것이며, 예수가 역사하
던 것을 예수를 인정하며, 예수가 역
사하던 것을 받아 그 모두를 역사하는
시대가 열린다 하였음이니,
15 이는 곧 예수의 시대가 끝날 때가 있
다는 것을 너희들에게 알려 주었거늘,
이와 같은 너희들의 깨달음의 지혜 하
나를 얻지 못하고 어찌하여 이리 우왕
좌왕하는 삶을 사느냐?
16 이와 같은 이치를 들여다보면 너희들
이 오늘의 나의 법전이요, 제3의 시대
가 역사하는 것을 알 수 있을 것이니
라.

10,155 번째 하나님 말씀

2004년 3월 28일 12시 20분

1 사랑하는 나의 아들아!

2 "네, 아버님! 말씀하시옵소서."

3 나의 아들을 따르는 너희들이 얼마나 어렵고 추운 그 터널의 길을 가느냐?

4 이는 나는 알고 있음이니라.

5 나의 법전이 역사하는 것이 무엇이라 생각하느냐?

6 사랑하는 나의 아들아, 너는 알고 있지 않은가?

7 "네, 아버님! 저는 감히 아버님의 뜻을 알 수 없으며, 아버님께서 역사하시는 것을 알 수는 없사옵나이다.

8 그러나 제가 하나의 꽃송이에 비유하여 제자들에게 전하고 싶은 뜻은 있사옵나이다."

9 사랑하는 나의 아들아! 네가 그를 너의 제자들에게 전하도록 그리하라.

10 "네, 아버님!

11 한 송이의 꽃이 봄소식을 알고 그 꽃이 피기 위해서는 길고 긴 겨울의 고통을 견디며, 그 어렵고 힘든 고비를 넘기며, 그는 혹한을 견디고 나서 양지 바른 곳에 한 송이의 꽃이 먼저 피옵나이다.

12 그러니 먼저 핀 그 꽃을 보고 모든 사람들은 그저 한 송이의 꽃이 피었다 그리 생각하며,

13 그 아름다움이요, 그 소중함을 알지 못할 것이옵나이다.

14 그러나 봄볕을 받아 먼저 핀 한 송이의 꽃을 뒤따라 수많은 꽃이 피며 그 꽃들이 꽃동산을 이루었을 때는 그는 정녕 아름다움이요, 그 꽃의 위대함을 알 것이며, 또한 벌과 나비들이 그를 찾아드는 것이 끝이 없는 그와 같은 역사를 이룰 것이라 생각되옵나이다.

15 아버님! 지금 아버님께서 역사하시는 것, 저의 제자들과 더불어 어렵고 힘든 이 법전을 세상에 만들어 내는 것, 이것은 바로 봄볕에 양달에 피어 있는 한 송이의 꽃이 먼저 이 세상에 피어나는 그와 같은 역사라 저는 그리 비유하며 그리 생각되옵나이다.

16 사랑하는 아버님! 정녕 그리 저는 생각하고 있사옵나이다."

17 그러니라, 사랑하는 나의 아들아!

18 봄볕에 따뜻한 양달에 있는 그 꽃이 길고 긴 겨울의 고통이요, 그 혹한을 견디고 먼저 피는 것처럼, 나의 법전이 이 세상에 내려오는 것은 너희들이 바로 그와 같이 한 송이의 꽃을 피우는 것이니,

19 네가 한 송이의 꽃을 피우는 것이며, 너를 따르는 제자들이 지금 한 송이의 그 꽃을 피우는 것이니라.

20 그리하여 모든 꽃들이 펴서 꽃동산을 이루었을 때 그 위대함을 알듯이, 나의 법전이 세상을 덮을 날이 머지않았으며 나의 법전의 꽃이 활짝 필 날이 머지않았음이니라.

21 이제 너희들이 혹한의 그 겨울에서 한 송이의 꽃을 피우는 것이 160권의 법전을 세상에 내보내는 것이니라.

22 160권의 법전이 열림으로써 그 160권의 법전은 이 세상을 꽃으로 덮는 그 역사가 될 것이니 그리 알라.

23 한 송이의 봄의 소식을 전하는 꽃이요, 그것이 나의 아들이요, 나의 아들을 따르는 너희들이니라.

24 곱고 고운 그 꽃을 피웠음이니, 이제는 모든 꽃들이 세상을 덮는 그와 같

은 역사가 이루어짐이니라.
25 나의 법전이 세상을 덮는다는 그 의미를 알겠느냐?
26 오늘의 길고긴 겨울의 그 터널이요, 고통을 견디고 잘 왔느니라.
27 그 혹한을 마다하지 아니하고 따뜻한 양달에 한 송이의 꽃을 피우는 것처럼, 이 험악한 세상에 너희들이 160권의 아름다운 꽃을 피워 가고 있음이니, 너희들을 사랑하느니라.

10,156 번째 하나님 말씀

2004년 3월 28일 12시 22분

1 사랑하는 나의 아들아!
2 "네, 아버님! 말씀하옵소서."
3 나의 법전이 무엇이라 말하였느냐?
4 이 험악한 세상 속에 한 송이의 꽃이 먼저 피니, 그 한 송이의 꽃이 피어 모두를 다 덮는다 하지 아니하였더냐?
5 한 송이의 꽃을 피우니, 그것이 나의 아름다운 에덴동산을 만들며 세상을 만든다 하였음이니,
6 너희들이 먼저 한 송이의 꽃을 다 피워 가며 이제 활짝 웃을 날이 머지않았음이니라.
7 그러니 나 여호와의 기쁨이 이루 말할 수 없음이니, 이제 내가 나의 아들을 통하여 너희들에게 전함이니라.
8 나의 아들로 하여금 한 송이의 꽃을 피우게 했으니,
9 너희들 각자가 제자리에서 나의 아들이 피우는 그 꽃을 따라 너희들이 같이 아름다운 꽃으로 피어야 될 것이며,
10 그 향기를 발하는 그와 같은 꽃이 되어 벌과 나비가 날아드는 그와 같은 세상을 만들어야 될 것이니라.
11 나의 아들이 한 송이의 꽃이 그 어렵고 힘든 그 터널을 지나 피우거늘, 그를 따라 같이 왔던 너희들이 네 꽃을 피우지 않는다면, 그 피우지 못하는 꽃을 보는 내 마음이 얼마나 아프고 저려 오겠느냐?
12 사랑하는 나의 아들딸들아!
13 너희들은 나의 아들이 피운 그 꽃 옆에 온 세상의 만백성이 볼 수 있도록 아름다운 한 송이의 꽃으로서 너희들이 환하게 피어 아름다움을 마음껏 보여 주는 그와 같은 역사를 하도록 하라.
14 거기서 피우지 못하고 떨어지는 꽃이 되어서는, 너희들의 그 고통보다도 그를 바라보는 나 여호와의 아픔이 더 클 것이니라.
15 내가 너희들을 사랑함이 여기에 있음이니라.

10,157 번째 하나님 말씀

2004년 3월 28일 20시 07분

1 사랑하는 나의 아들아!
2 "네, 아버님! 말씀하옵소서."
3 모든 인간 백성 너희들이 살아가면서 알코올에 취한 자가 갈지자로 걸어가느니라.
4 그러면서 그는 절대 취하지 아니하였다 그리 말하는 것이 인간 너희들이 아니더냐?
5 오늘의 믿음의 길을 가는 모든 백성들이 믿음의 길을 잘못 가고 있으며, 저

희들이 나 여호와의 뜻과는 관계도 없
는 그 길을 가고 있는 것이 오늘의 너
희들의 믿음이라는 것을 알아야 될 것
이니라.
6 나 여호와가 너희들에게 명하기를, 너
희들이 지금 살아가는 이와 같은 삶에
서 나에게 기도하고 경배하며, 너희들
이 구원이요, 하늘에 오르고자 하는
그와 같은 것을 역사한다면,
7 너희들은 창조주 나 여호와요, 보이지
않는 하나님 아버지를 찾기 전에, 너
희들이 볼 수 있고 만질 수 있으며 키
워 주고 낳아 주신 너희 부모에게 먼
저 효성을 다하는 그와 같은 마음으
로 살라 하였음이니라.
8 그러니 그 부모에게 효도하는 자가
나 여호와에게 효성하는 자요, 내 뜻
을 따르는 자라 내가 그리 말하였거
늘, 모든 지금의 백성들이 어찌 가는
가?
9 낳아 주고 길러 준 그 부모요, 보이는
부모의 은혜에 그 감사함을 너희들이
조금도 생각하지 아니하고,
10 오로지 그 부모에게 너희들이 망령된
짓을 하며 형제의 마음을 아프게 한
다 해도, 너희들이 나를 찾으며 나의
아들 예수를 찾으며 나의 아들 예수의
보혈로써 은혜를 받았다 말하며,
11 그리고 구원을 받기 위하여 너희들이
모두를 매달리며, 창조주 너희들이 말
하는 하나님 아버지 나를 기쁘게 하
면, 네 부모요, 형제에게 잘못된 그 죄
를 다 씻어 준다 그리 가르치는 것이
오늘의 종교 집단이요, 지도자 그들이
아니더냐?
12 그러니 내가 내려다보는 모든 종교 집
단이요, 목회자요, 그들이 바로 알코
올에 취해서 제정신을 차리지 못하고
갈지자를 걷는 자가 '나는 결코 술을
마시지 아니하였으며 알코올에 취하
지 아니하였다.' 말하는 것과 똑같은
그와 같은 형국으로써 지금 가는 것이
종교 집단이요, 지도자들이니라.
13 과연 너희들이 그 속에서 무엇을 찾으
며, 거기에서 진리가 어디에 있겠는가?
14 너희들은 하늘에 오르는 길이 무엇이
라 하였느냐?
15 너희들이 너희들의 성전이요, 교회를
짓는 곳에 재물을 바치고 나에게 오른
다 하나, 그 재물은 백사장의 모래알
만도 못한 것이라 내가 그리하였음이
니,
16 너희들이 사랑하는 마음, 너희들이 베
푸는 마음을 가지고 살라 하였음이니
라.
17 너희들이 나에게 오르고자 한다는 것
은, 너희들이 정녕 구원을 받아 새로
태어나는 생명의 은혜를 입고자 하는
백성이라면, 너희들이 가난한 네 이웃
을 도우라 하였음이니라.
18 불쌍하고 가난한 자를 돕는 것, 너희
들이 배고픈 자에게 끼니를 대접하며,
헐벗은 자에게 옷을 입히며, 길을 잃
은 나그네에게 너희들이 그를 편히 쉴
수 있도록 해 주는 것, 어려운 자를 도
와주는 것, 그리고 네 이웃에게 베푸
는 것, 그리하는 것이 나에게 오르는
길이요, 너희들이 하늘에 오르는 길이
라 하였거늘,
19 내가 성서에 기록하여 그리 전하였거

늘, 너희들이 어찌하여 그는 행하지
아니하며, 너희들이 나를 울고불고 말
로써 찾으면 너희들이 구원을 받는다
그리 말하느냐, 그리고 나의 아들 예
수를 부르는 것으로 너희들이 구원을
받는다 말하느냐?
20 나는 너희들에게 말하였느니라.
21 재물을 가지고 있는 자, 베풀지 아니
하면, 그는 결코 재물을 버리지 못하
는 그 욕심 때문에, 낙타라는 그 큰 동
물이 바늘구멍을 통과하는 것보다도
더 어렵고 힘든 것이 재물을 가진 자
들이 나에게 오는 것이라 하였음이니,
그리하고 너희들이 나에게 오를 수 있
다 하겠느냐?
22 너희들이 가진 재물을 만백성에게 나
눠 주는 것, 그리고 베푸는 것, 그와
같이 너희들이 베푸는 사랑을 행하지
아니하는 자는 나의 백성이 아니요,
내가 모른다 했음이니,
23 너희들이 정녕 나에게 오르고자 하며
구원을 받고자 한다면, 너희들이 나
여호와에게 무엇을 바치며 나를 울고
불고 찾는 것으로써 하늘에 오르는 길
이요, 구원의 길이라는 그 거래하는
사악한 마음을 버리고,
24 사랑을 실천하고 사랑을 깨닫고자 하
며, 낳아 주고 길러 준 네 부모에게 너
희들이 효성을 다할 것이며, 너희 형
제에게 너희들이 베풀고, 그 아름다운
마음으로 형제의 고통을 덜어 주며 이
웃을 고통을 돌아보는 그와 같은 마음
으로 살라.
25 그리하면 모든 백성들이 천사가 났다
할 것이니, 그 천사가 났다 하는 그 칭
송을 듣는 자, 내가 그에게 날개를 달
아 줘 하늘에 오르게 된다 엄연히 내
가 그리 다스렸거늘, 과연 너희들이
어찌 살아가는가?
26 이제 나의 아들을 따르는 제자 너희들
은 들어야 될 것이니라.
27 너희들은 내가 성서에 기록한 그대로
실천하고 행하라.
28 그것이 나에게 오르는 길이니라.
29 너희들이 너희 인간 생각의 교리에 현
혹되어 재물을 바치며 너희들이 울고
불고하며 종교 지도자 앞에 가 너희들
이 무엇을 바친다 하여,
30 그리고 너희들이 그 교회요, 성전이
요, 성막이요, 성당이라는 곳, 법당이
라는 곳에 재물을 바치고 울고불고하
는 것으로써 구원을 받는다 하지 말라.
31 그와 같이 바치는 자, 거둬들이는 자,
다 똑같이 뇌물을 거래하는 자이니라.
32 갖은 방법으로써 갈취하는 종교 지도
자는 뇌물을 거둬들이는 뇌물을 받고
파는 세상을 만드는 것이며,
33 갖다 바치는 자, 뇌물을 바침으로써
저희들이 무엇인가 얻고자 하는 것,
죄를 짓고 뇌물로써 그 죄를 면하며,
착하고 어린 백성, 죄짓지 않는 자에
게 거꾸로 뒤집어씌우는 사악한 행위
를 하는 것이 오늘의 종교 집단이요,
지도자요, 울고불고하는 그 신도 너희
들이 가는 길이니라.
34 그러니 너희들이 거둬들이고 받아들
이는 것이 다 뇌물이며, 바치는 것이
너희들의 죄를 용서받으며 나에게 오
르고자 하는 것이 무엇이더냐?
35 죄지은 너희들이 하늘에 오른다면, 너

희들이 뇌물로써 그 지리를 산다면,
죄짓지 아니하고 착한 그 백성들이 올
수 없음이니, 이것이 너희들의 오늘의
사악한 종교 집단이요, 지도자니,
36 내가 더 이상 이를 볼 수 없어, 잡석과
같은 어리석은 나의 아들을 통하여 내
가 160권의 법전을 세상에 내려보내
너희들의 가슴에 전함이니,
37 이를 읽고 정독하는 자는 하늘의 길을
알 것이며 그 뜻을 알 것이니라.
38 내가 나의 아들을 통하여 내리는 이
법전도 너희들을 구원하는 것이 아니
요, 너희들이 이를 보고 하늘에 오르
는 길을 깨우치는 것이니라.
39 모든 성서요, 구약이요, 신약이요, 예
수 또한 너희들을 구원하는 것이 아니
요, 너희들이 바르게 하늘에 오를 수
있는 길을 안내하는 것이라 하였음이
니라.
40 감히 너희들은 나의 아들 예수를 구
세주라 그리 부르나, 너희들이 육을
가지고 있는 것은 신이 아니라 하였음
이니,
41 나의 아들은 내가 내려보내 내 명을
대행한 자요, 내 명을 받아 역사한 자
이니라.
42 창조주 나 여호와는 보이지 아니하며
들리지 않는 유일의 나 여호와 하나
뿐이니, 너희들이 이와 같은 것에 깨
달음을 얻어 너희들이 가는 믿음을
다시 한 번 돌이켜 보고 너희들이 다
시 한 번 너희 자신을 돌아다보며,
43 그와 같은 것으로써 참진리요, 아름다
움을 너희들이 생활의 주변에서 찾도
록 그리하라, 사랑하는 나의 아들딸들
아!

10,158 번째 하나님 말씀

2004년 3월 29일 06시 16분

1 사랑하는 나의 아들아!
2 "네, 아버님! 말씀하옵소서."
3 무더운 태양 볕에 한 걸음 한 걸음 지
쳐 걸어가는 그 백성, 그가 그와 같이
어렵고 힘들다 하여 주저앉으며 포기
한다면, 그는 아무것도 이룰 수 없으
며 그 생명마저도 저버리게 되는 것이
니라.
4 아무리 어렵고 힘든 길이라 해도 그는
그 목적지요, 그가 원하는 곳까지, 그
리고 그가 또 쓰러지기 전에 모든 사
람들로부터 보호를 받을 수 있는 곳,
그리고 그가 안식할 수 있는 곳을 향
하여 가야 되느니라.
5 그렇지 아니하면 그는 제 인생이요,
그 사람으로서의 그 삶 모두가 끝나
는 것이니라.
6 그러니 지금의 가는 백성이 힘들고
어려우니, 그가 오로지 사람을 만나며
제가 안식처요, 목표하는 그 목적을
이루는 그것을 생각하며 그는 좌절하
지 아니하며 포기하지 않는 그와 같은
인내의 힘으로써 걸어가는 수밖에 없
는 것이니라.
7 지금 나의 아들을 따르는 제자들이요,
너희들이 가는 그 길이 어렵고 힘든
그 길을 가는 백성과 무엇이 다르겠는
가?
8 그러나 다만 너희들은 그것이 가야 할
길이고 또 역사하는 길이요,

9 그리고 너희들이 그를 인내하고 갔을
때, 반드시 너희들을 반겨 주는 자, 그
리고 너희들이 영원히 안식할 수 있는
곳이 있다는 것을 생각해야 될 것이니
라.
10 그러나 그것을 이루고 못 이루는 것은
너희 자신에게 달렸으며, 그리고 어렵
고 힘든 길을 가는 그 백성 자신이 싸
워 이기는 길밖에는 없음이니라.
11 누구도 안내할 자가 없으며, 너희들을
이끌어 줄 자가 없으며, 도와줄 수가
없는 그와 같은 길을 가게 되어 있을
때 어찌하겠는가?
12 그보다 더 고독하고 어려운 길을 가는
것이 지금 나의 아들을 따르는 백성들
이요, 오늘의 나의 십계명을 암송하는
나의 아들의 그 음성을 들으며, 그리
고 내가 내리는 강론을 듣고 가는 백
성 너희들이니라.
13 너희들이 지금 살아감에 있어 이 세상
이 얼마나 혼탁하고 썩어져 있는가?
14 너희들만큼 너희들을 잡아 줄 자가 없
으며, 너희들을 이끌어 줄 자가 없으
며, 너희들과 더불어 갈 수 있는 자가
없다 하면 어찌하겠는가?
15 지금의 세상에 너희 주변에 수많은 백
성이 있으며 사람들이 있으나, 그들은
너희들과 손을 잡을 수도 없으며, 너
희와 관계없는 백성이라 하면 과연 어
찌하겠느냐?
16 그보다도 너희들이 더 어렵고 힘든 오
늘의 그와 같은 환경에서 가는 것이라
는 것을 잊어서는 아니 될 것이니라.
17 너희들의 뜻을 아는 자가 없으며, 그
를 들어주는 자가 없으며, 그를 생각
하는 자가 없음이니,
18 결코 너희들이 생각하고 너희들이 역
사하는 것을 따라갈 수 없는 그들이기
때문이니, 그들은 있으나 마나 한 것
이니, 아무도 너희들 주변에는 없느니
라.
19 그리고 너희들이 가는 길에는 사람이
보이지 아니하며, 모든 백성이 보이지
아니한다는 것을 알겠느냐?
20 너희들을 잡아 주고 이끌어 주고 같이
갈 수 있는 사람이 있을 때 그것이 동
행자가 있으며 서로 의지하며 걸어갈
수 있는 것이나, 그와 같은 백성들이
없다면 너희들은 어찌하겠느냐?
21 그러니 이 세상이 얼마나 타락되었으
며, 이 세상이 얼마나 추한 모습으로
썩어져 있는 줄 알겠느냐?
22 너희들만큼 생각하는 자, 너희들만큼
변하고자 하는 자, 너희들만큼 하늘을
향하여 한 점의 부끄럼이 없이 사는
삶을 살아가는 자가 없으며,
23 너희들 앞에 있는 자가 없으니, 인도
하는 자가 없으며 깨우치고 가르치는
자가 없음이니라.
24 그러니 모두를 혼자 스스로 역사하며
가야 되는 그 어려운 길을 가는 자와
똑같으니,
25 그 나그네와 같이 어렵고 힘든 길을
스스로 역사하고 가야 되는 것이 너희
들의 운명이요, 오늘의 그와 같이 가
는 것이 너희들이 가야 하는 길이라는
것을 절대 잊지 말라.
26 내가 나의 아들을 통하여 너희들에게
전했느니라.
27 나로부터 선택된 백성은 배울 것도 없

으며, 들을 것도 없으며, 그 스스로 모
두를 역사하며, 그 스스로 모두를 다
알 수 있다 하였음이니,
28 그와 같은 백성들을 지금의 모든 백성
들이 어찌 가르치고 인도할 수 있으
며, 너희들과 같이 길동무가 될 수 있
단 말이더냐?
29 그러하지 못하니 도와줄 자가 없으며,
보조할 자가 없으며, 같이 갈 자가 없
으니,
30 너희들이 지금 가는 길이 그리 어렵고
힘들고 고통스러운 길을 가는 것이니
라.
31 너희들이 깨닫고 깨달아 갈수록 너희
들을 도울 자, 같이 갈 자, 동행할 자
가 없으니, 너희들은 어렵고 힘들고
고독한 길을 너희들 스스로 역사해야
된다는 것,
32 그러니 어렵고 어려운 길을 여행하는
하나의 그 여행자처럼, 그리고 그 고
독과 모두를 다 스스로 해결해야 되는
그와 같은 길을 가는 것이 오늘의 나
의 아들을 따르는 백성들이요, 나의
법전을 읽고 깨우치는 백성 너희들임
이니 그를 알라.
33 그러나 다만, 너희들이 그 고비를 넘
었을 때, 그리고 너희들이 그를 인내
하고 넘었을 때, 너희들에게는 반드시
그에 대한 상이 기다리고 있음이니,
34 누구든 그 길을 가야 되는 것이며, 누
구든지 그 길을 가지 아니하면 아니
되느니라.
35 다만, 너희들은 알라.
36 그 고독한 여행의 길을 아무나 갈 수
가 없으며, 누구나 들어설 수가 없으
며, 아무도 그 길을 볼 수 없다는 것,
37 너희들만이 그 길을 갈 수 있으며, 너
희들만이 그 길을 볼 수 있으며, 너희
들만이 그 길을 보고 갈 수 있으며, 너
희들만이 목적지가 보이며, 그를 완수
했을 때 너희들이 얻어지는 모든 은혜
요, 영광을 너희들만이 정녕 볼 수 있
는 자이니라.
38 죄악의 지금 잘못된 백성이요, 욕심에
그득 찬 그 백성들은 너희들이 가는
그 외로운 여행의 길을 볼 수도 없으
며, 너희들이 그리는 그 목적지도 볼
수 없는 자들이니,
39 그것만으로써 너희들이 나로부터 받
은 은혜요, 영광이요, 축복이라는 것
을 잠시도 지워서는 아니 될 것이요,
40 그 어렵고 힘든 길을 가는 너희들이
나의 백성이요, 나의 아들딸이요, 그
리고 너희들이 거듭나는 그 역사의 현
장에 도착할 수 있는 백성이라는 것을
잊지 말라.

10,159 번째 하나님 말씀

2004년 3월 29일 06시 21분

1 사랑하는 나의 아들아!
2 "네, 아버님! 말씀하옵소서."
3 너희가 무엇인가를 이루었을 때, 나
여호와는 너희들이 그것을 왜 이루어
야 되며, 그것을 왜 역사해야 되는가
를 그 뜻을 내가 너희들에게 가르쳐
주며 그 뜻을 알려 주는 것이 나의 하
늘의 법도라 그리 말하지 아니하였더
냐?
4 이것이 너희에게 내려 주는 상이요,

내가 그때 너희들에게 모두를 알려 줌
이니, 그것이 바로 내가 너희들에게
내리는 은혜요, 내가 너희들에게 내리
는 그 지혜라 하였음이니라,
5 재물의 상이 아니라 지혜의 상이니,
너희들이 무엇인가를 역사했을 때 내
가 너희들에게 그 깨달음의 지혜의 상
을 내림이니, 그게 곧 상이니라.
6 너희가 무엇인가를 깨닫고 이룬 것은
바로 그것이 무엇인 줄 알겠느냐?
7 나 여호와의 뜻을 너희들이 알고 있는
자들이요, 나의 뜻을 알아 너희들이
행하고 실천하는 자이기 때문이니,
8 그때 너희들에게 그것을 행해야 되는
그와 같은 깨달음의 지혜요, 그 상을
내가 내려 준다 함이 아니더냐?
9 그러니 나의 뜻을 행하는 자에게 내가
그 지혜의 상을 내리며, 그리고 나의
뜻에 의하여 행한 것은 바로 무엇이더
냐?
10 너희들은 내 뜻에 따라 행함을, 나의
뜻에 의해 순종하는 그 근본이요, 기
본을 너희들이 지킨 백성들이기 때문
이니 그러하니라.
11 너희들이 무엇을 깨닫고 무엇을 역사
했을 때, 그는 곧 너희들이 나의 뜻에
의하여 살아가는 백성으로서 이미 그
길을 보고 있으며 그 길을 달려오는
백성이요, 또한 그 근본은 나의 뜻에
따라 순종하는 것이니라.
12 그리고 모두는 다 순종으로써 시작하
고 이루어짐이니라.
13 그러니 지금의 나의 아들을 따르는 백
성들이요, 그리고 나의 법전을 읽고
깨우친 만백성 너희들은 이제 너희들
스스로 나의 뜻에 의하여 내 뜻이 무
엇인가를 먼저 알고, 내가 원하는 그
뜻에 따라 순종하는 그와 같은 삶으로
써 너희들이 모두를 역사하지 아니하
면 거듭날 수 없음이니라.
14 이제 나의 아들을 따르는 제자 너희들
은 지금서부터 다시 시작하며, 다시
너희들이 모든 마음을 다스려, 새로운
그 모두를 역사하는 기초를 단단히 다
지도록 그리하라.
15 모든 것은 인간 너희들의 생각이요,
네 뜻대로 이루는 것이 아니요,
16 나 여호와의 뜻이 무엇이며 나에게 순
종하는 길이 무엇인가, 그를 너희들이
깨달아서 거기서 어긋나지 않는 삶을
사는 것,
17 그것이 바로 너희들이 모두를 다 이룰
수 있는 백성으로서 거듭나는 것이라
는 것을 잊지 말라.
18 너희들이 내 뜻을 알지 못하며, 내 뜻
에 따라 행하지 아니하며, 내 뜻에 따
라 역사하지 않는 것은,
19 너희들이 아무리 무엇을 이룬다 해도
그는 너희들이 나와 같이할 수 없으며
나와 동반자가 될 수 없다는 것이니,
20 동반자가 될 수 없음은 너희들이 나의
나라에 오를 수 없다는 뜻임을 알아야
될 것이니라.
21 그러니 나의 뜻을 알아볼 수 있으며
내 뜻이 무엇인가를 알아볼 수 있으
며, 내가 역사하는 것을 너희들이 아
는 것이 가장 위대한 것이니,
22 그것은 내가 나의 아들을 통하여 가르
치는 나의 모든 성서요, 그리고 계명
이요, 나의 법전의 그 뜻에 따라서 순

종하며, 그를 순종하는 마음에서 그를
행하고자 할 때, 너희들이 그를 얻게
되며 거기서 깨달음의 지혜를 얻게 됨
이니라.
23 그것이 나의 백성으로 거듭나는 것이
라는 것을 잊지 말라, 사랑하는 나의
아들딸들아!

10,160 번째 하나님 말씀

2004년 3월 29일 06시 25분

1 사랑하는 나의 아들아!
2 "네, 아버님! 말씀하옵소서."
3 너희들이 나로부터 무엇인가를 이루
며 너희들이 구원하고자 하는 것, 그
모두를 얻을 수 있는 것은 바로 무엇
이며, 너희들이 역사할 수 있는 것은
무엇이라 했느냐?
4 내가 너희들에게 지혜의 그 은혜를 내
리는 것, 그 지혜를 내가 내림으로써
너희들이 모두를 다 역사하고 이룰 수
있다 함이니라.
5 그러나 그와 같은 지혜를 어찌하여 나
여호와가 그리 인색하며 너희들에게
내려 주기가 그리 힘들고 어려운 것인
가 너희들은 나를 원망할 것이며, 때
로는 너희들이 그리 생각할 것이니라.
6 '어찌하여 너희들이 깨닫고 무엇인가
를 알았을 때, 너희들이 왜 그와 같은
길을 가야 하는지 그와 같은 지혜요,
깨달음을 나 여호와가 이리도 인색하
게 가르쳐 주고 내려 주는가?' 그리
너희들은 나를 원망할 것이니라.
7 그러니 그 모두는 다 나 여호와가 인
색함이 아니니라.
8 너희들이 살아가면서 나의 뜻에 불순
종하며, 나의 뜻을 따르지 아니하며,
나의 뜻을 거역하는 그와 같은 삶을
사는 것이요, 그와 같은 길만을 달려
가는 백성들이 이 세상 모두를 지배하
고 역사했기 때문임을 너희들은 알라.
9 그리하여 지금 내가 나의 아들을 통하
여 나의 아들을 따르는 제자들이요,
나의 법전을 읽고 깨우친 백성 너희들
에게 그 지혜를 주는 것, 그리고 너희
들이 지혜를 얻는 은혜를 받을 수 있
는 것, 그 모든 것을 내가 나의 법전에
기록하여 다시 전하고 있음을 알라.
10 순종하는 것, 그리고 나의 뜻을 알고
자 노력하는 것, 내 뜻을 알기 위해 너
희들이 모두를 다 바쳐 그 길을 달려
가는 그 애절한 마음 자세로써 모두를
볼 때,
11 그 속에서 너희들이 그와 같은 것을
이룰 수 있으며, 그리고 내 뜻에 따라
순종하는 길이 무엇인가를 알게 됨이
니,
12 그리하여 행하는 백성에게 내가 그를
행했을 때 그 지혜의 은혜를 내린다는
것, 결코 나 여호와가 인색함이 아니
요, 내가 너희들에게 고통을 주기 위
함이 아니라는 것을 너희들은 알아야
될 것이니라.
13 너희들이 불순종하지 않는 마음으로
써 살아가는 자, 모두를 이루고 얻을
수 있을 것이며,
14 애절한 마음으로 내 뜻에 순종하며 내
뜻이 무엇인가를 알고자 갈구하는 그
백성, 나는 결코 그들에게 인색하지
아니함을 너희들은 알라 그리 전하라.

10,161 번째 하나님 말씀

2004년 3월 29일 06시 30분

1 사랑하는 나의 아들아!
2 "네, 아버님! 말씀하옵소서."
3 너를 따르는 그 제자들이요, 나의 법
전을 읽고 깨우친 백성 너희들은 선택
된 자로서 그 선택된 너희들이 지금
이루는 그것이 무엇이던가?
4 이 세상의 모든 종파에 대한 개혁이
요, 혁명을 이루는 것임을 알아야 될
것이니라.
5 너희들이 개혁이요, 혁명의 그 역사를
이루고자 한다면, 너희들이 마음 자세
부터 모두가 다스려져야 되며,
6 한 점의 부끄럼이 없는 그와 같은 삶
을 사는 백성으로서 너희들이 거듭나
지 아니하면 아니 되는 것이니라.
7 너희들이 그와 같은 역사를 이루는 선
택된 백성들로서 마음 자세부터 다스
린다면, 너희들의 마음을 다스리는 그
와 같은 변화를 이룬다면,
8 너희들이 생각하는 자체도 모두가 다
달라지는 그와 같은 변화가 이루어짐
이니라.
9 너희들의 마음속에는 선함을 행하는
것보다 악을 추구하는 그와 같은 마음
에 스스로 항상 지배되며,
10 너희들 마음속에 그와 같은 것이 뿌리
를 내리고 그와 같은 것이 네 가슴이
요, 네 마음이요, 네 육신 그 모두를
다 관장하여 다스리고자 하는 것이 그
너희들의 악의 뿌리요, 근본의 마음이
니,
11 그러니 너희들이 마음을 다스리지 아
니하면 그 생각이 달라지지 아니함을
알아야 될 것이니라.
12 너희들이 그리하여 생각이 달라지기
시작한다면, 너희들은 또한 거기에 따
라 행동부터 또한 달라짐이니,
13 너희들이 행동의 변화를 이룬다면, 너
희들은 그리 버리지 못하며 지우지 못
하는 너희들의 그 악습을 떼 버리며
버릴 수 있는 그와 같은 역사를 이루
느니라.
14 너희들 자신으로부터 모두를 다 개혁
한 그와 같은 너희들이 되어야만 이
세상의 모든 변화를 이룰 수 있음이니
라.
15 너희들이 개혁이요, 혁명이요, 그 모
두는 종교의 그 한 집단이요, 그리고
종교의 모든 그 단체들이요, 그들을
너희들이 모두가 다 다스리고 지금 다
거듭나는 그와 같은 역사를 이루어야
되는 것이며,
16 그리고 종교 집단의 그 모두를 개혁이
요, 혁명을 이루어 너희들이 그 틀을
잡아 간다는 것은 바로 무엇이더냐?
17 이 세상의 모든 백성들의 삶이요, 그
들이 지금 살아가는 그와 같은 형태를
너희들이 모두 다 다시 태어나도록 그
와 같은 역사를 이루는 것이 바로 너
희들이 오늘의 하는 길이요, 너희들이
가는 길이니라.
18 이와 같이 너희들이 다스리고 다시 태
어나는 그 역사를 이루지 아니한다면,
지금의 모든 백성들은 나의 아들딸로
서 나에게 오는 것이 아니요, 나와는
관계없는 형국으로써 너희들이 나를
등지고 떠남이니, 결코 너희들이 나의

나라에 올 수 없으며,
19 너희들이 나를 등지고 가는 것은 무엇
이더냐?
20 모두를 너희들이 포기하는 것이니라.
21 나의 아들딸로서 포기하는 것이요, 너
희들이 아름다운 인간의 그 형태의 모
습을 포기하는 것이며,
22 나로부터 받을 수 있는 모든 너희들의
그 권한이요, 권리를 다 포기하게 되
는 것, 스스로 너희들이 포기하는 그
와 같은 것이 됨이니, 그것이 어떠한
것인가를 너희들은 알게 될 것이니라.

10,162 번째 하나님 말씀

2004년 3월 29일 06시 35분

1 사랑하는 나의 아들아!
2 "네, 아버님! 말씀하옵소서."
3 이른 봄에 한 송이의 아름다운 꽃이
피기 위해서는 내가 무어라 말하였느
냐?
4 눈물겨운 겨울의 그 고통스러운 혹한
의 여정을 거치지 아니하면 그는 필
수 없으며, 그리하여 그 꽃은 핀다 하
였음이니라.
5 지금 내가 너를 통하여 모든 나의 성
령을 내려보내며, 내가 나의 아들을
통하여 너희들에게 내려, 또한 이를
듣고 배우는 그 백성 너희들이 바로
무엇이더냐?
6 그 기나긴 겨울의 여정을 지나 봄의
꽃을 피우는 그와 같은 꽃이라 내가
그리하지 아니하였더냐?
7 160권의 법전이 세상에 나왔을 때, 나
의 아들의 한 송이의 꽃이 피게 됨이
니,
8 그 꽃이 핌으로 인하여 그 주변에 있
는 모든 꽃들이 봄의 소식을 알아 그
들도 활짝 피는 그와 같은 역사를 이
룬다 하였음이니, 그는 바로 너의 제
자들이니라.
9 그러니 너의 제자들이 그와 같이 따
라 꽃을 피울 것이며, 그와 같은 꽃의
향기는 온 세상에 다 진동하며, 벌과
나비가 모여드는 그와 같은 낙원을
이룰 것이라 그리하였음이니라.
10 그것이 너희들이 가야 할 길이요, 너
희들이 역사하는 길이라 그리하였음
이니, 정녕 너희들이 나에게 얼마나
소중하고 귀한 자식들인가를 알겠는
가?
11 너희들이 지금 나의 강론을 들으며,
나의 아들이 내리는 모든 가르침을
들어도 지금 너희 자신이 변하지 아
니하며 역사하지 못한다 생각하나,
12 너희들은 그 혹한의 겨울을 견디고 있
는 것이며, 너희들은 봄에 꽃을 피기
위하여 모두를 잘 인내하고 가고 있
는 나의 아들딸임이니라.
13 그리하여 내가 너희들이 소중하고 귀
한 백성이라 하였음이니,
14 내가 나의 아들을 통하여 160권을 세
상에 보내어 이른 봄에 한 송이의 꽃
이 아름답게 피니, 그를 피지 못하며
그를 따라서 피지 못하는 꽃이 된다
면 과연 어찌하겠는가?
15 아무리 나의 아들이 한 송이의 꽃을
아름답게 피운다 해도, 그 한 송이의
꽃보다는 모든 너희들 제자들이 같이
피는 그와 같은 꽃의 세상을 이루는

것,

16 그리하지 아니하면 그 빛이 없으며 그를 볼 수 없으며 그 누구도 그를 바라보지 아니하게 될 것이니라.

17 그러니 너희들이 얼마나 소중하고 귀한 나의 아들딸인가?

18 너희들이 지금 그 목전에 다 와 있음을 알아야 될 것이니라.

19 이제 너희들이 좀 더 견디면 바로 그 추운 여정의 겨울은 지나고 따스한 바람이 스쳐 오며 꽃이 필 수 있는 봄이 오니, 너희들이 그와 같은 길고 긴 여정을 잘 견디고 있다 함을 알아야 될 것이니라.

20 너희들이 피지 아니하면 아니 됨이니라.

21 너희들이 피었을 때, 나의 아들이 어렵게 먼저 핀 그 꽃의 위대함을 모든 백성들이 알게 될 것이며, 모든 사람들이 그리 보게 될 것이니라.

22 그러니 한 사람 한 사람 너희들이 한 송이 한 송이의 꽃을 피우는 것이 얼마나 귀하고 소중하던가?

23 그러니 나는 너희들이 피지 못할까 두려우며, 너희들이 떨어져 시들까 봐 두려우며, 너희들이 스스로 모두를 다 지워 버리는 그와 같은 자가 될까 두려움이니라.

24 한 송이의 꽃을 너희 자신이 피웠을 때, 그 위대하고 귀하고 소중한 것을 너희들은 모름이니라.

25 결단코 너희들은 그 꽃을 피워야만 나의 아들을 따라 너희들이 나에게 오를 수 있는 것이니,

26 너희들이 지금까지 필 수 있는 그 장소를 달려오는 자, 그리고 높이 와 있는 너희들이 오늘에서 무너지며 좌절하지 말라.

27 그것이 너희들이 이기고 가야 할 길이며, 그 길을 이기고 왔을 때 너희들이 아름다운 한 송이의 꽃을 피울 수 있도록 모두를 얻고 역사할 수 있다는 것을 절대 잊지 말라, 사랑하는 나의 아들딸들아!

10,163 번째 하나님 말씀

2004년 3월 29일 06시 39분

1 사랑하는 나의 아들아!

2 "네, 아버님! 말씀하옵소서."

3 모든 믿음의 길을 가는 그 백성들이 내 뜻을 저버리며 나를 가슴 아프게 울리듯이, 너희들 또한 그와 같은 마음으로써 나를 울리는가?

4 내가 너희들에게 내려 줄 상이요, 내가 너희들에게 내릴 것을 그득히 준비해 놓았으나, 너희들이 받을 자격이 없다 하였음이니라.

5 내가 너희들에게 모두를 역사하는 것을 뭐라 말하였느냐?

6 나의 성전의 그 의자를 너희들이 한 칸도 비지 아니하도록 모두를 채우라 하였음이니라.

7 그와 같이 너희들이 채웠을 때, 그 모든 역사요, 너희들이 오늘의 그 시련을 넘을 것이라 내가 그리하였거늘,

8 간단한 그와 같은 내가 너희들에게 명한 것도 역사하지 못하며, 그걸 지키지도 못하면서 너희들이 오늘의 이 굴레에서 훨훨 날고자 한단 말이더냐?

9 각자가 너희들의 마음이 하나가 되지
아니하였음이니, 각자의 마음이 하나
가 되지 못하여 너희들이 내가 명한
것을 어찌하여 그리 소홀히 들으며,
그것 하나 지키지 못하면서, 너희들이
나로부터 선택된 백성이요, 만백성을
구하는 그와 같은 역사를 할 수 있다
하느냐?
10 너희들이 그와 같은 역사를 먼저 이루
지 아니하였을 때, 내가 결코 너희들
에게 어떠한 것도 내리지 아니한다는
것을 어찌 모르는가?
11 너희들은 내가 명한 것을 순종하는 것
이요, 내 뜻을 따라 너희들이 모두를
역사했을 때, 내가 그 은혜를 내리며
그 지혜의 은혜를 내린다 하였거늘,
12 어찌하여 너희들은 내가 너희들에게
내릴 수 있는 지혜의 그 상을 받지 아
니하고, 인간의 생각이요, 인간으로서
너희들이 무엇인가를 이루려 하는가?
13 너희들이 나의 성전에 한 자리도 빈자
리가 없이 모두를 채우라 했음이니라.
14 그를 채우지 아니했을 때, 너희들은
어떠한 것도 지혜로움을 얻을 수 없
으며, 내 뜻으로써 내리는 상을 너희
들이 받을 수 있는 그릇이 아니요, 자
격이 없다 하였거늘,
15 너희들이 이 한마디를 지키지도 못하
며 이것도 역사하지 못하는 자이니,
16 지금 모든 믿음의 길을 가는 백성들
이 하늘에 오르는 길이요, 나에게 오
르는 길이라 달려가면서 나를 욕되게
하고 능멸하는 자, 그리하여 나를 울
리는 백성들보다도 너희들이 지금 나
를 더 울리려는 자들이요, 나에게 고
통을 주는 자들이요, 나를 고문하는
자들이라는 것을 잊어서는 아니 될 것
이니라.

10,164 번째 하나님 말씀

2004년 3월 29일 15시 04분

1 사랑하는 나의 아들아!
2 **"네, 아버님! 말씀하옵소서."**
3 너희들이 말하기를 무어라 말하느냐?
4 '우는 아이도 속이 있어 운다.' 하는
그와 같은 말이 있음이니,
5 이제 너를 따르는 제자들이요, 그리고
나의 법전을 읽고 깨우친 만백성 너희
들은 그 모두를 다 받아들이는 그와
같은 너희들의 삶으로 살아가야 됨을
알아야 될 것이니라.
6 너희들은 옳고 그름을 시시비비를 가
리고자 할 때, 너희들은 다 그 이유가
있으며 그 뜻이 있음을 들여다보는 그
와 같은 현명함으로써 모든 사람들을
감싸고 가야만 되는 것이니라.
7 너희들이 무엇인가를 결정을 지으며
너희들이 인간의 생각으로 옳고 그르
다는 것을 판정했을 때, 그는 결국 무
엇이더냐?
8 인간 세상에서 하나를 잃으면 또한 하
나를 얻는 것이니라.
9 그러니 나의 아들을 따르는 제자들이
요, 너희들이 진정 만백성을 구하는
백성이라면, 너희들이 둘 중에 하나를
잃어서는 아니 되며 둘을 다 얻는 그
와 같은 현명한 지혜로써 모두를 다스
려 나가지 아니하면 아니 됨이니라.
10 누구든지 너희들이 옳고 그름이요, 오

(O)요, 엑스(X)의 그 답을 구별하여
그것을 밝힐 수 있는 것은 누구나 다
할 수 있음이니라.
11 그러나 너희들이 그를 밝힘으로 인하
여 너희들이 그와 같은 것을 말하기
전에, 그 모든 정황을 생각하며 그 흐
름을 생각하며 그 항변하는 자의 그
말을 들여다볼 수 있는 그와 같은 너
희들이 현명함을 찾아야 될 것이니,
12 그러니 너희들이 그 모두 속에 그 주
장하는 것을 다 들으며, 그리하여 너
희들이 모두를 잃고 얻는 그와 같은
선을 긋는 것은 아니 됨을 알아야 될
것이니라.
13 그러니 나의 아들 너도 마찬가지니라.
14 너의 제자들이요, 모든 백성들이 옳고
그름을 가지고 너에게 와 시시비비를
할 때, 거기에는 하나를 얻으면 하나
를 잃는 그와 같은 것이 있음이니,
15 결코 그와 같은 것으로써 너희들이 살
아가서는 아니 되니, 모두를 다 얻을
수 있는 것, 모두가 다 너희들에게 등
을 돌리지 않는 그와 같은 현명한 지
혜를 얻어 그 모두를 행할 수 있도록
그와 같이 노력하고 연구하고 생각하
도록 하며,
16 평소에 너희들이 마음을 그리 훈련하
고 그리 다져 나가는 것을 이제 시작
해야 됨을 알라 그리 전하라.
17 모든 사람들이 다 이유가 있고 뜻이
있음이니라.
18 우는 아이 젖 달라 할 때 그 이유가 있
듯이, 너희들이 그 모두를 옳고 그름
을 너희들의 손에서 결정하지 말라.
19 모두를 묵상과 기도로써 나 여호와에
게 답을 구하면, 내가 너희들에게 하
나는 얻고 하나는 잃는 그와 같은 답
을 내가 내리지 아니할 것이며,
20 모두를 다 얻을 수 있는 그와 같은 너
희들이 지혜의 현명함을 내릴 것이거
늘, 너희들이 그리 행하도록 하라, 사
랑하는 나의 아들아!

10,165 번째 하나님 말씀

2004년 3월 29일 15시 08분

1 사랑하는 나의 아들아!
2 "네, 아버님! 말씀하옵소서."
3 지금의 믿음의 길을 가는 그 백성들이
믿음이요, 신앙생활을 하면서 너희들
이 무엇인가 하나의 변화를 이루었으
며 그 변화의 작은 지혜를 얻은 것으
로써 너희들은 어찌 생각하는가?
4 그것을 저만이 얻은 것이요, 세상에
가장 위대한 것이라 하여 너희들은 많
은 백성들 앞에 간증을 하며 그게 축
복이요, 영광이라 그리 자랑하며 그와
같이 가고 있지 않더냐?
5 그러니 너희들은 지금 내가 나의 아들
을 통하여 만백성을 구하는 새로운 성
경이요, 나의 법전이요, 하늘에 오르
는 길이라 하여 이를 160권으로써 기
록하여 세상에 전함이니,
6 과연 이것이 너희들이 그 지혜를 얻은
것만 못하다 말하느냐?
7 그러니 나의 아들이 그 제자들을 통하
여 만백성을 구하고자 하는 그 역사함
은 너희들이 사탄이요, 이단이라 그리
말하며,
8 너희들이 백사장에 모래알만큼 하나

를 얻은 것은 위대한 것이요, 축복이
요, 영광이요, 나 여호와로부터 받은
것이요,
9 너희들이 그리하여 간증이요, 또한 그
를 책으로 내며 글로 적으며, 그 모두
를 홍보하고 떠드는 그와 같은 행위를
하면서 그를 자랑하느니라.
10 그러니 어찌 너희들이 그리 어리석단
말이더냐?
11 160권의 법전은 모래사장 전체의 그
모두를 다 보여 주고 그 모두를 내리
는 것이거늘, 그 안에 하나를 주운 자,
하나를 얻은 자가 그 세상을 다 얻은
것처럼 그리 말하며, 그 전체의 모래
덩어리요, 그 백사장은 사탄이요, 이
단이요, 사악한 자라 함이니,
12 제가 서 있는 것이 그 백사장의 모래
위에 서 있거늘, 제 손에 들어 있는 모
래 한 알만큼은 위대하고 귀중하고 소
중한 것이라 하여,
13 나의 아들을 사탄이요, 이단이라 하
며, 나의 아들을 따르는 그 제자들을
너희들이 벌레 보듯이 하며, 나의 법
전을 태워 버리고 찢어 버리는 그와
같은 행위를 함이니,
14 제 작은 것은 위대하고 창대하나, 나
의 아들을 통하여 내리는 160권의 법
전이요, 새로운 성경이요, 만백성을
구하는 그 역사는 정녕 사탄이요, 이
단이라 하여 태우고 찢어 버려도 된다
는 그와 같은 생각을 견주어 가지고
있는 것이 너희들이 아니더냐?
15 너희들이 얻은 그 영광보다 얼마나 위
대하고 영광된 축복인가를 알지 못하
는 어리석은 백성들이니라.
16 그러니 내가 뭐라 하였느냐?
17 너희들이 한 백성을 가르치기 위해서
옳은 말 몇 마디 하는 것이 더 큰 은혜
요, 너희들이 방언의 은사요, 치료의
은사요, 모든 기적의 역사를 얻은 것
이 거기에 견줄 만한 가치가 없는 것
이라 내가 하였음이니,
18 나의 아들을 따르는 제자들이요, 나의
법전을 읽는 만백성들이 그 깨달음이
요, 하늘의 이치요, 하늘에 오르는 진
리를 알고 있는 것은 정녕 끝이 없을
것이니라.
19 그들에게서 너희들이 뽑아내고 또 뽑
어내고 또 뽑아내도 그 바닥이 보이지
않는 물처럼, 마르지 않는 바닷물처
럼, 그들은 끝이 보이지 아니하니라.
20 그러하거늘 그 앞에 가서 너희들이
감히 그들은 사탄이요, 이단이요, 거
짓 선지자의 제자요, 그와 같은 망령
된 말을 하지 말라.
21 세상을 다 얻은 것처럼 너희들이 떠드
는 그것, 그것은 백사장에 모래알이
요, 아무 말 없이 지키고 가는 그 길을
가는 나의 아들을 따르는 그 제자들은
너희들이 말하는 그 백사장의 본체니
라.
22 떠도 떠도 뜰 수 없는 그 바닷물이거
늘,
23 바닷물 한 바가지를 들고 너희들이 바
다를 다 알며 그 속에 사는 상태를 알
며, 그 파도 치며 그 운영하는 그 모두
를 너희들이 아는 것처럼 다 안다 그
리 말하는 어리석은 백성의 짓을 이제
그만 하라.
24 그리고 너희들이 그 어리석음에서 깨

어나지 아니하면 아니 됨을 알라, 사
랑하는 나의 백성들아!

10,166 번째 하나님 말씀

2004년 3월 29일 15시 14분

1 사랑하는 나의 아들아!
2 "네, 아버님! 말씀하옵소서."
3 오늘의 모든 종교 집단 너희들이 나의
백성으로부터 재물을 거둬들이며 그
들을 쇠사슬에 묶어 두기 위하여 얼마
나 간교하고 간악한 방법으로써 나의
성경을 욕되게 하며,
4 나의 아들 예수의 그 죽음을 욕되게
하며, 내가 너희들에게 구원하고자 깨
우치고자 전하는 그 모든 사랑을 어찌
그리 욕되게 하는가?
5 지금의 종교 집단이요, 지도자 너희들
이 많은 백성을 가르치면서 너희들은
그리 비유로써 가르치느니라.
6 율법의 시대는 전남편의 시대라 그리
말하느니라.
7 그러니 너희들이 율법의 시대는 전남
편의 시대요, 신약 시대가 이루어지는
것은 새로운 남편을 맞이하여 너희들
이 그리 역사하는 것이라 비유하여 그
리 지금 가르치지 않는가?
8 그러니 전남편이 죽었으므로, 그 남편
을 버리고 새로운 남편을 얻어 생활하
는 것은 너희들이 음부의 길이 아니
요, 여자의 길이 잘못되지 아니하였다
그리 가르치면서, 또한 너희들은 그리
하면서 무어라 말하느냐?
9 전남편의 율법의 시대는 억압하는 시
대요, 그리고 여인 앞에 권위주의로
대하는 시대요, 그리고 자유가 없는
삶이라 너희들이 그리 말하지 않느냐?
10 그러니 너희들이 남편은 죽고 새로운
신약 시대요, 새로운 남편을 맞이하였
으니, 그 권위주의의 자유가 없고 핍
박하던 남편이 아니라,
11 새로운 남편은 너희들의 자유로움을
보장하는 남편이요, 평화로움을 보장
하는 남편이요,
12 그리고 너희들이 율법의 시대는 노예
의 생활과 같았으니, 그 노예의 생활
속에서 사는 여인을 해방시킨 것이 지
금 새로운 남편이라 그리 비유하여 가
르치는 것이 종교 집단의 지도자 너희
들이 단상에 서서 나의 피조물 만백성
에게 깨우친다 하여 강론하고 있는 그
방법이니라.
13 그러니 너희들은 어찌하는가?
14 이제는 전남편을 생각지 말라, 그리고
지금의 새로운 남편과 살면 되는 것이
며,
15 새로운 남편에게 너희들이 모두를 다
바치며 새로운 남편과 살면서 그 기쁨
을 얻을 수 있도록 하라,
16 그리고 그 속에서만 너희들이 살아가
는 것이 결국 구원의 길이라 비유하여
그리 가르치느니라.
17 그러니 내가 너희들에게 묻고자 하느
니라.
18 너희들이 말하는 그 남편을 갖다 너희
들이 전남편이요, 새로운 남편이라 비
유해서 그리 말함이니,
19 너희들이 어찌하여 전남편과 살다가
새로운 남편을 맞이했다 해서 아내의
도리요, 아내의 길이 변화되는 것이며,

20 그리하여 그 엄한 속에 살던 전남편의
생활 속에서 풀려나 이제 자유로운 여
자니,
21 너희들이 요조숙녀와 같은 어머니의
자세는 버려두고 자유분방한 시대를
살며 자유분방한 삶으로 살아간다 해
도, 너희들은 음부라는 그 욕을 듣지
아니하며 그와 같은 여자라 칭하지 아
니할 것이니,
22 자유분방한 삶을 살도록 하는 것이 오
늘의 백성들이 가야 할 길이며 사는
길이라 그리 말하니,
23 너희들이 나의 백성들을 여인으로 비
유하며 너희들이 그 믿음을 갖다 구약
과 신약을 전남편이요, 새로운 남편으
로 비유하여 그리 말함이니,
24 너희들이 과연 전남편이 죽었으므로
새로운 남편을 맞이하였음이니, 자유
분방하게 살아가는 것이 너희들이 축
복된 길이요, 영광된 길이라 하여 자
유분방하게 살아가는 오늘의 너희들
의 그 세대를 만들었으니,
25 사랑하는 나의 백성들이 어떠한 형국
으로 되어 있느냐?
26 너희들이 말하는 연인으로 만나 이제
서로 남편과 여인이 눈치를 보며 서로
의 부정을 감시하며, 부정이 없는가
살피는, 그리고 그 뒤를 알아보고자
하는 그와 같은 의심하는 세상으로 되
었으며,
27 너희들이 가정이라는 것을 돌보지 않
는 여인이요, 그리고 너희들이 자유분
방한 삶을 살다 보니 너희들의 모두가
다 파괴되었고 무너진 그와 같은 가정
의 형국으로써 만들지 아니하였더냐?
28 그것이 오늘의 사회요, 나의 피조물
만백성 너희들이 살아가는 길이니라.
29 온갖 너희들이 부정이요, 부조리요,
그리고 범죄하는 행위가 세상에 들끓
고 있음이니, 이것이 바로 너희들이
어떠한 죄를 짓든 말든 새로운 신랑을
맞이하여 그를 기쁘게 맞이하며 그 뜻
에 맞춰 살아가기만 한다는 것,
30 나의 아들 예수의 보혈로써 구원을 받
았으며 그를 부르기만 하면 너희들이
구원을 받는다 하며, 너희들의 행함은
소중히 생각하지 않는 이와 같은 형국
으로써 가르쳐, 오늘의 너희들이 이
험악한 세상을 만들었으며 돌이킬 수
없는 세상을 만들었으니,
31 이와 같은 비유요, 이와 같은 뜻을 너
희들이 나의 백성으로부터 재물을 거
둬들이며, 그 마음을 하나를 갈취하는
데 모두를 동원하는 사악한 자들이 오
늘의 종교 집단이요, 지도자라 함을
알라.
32 그들이 나의 성경을 변질시켰으며 나
의 성경의 뜻을 저희 마음대로 인간의
교리로 고쳐 전하고 깨우치는 그와 같
은 역사를 하니,
33 그들이 결코 용서받지 못할 성령 훼방
이요, 성령의 빛을 가리는 자들이요,
성령을 역사하는 것을 막는 자들이라
는 것, 절대 용서받지 못하는 그 범죄
속에서 살아가는 자들이 그들이라는
것을 너희들은 알라 그리 전함이니라.

10,167 번째 하나님 말씀

2004년 3월 29일 15시 20분

1 사랑하는 나의 아들아!
2 "네, 아버님! 말씀하옵소서."
3 지금의 종교 집단이요, 그 백성들이
어떠한 생각으로써 가고 있느냐?
4 율법의 시대요, 구약 시대는 너희들이
죽음으로 사는 삶의 시대요, 그 모두
는 끝나며 과거의 지나간 시대라 하느
니라.
5 그리하여 율법의 시대를 찾고 그를 따
르고자 역사하는 백성은 죽음의 길을
가는 백성들이요, 너희들이 구원의 길
을 가는 백성들이 아니요,
6 나 여호와를 욕되게 하는 자들이요,
예수의 죽음을 욕되게 하는 행위를 하
는 것이라 하여,
7 너희들이 그리 구약 시대의 백성이요,
구약 시대를 찬양하는 자를 핍박하고
저주함이니라.
8 그러나 너희들은 알아야 될 것이니라.
9 너희들이 오늘의 신약 시대가 열렸기
때문에 구약 시대요, 죽음의 시대의
모두를 청산하고, 너희들이 오늘의 그
구원의 시대에서 살며, 그리고 그리
살다 너희들은 그 속에서 구원을 받도
록 하면 되는 것이며, 당연히 너희들
은 또한 구원을 받았다 그리 말하느니
라.
10 구약 시대를 버리고 신약 시대에 돌입
한 너희들이야말로 무조건 구원을 받
은 백성이라 그리 말하고 가르침이니,
11 그를 믿고 따르는 것이 지금 나의 피
조물 만백성이요, 신도라는 그 백성들
이니라.
12 그러나 너희들은 알라.
13 구약의 율법시대를 버리고 신약 시대
가 너희들이 구원을 받는 시대라 그리
말하니,
14 지금 내가 나의 법전 160권의 나의 새
로운 성경을 내려보내며 너희들에게
무어라 하느냐?
15 이 법전이 내려감으로써 너희들이 마
지막 시대에 심판의 시대요, 이를 보
고 읽고 깨우치는 자 구원을 받을 것
이며, 그렇지 않는 자 구원을 받지 못
함이니,
16 신약 시대는 너희들이 나의 뜻을 거역
했으며, 순종하는 백성들이 아니요,
명을 거역하는 그와 같은 백성으로서
너희들의 인간의 교리로써 그리 가르
치며,
17 너희들이 나의 성령이요, 참진리는 가
르치지 아니하며 인간 너희들의 교리
요, 생각만을 가르치니,
18 너희들이 지옥으로 가는 그와 같은 시
대에 사는 백성이라 내가 그리 말하지
않느냐?
19 그리고 제3의 시대에 나의 법전을 읽
고 깨우치는 자만이 구원을 받는다 내
가 그리 말함이니,
20 구약 시대를 핍박하는 그와 같은 오늘
의 너희들이 나의 법전이 너희들을 다
스리며 깨우치는 것을 어찌하여 모르
느냐?
21 너희들이 신약 시대만이 구원을 받는
다는 그 백성이 어떠한 백성인 줄 아
느냐?
22 너희들이 죽어서 한 줌의 흙으로 돌아

오는 그 너희들의 조상을 보면서 그는
죽어 가나 저는 절대 죽지 않는다 생
각하는 자요,
23 너희는 나이가 들어 죽는 그 엄연한
사실 앞에서, 너희들이 오늘에 혈기
왕성하며 젊음이니, 그 젊음은 영원히
지속될 것이며 영원히 존재할 것이라
하여,
24 '나는 저 노인처럼 죽지 아니하며 우
리 부모처럼 죽지 아니한다.' 호언장
담하며 그와 같이 울부짖는 자가 바로
오늘의 신약 시대에서 저희들만이 구
원을 받는 자요, 나에게 오를 수 있는
백성이라 그리 부르짖는 그 백성들이
니,
25 제 나이요, 세월이 감으로써 제가 넘
지 않으면 안 되는 그 죽음의 문턱을
반드시 넘어야 되거늘,
26 언제 넘느냐만 남아 있는 그것을, 저
희들은 절대 넘지 아니하며 넘을 필요
가 없다 그리 말하며,
27 넘어도 저희들은 나에게 오를 수 있는
구원이요, 거듭나는 영광을 얻은 백성
이라 함이니,
28 그와 같이 어리석은 짓을 하고 있는
것이 오늘의 너희들이요,
29 구약 시대요, 율법의 시대는 다 지나
간 것이며, 오로지 신약 시대만 너희
들이 구원을 받는 길이요, 하늘에 오
르는 길이라 그리 믿고 그것만을 가지
고 울고불고하는 그와 같은 어리석은
백성들의 형태라는 것을 내가 전함이
니 그리 알라.

10,168 번째 하나님 말씀

2004년 3월 29일 15시 29분

1 사랑하는 나의 아들아!
2 "네, 아버님! 말씀하옵소서."
3 구약 시대요, 신약 시대의 그 모두가
너희들이 어찌 살아왔는가?
4 나 여호와의 뜻에 의하여 너희들이 그
모두를 행하며, 나의 율법이요, 너희
들이 구약 시대에 내린 나의 계명대
로, 그리고 신약 시대에 나의 아들을
통하여 전하는 그 뜻대로 너희들이 모
두를 이루고 살았다면, 오늘과 같이
험악한 세상은 결코 이루어지지 아니
하였을 것이니라.
5 그러나 너희들은 그 인간의 생각으로
써 모두를 이루고 인간의 생각으로써
역사하며, 너희들 생각으로써 모두를
이루고자 하는 그와 같은 생각으로 하
여, 너희들이 그 생각에 의한 판단으
로써 그 판단된 행동으로써 행하고 살
아왔기에,
6 나 여호와의 참진리요, 사랑의 그 의
미는 없어졌으며, 오늘과 같이 험악한
세상이 되었음을 알아야 될 것이니라.
7 너희들이 사악한 백성으로서 죄악을
지을 때, '구약에 이리 기록되었으니
나는 이를 범할 수 없으며, 내가 나쁜
짓 하며 시기하고 질투하는 그와 같은
마음을 가졌을 때, 이는 신약에 기록
되어 이를 바로잡으라 가르쳤으니, 나
는 결코 그리해서는 아니 된다.' 하는
그와 같은 생각으로 깨달아 믿음의 길
을 가는 지금의 백성들이 과연 얼마나
있느냐?

8 너희들은 '구약에 이와 같은 것이 기
록되었으니 해서는 아니 되며, 신약에
기록되었으니 이것은 절대 해서는 아
니 되며, 이것은 하나님의 뜻을 위배
하는 것이다.' 그리 생각하고 오늘의
삶을 살아가는 백성들이 과연 얼마나
있느냐?
9 너희들은 여기서 알아야 될 것이니라.
10 그러니 구약과 신약을 너희들이 읽고
읽으면서도, 나 여호와가 명한 것이기
에 그를 거역하면 안 된다는 그와 같
은 생각을 하고 사는 것이 얼마나 되
며, 그 가짓수가 얼마나 되며, 그 생각
이 얼마나 되느냐?
11 그러나 지금 내가 무어라 했느냐?
12 제3의 시대는 내가 관장하는 시대요,
내가 직접 관여하는 시대이니, 내가
나의 아들을 통하여 160권의 법전을
세상에 내려보내 모두를 다스리고 통
제하며, 그 속에 모두가 다 있다 하였
음이니라.
13 그러니 제3의 시대에서 나의 아들을
따르는 제자들이요, 나로부터 부름을
받은 그 선택된 백성들은 저희들이 나
의 법전을 가지고 새로운 성경을 가지
고 공부하고 공부할수록 세상의 두려
움을 알며, 저희들이 좁은 길을 가야
된다는 것을 알며, 스스로 좁은 길을
가고 있는 것을 아느니라.
14 그들은 행할 때마다 범죄의 행위를 할
때, 저희들의 마음이 흔들릴 때, 그때
마다 나의 법전에 기록된 내용이요,
나의 아들의 강론이 기억이 나며, 내
가 가르친 그 뜻이 생각나며,
15 그리하여 그들이 그 길을 멈추며, 그
길을 가지 아니하며 바로 서는 그와
같은 삶을 살아가는 것이니,
16 이게 바로 나의 법전의 위대함이요,
이게 내가 직접 너희들에게 깨우쳐 줌
이요, 이를 보고 깨닫고자 하는 백성
들에게 지혜를 줌이니,
17 너희들이 그와 같은 인간의 도리에서
하늘을 향하여 부끄러운 행위를 할 때
마다 나의 법전에 구구절절이 기록되
어 있는 것이요, 나의 아들이 너희들
을 통하여 가르친 그 내용들이요,
18 그 모두가 너희들이 그때그때 생각이
나 너희 마음을 다스리며, 너희 생각
을 바로잡으며, 너희 행동을 바로잡는
그와 같은 역사가 이루어짐이니,
19 이것이 나 여호와가 직접 참여하는 것
이며, 내가 직접 통제하며, 내가 너희
들에게 그 지혜를 그때그때 부어 주는
그와 같은 은혜가 있음이니,
20 이게 바로 나의 법전이요, 새로운 성
경을 내가 관장하여 역사한다는 것을
너희들은 알아야 될 것이니,
21 오늘처럼 너희들이 그와 같은 것을 깨
달음이요, 그와 같은 것이 생각이 나
며, 그 지혜를 얻어 너희들이 악습을
버려 나가는 그와 같은 삶을 산다면,
구약의 백성이요, 신약의 백성들이 오
늘처럼 이와 같이 험악한 세상은 되지
아니하였으니,
22 그리하여 이게 마지막 시대에 모든 성
서의 비밀을 내가 개봉하여 너희들에
게 깨우쳐 주는 것이니라.
23 그러니 해서는 아니 될 것, 해야 될
일, 이를 구분하여 명확히 너희들이
깨달으니, 이것이 바로 너희들이 하늘

에 오르는 길이요,
24 너희들이 하늘에 오르는 길이 무엇인
가를 알며 그를 행하고 살아가는 백성
이라는 것을 너희들은 알아야 될 것이
니라.
25 너희들은 이와 같이 세상을 살면서,
내가 너희들에게 무어라 전하였느냐?
26 나는 나의 아들 예수를 통하여 너희들
에게 미리 전하였음이니, 너희들이 만
든 교리요, 너희들의 생각을 가지고
너희들이 유전으로써 전하며, 그리고
유전으로써 전하는 것으로 인하여 너
희들이 나 여호와의 계명이요, 내가
이루고자 하는 그 모든 뜻을 범하며,
나를 너희들이 바로 세우지 아니하며
무너트리게 하는 그와 같은 행위를 할
것이라 내가 나의 성경에 나의 아들
예수를 통하여 너희들에게 기록한 대
목이 있음이니라.
27 유전으로써 나의 계명을 범하는 그와
같은 행위를 하는 너희들이 될 것이라
했으니, 지금이 바로 너희들이 그와
같은 세상으로써 변해지지 않더냐?
28 너희들이 변질되고 변한 나의 성서를
가지고 또한 너희들의 교리를 위하여
그를 가르치고 전하는 것은 책에 없음
이니, 너희들이 유전으로써 전하고 전
하는 그와 같은 형국으로 되지 않더냐?
29 2천 년 동안 유전으로 전해지는 그 많
은 내용들로 하여금 이 시대를 이렇게
무섭게 변화시켰으며,
30 그 유전으로 하여 너희들이 사람을 믿
지 못하며, 세상을 믿지 못하며, 불안
하고 초조한 그와 같은 마음으로써 살
아가는 이와 같은 형국이 되었음이니
라.
31 그러니 너희들이 이제는 그와 같은 것
에서 깨어나야 될 것이며, 오로지 나
의 성경이요, 나의 계명이요, 나의 뜻
에 의한 삶을 살아가도록 그리하지 아
니하면 아니 될 것이니라.
32 2천 년 동안 너희들이 만든 교리요,
필요에 따라서 너희들이 만들어 낸 그
교리를 가지고 그를 전하고 또 전하는
그와 같은 방법으로써, 너희들이 그
유전의 방법으로 인하여 모두가 다 무
너지고 지금 흐트러졌음이니,
33 그리하여 내가 지금에 너희들을 바로
잡아 돌이키려 해도 돌이킬 수 있는
길이 없으며 방법이 없느니라.
34 그리하여 이를 바로잡고 인도하는 것
은 내가 책으로써 근거하며, 내가 모
든 근거를 제시하여 너희들을 바로잡
지 아니하면, 그 유전의 너희들의 관
습이요, 전하는 전통에 너희들이 지금
젖어 가며 그 지옥 불로 가는 그를 바
로잡을 수 없음이니라.
35 그러니 너희들이 유전으로써 역사하
는 것은 내 뜻이 아니니, 내 뜻을 너희
들이 행하지 않는 것은 바로 무엇이더
냐?
36 불순종하는 것이니라.
37 너희들이 나의 명을 거역하고 불순종
하는 것이 얼마나 무서운 것인 줄 알
겠느냐?
38 불순종이라는 것은 너희들이 반드시
나에게 벌을 받게 되는 것이요,
39 너희들이 무너지고 타락되어 흔들리
는 것은 바로잡을 수 있고 고칠 수 있
으나, 너희들이 불순종하는 것, 명령

을 거역하는 것은 어떠한 방법으로도
용서받을 수 없으며 다스릴 수 없는
것이니라.
40 그러니 용서받을 수 없고 다스릴 수
없는 그 세력이 난무하며, 그들이 이
세상을 감싸고 있으며, 이 모두를 너
희들이 지금 다스리고 있으니,
41 그들은 말로써, 너희들의 유전으로써
내려온 그 모두를 유전으로써 바로잡
을 수가 없으니,
42 유전으로 내려온 너희들의 그 모든 인
간의 교리를 바로잡는 것은 나의 법전
이요, 새로운 성경으로써 증거하여 너
희들 앞에 펴 보이고 너희들에게 읽게
함으로써 바로잡는 길밖에 없기에 이
를 역사하는 것이라는 것을 너희들은
알아야 될 것이니라.

10,169 번째 하나님 말씀

2004년 3월 29일 15시 34분

1 사랑하는 나의 아들아!
2 "네, 아버님! 말씀하옵소서."
3 나 여호와가 창조하여 하늘에서 이루
어진 것같이 이 지상에 이루는 이 세
상이 얼마나 아름다움이요, 그 오묘함
으로써 너희들이 그 작품에 의하여 역
사한 것인 줄 알겠느냐?
4 이 아름답고 오묘한 자연의 순리를
그대로 너희들이 다스리고 통제하고
살아가면, 너희들도 그 자연의 모두처
럼 마음이 아름답고 고우련만,
5 너희들이 그 욕심이라는 뿌리를 버리
지 못하여 이 아름다운 자연의 모두
를 다 무너트렸으며 파괴하였음이니,
6 그는 곧 너희들 자신이 자연을 무너트
리고 파괴한 것이 아니요, 너희들 자
신을 무너트리며 너희들 자신을 파괴
한 이와 같은 형국이 되었음이니라.
7 오늘의 나의 피조물 만백성 너희들이
곱고 아름답게 살아가지 못하는 것은
모든 종교 집단이요, 지도자 저희들이
교리를 만들어 그를 유전으로써 근거
없이 전하는, 그리고 그를 따라 행하
는 것, 그를 근본으로 살아가는 그와
같은 오늘의 역사를 이루었기 때문에,
8 그 유전으로 전해 오는 모든 뿌리가
너무 깊이 박혀 있으며 깊이 뿌리가
내려져 있기 때문이라는 것을 너희들
은 알아야 될 것이니라.
9 나는 나의 아들 예수를 통하여 너희들
의 성서에 이리 기록하였음이니라.
10 너희들이 아무리 유전으로써 깊이 뿌
리를 내리며, 나의 뜻을 거역하며, 악
의 씨를 아무리 많이 심고 깊이 심는
다 해도,
11 나 여호와의 뜻이 아닌 것은 내가 다
뽑아 버릴 것이며, 그 모두를 다 뽑아
유황불에 던지는 그와 같은 역사를 이
룰 것이라는 한 구절을 성경에 기록하
였음을 너희들은 알겠느냐?
12 그러니 내가 모두를 다 뽑아 버리며
그 유황불에 던짐이니, 이 세상을 통
제하고 다스릴 나의 백성들이 새로운
역사를 이루기에,
13 내가 그와 같이 새로 거듭나는 백성들
이 이 세상에 존재하며, 그들과 너희
들의 그 차별화를 너희 스스로 알아,
14 너희 스스로 유황불에 던져질 자와 버
려질 자를 판단할 수 있도록 그 역사

를 함이니,

15 이제 지금이 내가 바로 너희들이 말하는 유전으로써 전하여, 모든 악의 뿌리를 너희들이 지금 아무리 깊고 깊게 심었다 해도, 내가 그 모두를 뽑아 버리는 그와 같은 역사가 시작되었음을 너희들은 알아야 될 것이니라.

16 모두 차별화가 되어 너희들이 부끄러워 고개를 들지 못하는 그와 같은 너희들이 모든 범죄를 인정할 때, 너희들 스스로 뽑아져야 될 것이며 뽑아 던져진다는 것을,

17 그래도 너희들은 나에게 원망하지 못하며 불평하지 못할 때가 되어 있을 것이니, 그때가 지금에 와 있음을 알라 그리 전하라.

10,170 번째 하나님 말씀

2004년 3월 29일 15시 47분

1 사랑하는 나의 아들아!

2 "네, 아버님! 말씀하옵소서."

3 나의 아들을 따르는 지금 선택된 백성들이요, 그 제자 너희들은 나의 명에 의하여 그 모두를 역사하는 백성이라는 것을 알아야 될 것이니라.

4 명에 따라 움직이는 그 백성의 명령이라는 것이 무엇이던가?

5 모든 백성들이 존재하나, 너희들이 타락한 길을 가는 백성들과, 창조주 나 여호와의 명을 거역한 백성들과의 그 차별화됨을 알아야 될 것이니라.

6 나 여호와가 이 세상에 와 심판을 한다 하면, 내가 과연 누구를 먼저 심판한다 그리 말하였더냐?

7 지금 나의 아들을 따르는 제자들이요, 나의 법전을 읽고 깨우친 만백성 너희들부터 먼저 심판할 것이며, 너희들은 엄히 벌로 다스릴 것이며, 너희들이 잘못되어 있으면 내가 조금도 용서치 아니한다 그리 말하였으니,

8 너희들은 엄한 벌로써 다스림을 받는 것이며, 모든 백성들보다 너희들이 먼저 재판을 받을 것이며, 심판을 받는 백성이라는 것을 나의 아들의 강론을 들어서 알 것이니라.

9 이는 바로 무엇이더냐?

10 나의 법전은 너희들에게 그 명을 내리는 것이니라.

11 그러니 명령을 받는 그 백성이 그를 행하지 아니하는 것과 타락한 백성과는 엄연히 다르니라.

12 타락한 백성은 실수로써 무너지는 것이나, 명령을 거역한 백성은 나의 뜻을 정면으로 거부하는 자이니 반역의 죄에 해당되지 아니하던가?

13 그러니 바로 너희들이 그와 같은 벌을 받으며, 그와 같은 죄에 대한 대가를 치르는 것이니,

14 오늘의 나의 아들을 따르는 제자들이요, 그리고 깨우친 백성 너희들이 먼저 나의 명을 어긴 자들이니, 너희들이 그 무서운 벌로써 다스려지는 것이요,

15 오늘의 믿음의 길을 가는 그 백성들이요, 신도들이라는 그 백성들은 정녕 나 여호와의 뜻이 무엇인지 모르며, 나에게 직접 그들이 명을 받아 행한 자들이 아니요,

16 그리고 그들은 내가 지금 성경으로써

내려보낸 것도 귀하고 중한 것은 다
밀봉하여 저희들이 그 인봉된 내용을
알지 못하며 그리 모르기 때문에,
17 나의 명령이요, 내가 지시하는 것이
무엇인지 그들은 모르고 지금의 믿음
의 길을 왔기 때문에,
18 그들이 잘못 가고 그들이 죄를 짓는
것은 나의 명령을 거역하는 것이 아니
요, 나의 명령을 받은 적이 없이 저희
들이 잘못 살아가는 것이니, 그들은
타락된 백성들이요, 그저 잘못 가는
백성들이요, 잘못 삶을 사는 자들이
니라.
19 그러니 잘못 간 그 백성의 삶의 벌을
받는 것과 명을 어긴 백성이 벌을 받
는 것의 차이는 얼마나 무서운가를
알겠는가?
20 너희들이 지금 인간 세상에서 상사가
부하에게 명령을 내리는 것도 마찬가
지니라.
21 너희에게 몇십 가지 어디를 지키라 하
였음이니, 상사가 서서 지키라 할 때,
그들이 앉아 있는 것, 누워 있는 것은
저희들이 잠깐 타락된 것이요, 잘못된
것이나,
22 아예 그 자리를 떠난 것은 명을 어긴
자이니, 그는 엄한 대가를 받아야 될
것이니라.
23 그것이 바로 내가 너희들에게 내리는
명령이요, 그리고 너희들이 나로부터
가장 먼저 심판을 받아야 될 것이며,
내가 너희들을 용서치 아니하며 엄히
다스린다는 그 뜻을 알아야 될 것이
니라.
24 자리를 떠나지 아니하고 너희들이 형
태를 변경하여 거기를 지키는 자와,
그리고 완벽하게 자리를 떠나버리는
자와의 그 차이이니,
25 명령을 받은 너희들이 따르지 않는 것
은 그 자리를 떠나는 백성과 똑같은
자니, 내가 엄히 다스린다는 그 뜻을
너희들은 알아야 될 것이니라.
26 모든 믿음의 길을 가는 백성들은 뜻을
알지 못하기에 반대의 길이요, 그와
같은 타락된 길로 갔으나, 그들은 그
래도 너희들처럼 명령을 받은 자들은
아니라는 것을 알라.
27 그러니 너희들이 그 두려움과 무서움
을 안다면, 나로부터 명령을 받은 나
를 따르는 백성 너희들이 어찌 살아가
야 될 것인가를, 너희들은 자리를 지
켜야 될 것이며 그대로 수행하는 백성
이 되어야 함을 잊지 말라.
28 내가 법전을 만들어 너희들에게 세상
을 덮으라 하였음이니,
29 그 명령 또한 너희들이 타락된 그 백
성들을 구원하고 인도하기 위하여 너
희들이 나의 명령을 따르지 아니하면,
30 어느 누구도 구원받지 못하며 거듭나
는 그와 같은 은혜의 영광을 얻을 수
없는 것이라는 것을 알라.
31 나의 아들을 따르는 그 제자들이요,
나의 법전을 읽고 깨우친 백성들은 나
의 법전이 명령서이니, 너희들은 나에
게 명령서를 받은 자들이요,
32 그리고 다른 백성들은 명령서를 받은
것이 아니요, 그들은 그저 자기 직분
에 따라서 스스로 갈 수 있도록, 스스
로 할 수 있도록 내가 그와 같은 것을
명해 준 자들이니 그리 알라, 사랑하

는 나의 아들딸들아!

10,171 번째 하나님 말씀

2004년 3월 29일 15시 56분

1 사랑하는 나의 아들아!
2 "네, 아버님! 말씀하옵소서."
3 나의 아들을 통하여 나의 법전이요,
새로운 성경에 내가 그리 가르쳐 그
제자들에게 전하지 아니하였더냐?
4 한 사람의 죄인으로 인하여 많은 백성
이 무너지고, 한 사람의 의인이 있음
으로써 만백성을 구할 수 있다 하여,
내가 너희들에게 의인의 길을 가는 백
성이 되도록 그리하라 하였음이니라.
5 이것이 내가 너희들에게 일찍이 너희
들이 가야 할 길이며 역사할 길이라는
것을 깨우쳐 주지 아니하였더냐?
6 아담의 잘못으로써 지금에 이르렀으
니, 한 사람의 의인이 세상에 나와 만
백성을 구하라 하였으며 그와 같이 역
사하도록 하라 내가 나의 법전에 기록
하여 전하였으니,
7 이는 이와 같은 뜻을 내가 일찍이 나
의 아들 예수를 통하여 너희들에게 성
경에 기록하여 전한 뜻이 있음을 알아
야 될 것이니라.
8 나는 2천 년 전에 나의 아들 예수를
통하여, '한 사람이 순종하지 아니함
으로 많은 사람이 죄인이 된 것같이,
한 사람이 순종함으로써 많은 사람이
의인이 되느니라.' 그리 전했음이니,
9 바로 참진리요, 나 여호와의 뜻이라는
것은 무엇이더냐?
10 너희들이 구약과 신약과 제3의 시대
의 그 모두가 뼈대는 변화가 없으며
그 골격은 그대로 형성되어 모두가 변
하는 것이니라.
11 살과 피가 변화되는 것이요, 그 골격
은 절대 변하지 아니하는 것이거늘,
12 모든 오늘의 믿음의 길을 가는 백성
너희들은 그 골격까지도 무너트리며,
앞의 것은 아니요, 오늘 것만이 위대
하고 그것이 중요하며, 미래 것은 아
무것도 아니요, 올 것이 없다, 와도 너
희들과 관계없다 그리 말함이니,
13 앞에 온 것도 지난 것이니 너희들과
관계가 없으며, 앞으로 오는 것도 너
희들이 관계가 없다 함이니,
14 부모를 인정하지 아니하며 '나'만 인
정하며 다음의 자식의 세대를 인정하
지 않는 어리석은 백성이니,
15 그들만큼 욕심이 많고 사악한 백성이
없음이니라.
16 오늘의 사는 모든 백성 너희들이 다음
의 세대요, 자식의 세대를 생각하지
아니한다면, 너희들이 그리하여 이 환
경을 파괴하고 이 세상을 다 뒤집어
놓는다면,
17 너희들의 후손은 과연 어찌 살겠느냐?
18 그러니 앞에서 역사한 너희들 조상의
은혜에 감사하며, 오늘의 너희들이 잘
관리하고 지켜 후손에게 넘겨주는 그
와 같은 지혜를 가지고 사는 백성들이
오늘의 사는 현명한 백성들이 아니더
냐?
19 그리고 너희들은 그를 위하여 울부짖
고 있느니라.
20 그러면서도 너희들이 가장 큰 집단이
요, 가장 현명한 백성이요, 더욱이 하

늘에 오르는 그 길을 가는 백성이라
그리하는 자, 그 모두를 통제하고 다
스릴 직위에 있는 너희들이 과연 뭐라
하느냐?
21 너희들이 '조상인 앞의 과거는 흘러간
것이며 조상의 시대는 없으며, 오로지
나만 존재하며, 다음 세대의 나의 아
들이요, 내 후손의 세대는 오지 않고
역사하지 않는다.' 너희들이 그리 말
함이니,
22 후손이 없는 그 시대가 바로 무엇이냐?
23 너희들이 들짐승의 먹이가 되는 바로
그와 같은 형국이니라.
24 너희들이 들짐승의 먹이가 되며, 너희
들이 쇠약하여 설 자리가 없으며 날짐
승의 밥이 됨이니, 그것을 누가 지켜
주고 역사하는가?
25 바로 너희들 그 후세의 자손들이 모두
를 역사하는 것이거늘,
26 그들을 인정치 아니하며, 그 세상을
인정치 아니하며, 그들이 오는 것을
반기지 아니한다면,
27 오늘의 젊음을 가지고 너희들이 만용
을 부리는 어리석은 백성이니라.
28 그러니 너희들이 구약이요, 신약 그
모두요, 지금 제3의 시대요, 내가 역
사하는 이와 같은 것은 다 골격이요,
그 뼈는 같음을 너희들은 알며, 그 변
화의 흐름은 같은 맥락으로써 간다는
것을 잊지 말라 그리 전하라.
29 그리하거늘 너희들이 어찌 요즘의 나
의 아들딸들을 가르치느냐?
30 죽은 남편이요, 그리고 전남편이요,
새로운 남편을 만난다는 것, 그리고
죽은 남편은 압박하는 자요, 핍박하는
자요, 너희들의 자유를 박탈하는 자
요, 사악한 자라 그리 가르치고,
31 새로운 남편은 자유로우며 웃음이 있
으며 너희들에게 평화로움을 주는 남
편이니, 그 뜻을 따라 역사하고 그대
로 가며 너희들이 자유분방하게 살라
그리 가르치는 것이 오늘의 너희들의
궤변의 가르침이니,
32 나의 사랑하는 모든 백성들은 불순종
하니, 그 불순종은 명령을 거역함이
니, 나의 명령을 거역하는 것이 얼마
나 무서운 것인지 내가 나의 아들을
통하여 너희들에게 일찍이 깨우쳐 주
고 전했느니라.
33 오늘의 모든 종교 집단이요, 너희들이
나의 뜻에 불복종하는 자요, 명령을
거역하는 자로 만들었으며, 또한 너희
들이 타락의 길로 인도하는 그와 같은
백성들을 만들었으니,
34 타락과 불복종의 그 모두를 나의 피조
물 만백성의 양어깨에 그 죄를 짊어지
고 가도록 만든 것이 오늘의 종교 집
단이요, 지도자, 너희들이니라.
35 그리고 수십 년 동안, 평생 동안 믿음
의 길을 갔다는 자, 돈을 주고 직분을
사 저희들이 하늘에 오르는 표를 우선
적으로 받는다 자부하는 자,
36 그리고 죽어 저희들은 나에게 와 큰
상을 받을 것이라 생각하는 그 어리석
고 가련한, 욕심에 그득 찬 백성들,
37 그들의 양어깨에 짐을 짊어지고 가는
그와 같은 형국이 되어 있다는 것을
그들에게 명확히 가르쳐 주고 깨우치
라, 가련하고 불쌍한 그 백성들에게.

10,172 번째 하나님 말씀

2004년 3월 29일 16시 04분

1 사랑하는 나의 아들아!
2 "네, 아버님! 말씀하옵소서."
3 나 여호와가 너희들을 얼마나 사랑하며, 너희들이 사랑하는 나의 아들딸로서 곱고 아름답게 살다 천국의 내 품에 오기를 바라는 마음이 얼마나 애절하고 간절하더냐?
4 그리하여 나의 아들 예수를 통하여 그 모두를 역사하여 거둬들이고자 내가 나의 아들을 통하여 성서에 다음과 같은 구절을 기록하였음이니,
5 너희들은 이것을 글자의 뜻으로 그대로 읽어 넘어가는 백성이 되어서는 아니 될 것이며,
6 거기에 숨어 있는 내 뜻을 알 수 있도록 노력하고 깨우침의 역사를 가는 자만이 이를 볼 수 있으나 이를 들여다보지 못함이니,
7 오늘의 내가 모두를 열어 너희들에게 깨우쳐 주는 이와 같은 수고로움을 반복하고 있으며, 그리고 또한 너희들은 더불어 때가 되었음을 알라 전하느니라.
8 나의 아들 예수가 기록하여 전했느니라.
9 '건강한 자에게는 의사가 쓸 데 없으며 병든 자에게는 의사가 쓸 데 있느니라. 내가 의인을 부르러 온 것이 아니요, 죄인을 부르러 왔다.' 그리 말하지 않느냐?
10 너희들은 이 뜻을 어찌 알고 너희들은 어찌 행하고 있는가?
11 너희들은 들어야 될 것이니라.
12 건강한 자에겐 의사가 필요 없고 병든 자에게 의사가 필요하다 그리했음이니, 너희들이 노약자에게 젊은 사람이 필요한 것이며, 무거운 짐을 지고 가는 자에게 너희들이 그를 돕기 위해서 필요한 것이요,
13 너희들이 지금 가난한 자, 먹고 쓰고 자고 할 수 없는 가난한 그 백성들을 위해서 너희들이 존재하는 것이며 너희들이 역사하는 것이며, 병든 자에게 너희들이 그 병을 고쳐 주기 위하여 필요한 자요,
14 너희들이 남을 시기하고 질투하는 마음을 버리지 못하고 살아가는 그 백성에게 그 마음을 다스리고 뽑아 주는 그와 같은 곳에 필요하며 그 자리에 있는 백성이요,
15 그리고 너희들이 제 앞에 무엇인가를 쌓아 놓고자, 너희들이 이익의 분배에 더 많은 걸 쌓아 놓고자, 제 앞에 그득히 쌓아 놓고 남을 들여다보지 않는 그와 같은 욕심된 마음, 그 마음을 부리는 자,
16 그를 바로잡기 위하여 너희들이 그 자리에 있으며, 너희들이 거기에 필요한 백성이라는 것을 어찌 모르던가?
17 단 한 줄의 글로써 너희들이 그리 읽어서는 아니 될 것이니라.
18 입지 못하는 자에게 입혀 주기 위해서 너희들이 거기에 필요하며, 병들어 움직이지 못하는 자에게 너희들이 필요한 것이니라.
19 누워 있는 자, 그 병이 들어 쓰러져 가는 자, 그를 보호하고 그를 지켜 주기

위해서 너희들이 필요하거늘, 과연 지
금 너희들이 살아가는 모습은 어떠하
더냐?
20 수천 년 동안 믿음의 길을 오며 너희
들이 하늘에 오르는 길이요, 구원을
받았다는 그 백성들이 길거리에 쓰러
진 자에게 필요한 것이 바로 건강한
너희들이요, 믿음의 길을 가는 백성
너희들의 손길이 필요함이니,
21 너희들이 길거리에 동전 몇 냥을 달라
손을 내밀고 있는 자, 그리고 '나는 이
와 같은 병자요, 이와 같은 고통이 있
는 자요, 나는 재기불능인 사람이라'
며 제 앞에 그득히 써 놓고 쭈그려 앉
아 무엇인가를 원하는 자,
22 그들에게 너희들이 필요한 자요, 그들
이 있기에 너희들이 필요한 백성이라
는 것을 과연 너희들은 얼마나 알며
얼마나 그리 행하는가?
23 그리고 어려운 자를 돕기 위하여 너희
들이 얼마나 베풀며 도와주는가?
24 거기에 너희들이 필요한 것이요, 거기
에 필요하기에 너희가 존재하는 백성
이요,
25 너희들이 건강한 육체요, 재물을 가지
고 있는 자는 어렵고 힘들고 불쌍한
자에게 너희들이 필요한 자요, 그들에
게 나눠 주며 그들에게 필요한 존재로
서 역사하도록 내가 너희들에게 모두
를 주고 내렸거늘,
26 그것을 제 욕심으로 저만이 가지고 있
는 특권이요, 제가 나로부터 은혜받은
백성이기에 제가 그와 같은 것을 소유
한다 하여 그 창고에 쌓아 놓는 삶을
사는 것이 오늘의 종교 집단이요, 지
도자들이니라.
27 그리고 믿음의 길을 가는 백성들이 또
한 그러하니라.
28 너희들이 그와 같은 백성들을 찾아나
가 그들을 위하여 역사하는 것이 너희
들이 가야 할 길이며, 너희들의 손길
이 필요한 자리에 너희들이 가장 있어
야 될 것이니,
29 너희들의 손길이 필요한 곳은 가난한
자요, 병든 자요, 가장 낮은 곳에 가서
너희들이 있는 것이요, 그곳이 너희들
의 자리라는 것을 너희들은 과연 행하
고 지키느냐?
30 절대 그리 행하고 지키는 백성이 없음
이니라.
31 그러니 너희들이 나에게 오는 백성이
하나도 없으며, 나에게 온 백성이 없
으며, 오를 수 있는 백성이 없으며,
32 너희들이 더 갖고자, 더 필요하다 하
여 울고불고하는 그와 같은 기도 소
리, 그는 개구리요, 짐승의 울음소리
만도 못하다는 나의 이 아픈 마음의
뜻을 전하는 걸 아느냐?
33 자기의 사랑하는 자식들에게 짐승만
도 못한 행위를 한다는 그 말을 할 때,
그 부모의 가슴이 얼마나 답답하고 찢
어지고 저려 오면 그 말을 한단 말이
더냐?
34 너희들이 건강한 자에게는 의사가 쓸
데없으며 병든 자에게 의사가 쓸데 있
다 하는 그와 같은 이치를 안다면, 너
희들이 어느 곳에서 있어야 되는가?
35 어렵고 병든 자, 힘들고 고달픈 자와
그 자리에 너희들이 같이해야 될 것이
며, 그들과 같이 나눔을 하는 것이 나

에게 오르는 길이니라.
36 예수가 병든 자 고쳐 주며, 도둑이요, 잘못된 자, 그들과 같이 식사하며 어울림이니, 그를 이단이요, 사탄이라 몰아붙였던 2천 년 전의 제사장이요, 종교 집단의 그 지도자요, 그리고 너희들이 하늘에 오를 수 있고 선택된 백성이라는 자들이 그를 보고 침 뱉고 돌팔매질을 하였음이니,
37 오늘의 너희들이 과연 그와 같은 삶을 사느냐?
38 그와 같이 삶을 살지 않는 자, 나의 백성이 아니요, 나에게 오를 수 있는 자격이 없는 백성이니라.
39 그러니 나의 아들을 따르는 너희들이 그리 가야 할 것이니라.
40 내가 나의 아들에게 무어라 말하였느냐?
41 모든 역사를 이루어 모두가 정상으로 돌아갈 때, 나의 아들은 그 병자들 속이요, 빈민굴에 가 운명할 것이라 하여 내가 그리 명한 뜻을 알겠느냐?
42 그것이 바로 나 여호와의 뜻이니, 몇 천 년 전에 내가 성경에 기록하여 예수가 너희들에게 전한 것이니라.
43 오늘 내가 나의 아들에게 직접 내리며 그리 내가 명하는 것은 어찌하여 이것은 사탄이요, 이단이 명하는 길이라 말하느냐?
44 2천 년 전에 예수가 필요한 곳에 가 있으라 했던 그 가르침은 너희들이 하늘에 오르는 길이요, 창조주요, 너희들이 '주여, 주여!' 부르는 예수의 말은 진리요, 하늘의 뜻이고,
45 나 여호와가 지금 나의 아들에게 '그보다도 더 처참하고 비참한 곳에 네가 가 있는 것이요, 나 여호와의 뜻이니, 네가 그곳에 가 눈을 감으라.' 그리 명한 것은 과연 사탄이요, 이단이요, 마귀가 하는 이야기더냐?
46 모든 골격이요, 뼈대의 흐름은 같거늘, 이 어리석은 백성들아! 나의 아들에게 욕하지 말며 나의 법전을 탓하지 말며 그를 따르는 백성들에게 감히 너희들이 사탄이요, 이단이라 말하지 말라.
47 사탄이요, 마귀요 이단은 바로 그리 말하는 너희들이니라.
48 제가 사탄이요, 이단이기 때문에 남을 그리 보며 그와 같이 보인다는 이치를 알라.
49 네 마음이 천사면 모두가 천사요,
50 네 마음이 사탄이요, 악마면 모두가 악마같이 보임을 알라 전하라.

10,173 번째 하나님 말씀

2004년 3월 29일 16시 14분

1 사랑하는 나의 아들아!
2 "네, 아버님! 말씀하옵소서."
3 내가 성서에 기록하여 너희들에게 전하였느니라.
4 혼인집 잔치에서 너희들이 그 신랑과 함께 있을 때, 과연 너희들이 금식을 할 수 있으며 금식을 해야 되는 것인가?
5 신랑과 함께 있는 동안에 너희들이 금식할 필요가 없으며, 금식할 수 없는 것이 인간 상식이요, 살아가는 도리라 내가 그리하였음이니, 이는 바로 너희

들이 무엇을 의미하느냐?
6 너희들이 환경이요, 그 순리에 따라
살아가는 그와 같은 지혜로움을 얻어
살아가라 명한 가르침이 아니더냐?
7 그러나 지금의 믿음의 길을 가는 그
백성 너희들의 믿음의 형태는 과연
어떠하더냐?
8 인간 너희들이 진리의 교리라 하여
그를 만들어 놓고 그 안에 들어오지
않는 백성은 사탄이요, 이단이라 말하
느니라.
9 작은 집을 지어 놓고 너희들이 수백
명이 들어와야 된다며 무조건 들어가
도록 하는 것이며,
10 들어가지 아니하면 이단이요, 사탄이
라 너희들이 그리하니, 죽기 아니면
살기로 먼저 들어가려는 이와 같은
형국이요, 이와 같은 수법으로써 너희
들이 나의 피조물 만백성들을 우롱하
고 있는 것이니,
11 자연의 순리를 위배하는 자들이니라.
12 너희들이 어찌하여 그 잔칫집 경사에
같이 어울려 즐겨야 할 그 장소에서
금식을 해야 된다 하며, 금식을 하지
아니하는 백성은 사탄이요, 이단이라
그리 말하는가?
13 너희들이 금식을 할 장소가 있으며 금
식을 할 때가 있는 그와 같은 이치를
따라 너희들이 참진리요, 하늘에 오르
는 길에 깨달음을 얻으면 될 것이거늘,
14 너희들은 작은 것을 만들어 놓고 거기
에 모두를 다 맞추라는 그와 같은 오
늘의 형국으로써 무지막지하게 가는
것이 너희들의 믿음이요, 하늘에 오르
는 길이니,
15 그저 너희들이 글자 그대로 따라서 그
대로 너희들이 지키는 것이며, 나 여
호와의 뜻이요, 내가 역사하는 것은
전혀 알지도 못함이니,
16 그리하여 너희들이 지금 무지막지한
그와 같은 믿음이요, 맹종하는 믿음이
요, 저희들과 뜻이 다르다 하여 그 소
중하고 귀한 나로부터 생명을 얻은
그들의 목숨을 앗아 가는 것이요,
17 사람을 죽이는 데 죄의식을 느끼지 못
하며,
18 종교 집단이요, 지도자라는 자들을 따
르는 그 제자들이요, 추종세력에 의
하여 남의 생명을 앗아 가며 남을 파
괴하며 남의 가정을 파괴하는 그와 같
은 험악한 세상의 형국으로 흘러가는
것이 오늘의 너희들의 믿음의 대표라
면 믿겠느냐?
19 그러니 내가 너희들에게 무어라 말하
였느냐?
20 너희들이 사람의 순리에 따라서, 환경
에 따라서 깨달음을 얻어 가는 것이
진리라 하였기에,
21 내가 너희들이 식사를 할 때 모여 있
는 자, 대표 기도를 하지 말라 한 그
의미가 무엇이더냐?
22 각자 지금 어려움이 다르며 생각하는
것이 다르며 각자 원하고 가야 할 길
이 다 다르거늘,
23 너희들이 거기다 놓고 대표 기도로 중
언부언한다면 그것이 그 사람의 가슴
에 와 닿는 것이더냐?
24 너희들의 기도는 내가 내리는 것이라
하였음이니라.
25 그러니 내가 내리는 걸 조용히 너희들

이 받아들이는 것이 기도요, 너희들이
중언부언하는 것은 기도가 아님을 알
라.
26 그리하여 내가 십계명도 내려보낸 것
이요, 주기도문도 내려보낸 것이요,
나의 아들이 기도하는 그 내용도 모두
가 내려보냈으니,
27 그리하여 기도는 내가 내리는 것이요,
너희들이 중언부언하는 것이 아니니
라.
28 생각도 뜻도 다른 자들 앞에 너희들이
중언부언하며 그들을 자극하여 흥분
케 하여 그들이 가지고 있는 재물을
갈취하는 그와 같은 사악한 행위를 하
지 말라.
29 그리하여 내가 나의 아들에게 대표 기
도를 하지 말며 각자가 기도하고 각
자가 뜻을 전하라 그리했음이니, 이
뜻을 너희들이 세월이 지난 다음에 알
게 될 것이니라.

10,174 번째 하나님 말씀

2004년 3월 29일 16시 18분

1 사랑하는 나의 아들아!
2 "네, 아버님! 말씀하옵소서."
3 나의 아들 예수의 그 가슴 아픔이요,
나의 가슴 아픔이 또한 무엇인 줄 알
겠느냐?
4 나의 아들 예수가 그 가슴이 아팠던
것은 너희들이 그 의미를 알아야 될
것이니라.
5 구약 시대에도 내가 그 백성들에게 새
로운 부대요, 새로운 포도주를 만들어
내려보냄이니,
6 새로운 포도주를 담을 수 있는 새 부
대가 없으며 그릇이 없어 내가 그를
전하지 못하고 역사하지 못했다면, 너
희들은 알겠느냐?
7 그러니 그와 같은 백성들이 없기에 새
로운 포도주를 담을 그릇이 없음이니,
그 그릇을 가지고 있는 백성이 없으며
그 그릇이 된 백성이 없기에 내려보내
지 못하였음이니라.
8 그리하여 구약 시대도 새로운 포도주
를 내려보내지 못하였으며, 그 새로운
포도주가 제 구실을 하지 못하였음이
니,
9 신약 시대도 내가 새로운 포도주를 만
들어 내려보냄이니 그를 담을 그릇이
요, 새로 담을 수 있는 새 부대가 없음
이니, 예수는 죽음으로써 그 부대를
만들라 하며 그와 같은 그릇이 되라
전하였음이니,
10 그래도 지금의 너희들이 새로운 부대
로서 새로운 포도주를 담는 그와 같은
그릇이 되지 아니하였음이니, 그리하
여 나의 아들 예수의 그 가슴이 아프
며,
11 구약과 신약 시대에 새로운 포도주를
내려보내 새로운 부대에 담아 만백성
에게 내가 공급하고자 한 그 모두가
이루어지지 아니하였음이니,
12 나 여호와의 그 아픈 마음이 나의 아
들 예수보다도 더한 아픔이라는 것을
너희들에게 내가 전함이니라.
13 그리하여 내가 모두를 다 버렸음이니
라.
14 그리하여 그를 담을 수 없으며 그를
역사할 수 있는 그릇이 없기에 그 모

두를 버렸으며 다 내가 버리는 그 슬
픔이 과연 어떠하던가?
15 그리하여 나는 지금 2천 년이라는 길
고 긴 너희들의 그 세상의 세속의 세
월을 기다렸음이니라.
16 그리하여 제3의 시대를 내가 열어 새
로운 포도주를 만들어 세상에 내려보
냄이니, 지금 또한 그 새로운 포도주
를 담을 수 있는 새 부대가 없으며 그
릇이 없음이니라.
17 그러니 또한 나의 마음이 어떠하겠는
가?
18 그리하여 나의 아들을 따르는 제자들
이요, 나의 법전을 읽고 깨우친 너희
들로 하여금 새로운 부대를 만들도록
하며 내가 그 과정을 지금 진행하고
있음이니,
19 그리하여 너희들이 나의 아들을 통하
여 내리는 강론을 들으며 나의 법전
을 읽고 거듭나는 그와 같은 새 부대
로서 역사하기를 바라는 것이니,
20 스스로 너희들이 새 부대가 되어 새
로운 포도주를 담아 만백성에게 전하
여 구원의 길을 열어 주도록 그리하
라, 사랑하는 나의 아들딸들아!
21 이와 같은 역사의 흐름이요, 이와 같
은 변천사를 안다면, 오늘의 너희들이
마지막 새 부대가 되는 과정이며, 너
희 자신이 담을 수 있는 새 그릇으로
변화되는 것, 그것이 얼마나 위대한
것인가?
22 너희가 담을 수 있는 그릇이 되었을
때, 너희 자신이 새 부대가 된다는 것
을 잊지 말라, 사랑하는 나의 아들딸
들아!

10,175 번째 하나님 말씀

2004년 3월 30일 06시 20분

1 사랑하는 나의 아들아!
2 "네, 아버님! 말씀하옵소서."
3 나 여호와가 너희들에게 깨우쳐 전하
기를, 구약이라는 그 성서도 너희들이
하늘에 오르는 길을 가르쳐 주는 것이
아니며, 너희들의 구원의 역사를 이루
어 주는 것이 아니라 하였음이니라.
4 또한 너희들이 울고불고 지금 구원을
받았다 하는 그 신약을 가지고 가는
그 백성 너희들 또한 내가 너희들에게
무어라 말하였느냐?
5 그것 또한 너희들을 구원해 주는 것이
아니요, 너희들에게 그 구원의 길을
안내해 주며 그를 볼 수 있도록 그 역
할을 하는 것이라 하였음이니라.
6 더욱이 지금 제3의 시대에 마지막 나
의 성령을 내가 내려보내니, 이것도
너희들을 직접 구원해 주는 것이 아니
요, 너희들이 구원을 받는 백성이 어
찌 살아가며 어떠한 것이 구원의 길
인가 하는 것을 내가 상세히 가르쳐
주는 것이라 나의 아들을 통하여 그
리 전하였느니라.
7 이 소중하고 귀한 뜻을 알지 못하며,
이를 거부하며 이를 받아들이지 아니
하는 백성, 너희들은 정녕 믿음이요,
구원의 길을 볼 수 없음이니라.
8 지금 나의 아들이 너희들에게 전하기
를, 신약 시대처럼 나의 법전이 너희
들이 구원을 받는 것이요, 구원을 해
주는 것이라 그리 가르친다면, 이는
나 여호와의 뜻이 아니요 잘못된 것이

니라.
9 그리고 나의 아들을 통하여 또한 그리
가르칠 수 있으며, 나의 아들이 나의
뜻을 받아 명하는 자가 아니라 제 임
의대로 얘기하며, 보내는 자요, 내린
자의 뜻대로 하지 아니한다면,
10 이것이 마지막 너희들을 구원을 해 주
는 것이다, 구원이 되는 것이다, 너희
는 구원이 됐다, 그리 신약 시대처럼
말할 수 있을 것이니라.
11 그러나 그는 제 임의대로 자의로 말하
지 아니하며, 내리는 나 여호와의 뜻
에 따라 그는 말하기 때문에 제가 나
약하고 불리한 것이며,
12 구원이 된다, 구원을 해 준다 하면 많
은 백성들이 재물을 가지고 그를 찾을
것을,
13 구원을 해 주는 것이 아니요, 구원의
길이요, 하늘에 오르는 빛을 보며, 반
석 위에 서서 하늘에 오르는 그 빛을
볼 수 있는 것까지만이 제3의 시대에
열어지는 나의 마지막 성령이요, 마지
막 심판인 나의 이 새로운 성경이 그
역할밖에 하지 못한다 함이니,
14 그는 내리는 자요, 보내는 자요, 나의
뜻에 따라 그대로 행하기 때문임을 너
희들은 알아야 될 것이니라.
15 이 세상에 그 어느 것도 너희들을 구
원해 줄 수 없으며, 너희들을 구원해
줄 수 있는 것이 없음을 너희들은 알
라.
16 모든 선택된 백성들이 그 사막의 생
활이요, 광야의 그 생활이요, 그들이
그와 같은 생활 속에서 살아갔으며,
기적과 이적을 보는 그 속에서 끌고
온 그 백성들을,
17 내가 왜 그들에게 선택된 땅이요, 준
비된 땅으로 그 모두가 가지 못하고
그리했더냐?
18 그 모두가 다 무엇인 줄 알겠느냐?
19 갈 수 있는 자와 갈 수 없는 자를 구분
하는 그와 같은 시간이 걸렸음이요,
그와 같은 역사를 이루기 때문이었음
이니라.
20 신약 시대에 나의 아들 예수의 보혈로
써 구원을 받았다, 그리고 구원을 받
는다 그리 말하지 말라.
21 나의 아들 예수를 너희들이 믿는 것,
그리고 구원의 은혜요, 보혈의 은혜
요, 그를 너희들이 찾는 것은,
22 말하자면 너희들이 먼 길을 달려가는
그 시합의 경주를 하기 위하여 너희들
이 출발선에 서 있는 백성들이요, 그
와 같은 형국이라는 걸 알아야 될 것
이니라.
23 신약 시대요, 나의 아들 예수를 찾고
울고불고하는 모든 믿음의 길을 가는
종파의 지도자 너희들은 들으라.
24 너희들은 신약 시대에 이것을 믿고 이
와 같이 따르며 나의 아들을 '주여, 주
여!' 하며 그를 인정하는 것으로써 너
희들이 구원을 받으며 나에게 오를 수
있는 자격을 받은 백성이라 하지 말라.
25 너희들이 나에게 오르기 위한 그 길을
출발하는 데 출발선에 서 있는 백성이
요, 거기에 불과한 것이니,
26 나의 아들 예수의 보혈로써 구원을 받
는다, 그리고 '주여, 주여!' 하며 창조
주 아버지를 찾고 울고불고 어떠한 광
란의 짓을 해도,

27 너희들이 출발선에 서 있는 그곳에서
한 발짝도 앞으로 나가지 못한 백성이
라는 걸 알라.
28 그러니 너희들이 출발선에 서 있으니,
너희들이 출발선에 서서 나에게 오르
는 그 힘들고 어려운 과정은 스스로
너희들이 역사하고 오는 것이요, 그
누구도 너희들을 데려다 줄 수 없다는
것을 알아야 될 것이니라.
29 절대 너희들이 신약이요, 나의 아들
예수의 보혈로써 그를 믿고 찾는 것이
구원이 아니라, 나에게 오를 수 있는
그 길의 출발선에 너희들이 서 있음이
니,
30 출발선에 서는 것까지 너희들이 얻은
영광이요, 그 후부터 너희들이 그 어
렵고 힘든 좁은 문을 통과해서 오는
것은 너희들 스스로 남은 과제이니라.
31 그렇지 아니하면 너희들이 모세가 모
든 백성을 구원했으나, 선택된 준비된
땅에 가고 못 가는 그와 같은 백성을
구분하듯이, 너희들도 그 구분되는 자
리에 있음이니라.
32 그러니 너희들이 출발선에 서 있어 오
지도 아니한 백성, 너희들이 구원을
받았다, 구원의 역사를 이루었다 하는
것이 얼마나 어리석고 잘못된 것인가
를 알아야 될 것이니라.
33 지금 나의 아들을 통하여 내리는 심판
의 나의 법전이요, 내가 직접 임하는
새로운 이 성경도 너희들을 구원해 주
는 것이 아니요,
34 구원의 길이요, 구원을 할 수 있는 모
두를 제공하고 가르쳐 주는 것이지,
35 너희들이 하늘나라에 너희들이 말하
듯이 들림을 받아, 내가 너희들을 들
어 갖다 놓는 것은 결코 아니라는 것
을, 그와 같은 것은 절대 있을 수 없다
는 것을 너희들은 알아야 될 것이니라.
36 그러니 나의 아들을 따르는 제자들이
요, 나의 법전을 읽고 깨우친 만백성
너희들은 하늘의 이치요, 성서의 이치
요, 그리고 나의 법전의 이치요, 그 역
사하는 뜻의 가르침을 바로 듣고 바로
깨우쳐, 너희들은 거기에 차질 있는
그와 같은 삶을 살아서는 아니 됨이니
라.
37 나의 법전을 접했다 해서 과연 너희들
이 나에게 들림을 받아 하늘에 올 수
있는 그 백성이라 너희들이 자부하겠
느냐?
38 아직도 너희들이 때를 벗지 못하며 너
희들이 벗어나지 못하며 너희들이 바
로 서지 못하기에,
39 너희들이 그를 바로 서기 위하여 오늘
의 얼마나 고통과 시련된 길을 가며,
너희 자신을 원망하며, 너희 자신을
저주하며,
40 때로는 너희 살점을 도려내는 그와 같
은 아픔이 있다 해도 너희들이 깨우치
고 바로 설 수 있으며 잘못된 습성이
요, 그 악습을 버릴 수 있다면 그 길을
선택하고자 하는 것이 지금 나의 아들
을 따르는 그 제자들이요, 나의 법전
을 읽고 바로 서지 못하는 백성들의
그 고충이거늘,
41 너희들은 어찌하여 그와 같은 고통 속
에서라도 진리의 길이요, 하늘에 오르
는 길을 선택하고자 하는 나의 아들을
따르는 제자들의 그 애타는 심정을 들

여다볼 수 있는 지혜가 없던가?
42 너희들이 대중적인 것으로써, 대충 행
동하는 것으로써 구원을 받을 수 있으
며 구원을 받았다 하지 말라.
43 모든 백성들은 너희들이 구약을 읽고
깨우치는 자, 신약을 읽고 깨우치는
자, 예수의 고통을 바라보면서 깨우치
는 자, 나의 법전을 읽고 깨우치는 자,
나의 법전을 읽고 내 마음을 깨달아
깨달음을 얻는 자,
44 그 모두는 동등하게 너희들이 나에게
오르는 출발선에 서는 것까지만 안내
함이요,
45 너희들이 이제는 그와 같은 선에 섰으
니, 그 다음서부터 너희들이 좁고 어
려운 길을 달려오는 것은 너희들에게
달렸음이니라.
46 그러니 구약을 접한 백성이요, 신약을
접한 백성이요, 나의 법전을 접한 백
성, 너희들은 모두 내가 열매를 얻을
수 있는 그 씨앗을 너희들에게 내려
준 것이며, 그 씨앗을 받은 은혜와 똑
같음을 알라 그리 전하라.
47 너희들이 열매를 거두기 위하여 내가
씨앗을 내렸음이니, 그것이 바로 예수
의 보혈로써 은혜를 받았다는 너희들
이요, 신약 시대가 구원이라는 백성이
요, 나의 법전을 읽고 깨우친 그 제자
들이요, 이를 보고 하늘에 오르고자
노력하는 너희들,
48 그 모두가 내가 너희들 스스로 열매를
맺어 거둘 수 있도록 그 곱고 단단한
씨앗을 주었음이니,
49 그 씨앗을 손에 받은 백성 너희들이
잘 뿌려 그를 가꾸고 길러 열매를 맺
는 것은 너희들이니, 거둬들일 수 있
는 열매를 맺도록 하는 것은 너희들의
손에 달렸으며, 너희들의 노력이니라.
50 씨앗을 받은 것으로써 너희들이 열매
를 맺었다는 어리석은 삶에서 벗어나
도록, 모든 종교 집단이요, 지도자요,
지금 맹종 맹신하며 울고불고하는 그
백성들을 깨우쳐 주라.
51 너희들은 열매를 맺을 수 있는 씨앗을
받은 것이요,
52 그 씨앗을 가꾸고 길러 열매를 맺어
내가 거둘 수 있도록 하는 것은 너희
들의 노력이요, 너희들의 손에 달렸으
니,
53 지금서부터 너희들이 시작이라는 것
을 그리 전해 주라.
54 구원을 받은 것이 아니요, 구원을 받
기 위해 시작이라는 것을 그들에게 깨
우쳐 주어 하늘의 뜻을 심어 주지 아
니하면,
55 그 어리석은 백성들이 출발선에서 제
자리를 돌며 몸부림치다 저희들이 한
발짝도 앞으로 나오지 못하며,
56 그저 저희들이 쥐고 있는 그 죄의 쇠
사슬의 무게에 의하여 나를 보고 나에
게 오는 것이 아니요, 저희들이 정녕
죽어도 들어가지 아니하려 몸부림치
는 그 길을 가게 되는 것이 너희들의
운명이라는 이 하늘의 뜻을 가르쳐 주
라.
57 이것 하나를 깨닫는 백성 너희들도 나
로부터 받은 은혜요, 지혜를 얻음이니
그리 전하라.

10,176 번째 하나님 말씀

2004년 3월 30일 06시 29분

1 사랑하는 나의 아들아!
2 "네, 아버님! 말씀하옵소서."
3 지금의 종교 집단이요, 믿음의 길을
가는 그 백성들이, 내가 무어라 말하
였느냐?
4 저희들이 만들어 부르짖는 안식일이
라는 그 자체, 내가 또 너희들에게 내
려 준 그 안식일의 의미는, 안식일을
위하여 인간 나의 사랑하는 백성들이
존재하는 것이 아니요, 나의 사랑하는
백성들을 위하여 안식일이 존재한다
그리하지 아니하였더냐?
5 그러니 너희들의 그 안식일은 나의
사랑하는 백성들을 위하여 존재하는
것이니,
6 그것은 너희들의 자유로운 의사에 의
해서 쓰고 활용하도록 하면 되는 것
이 아니더냐?
7 너희들을 위한 것이 아니라면 너희들
이 임의대로 쓰고 편한 대로 모두를
자유로이 행동할 수 없으나,
8 너희들을 위하여 안식일이요, 쉬는 시
간이 필요하다면, 그것을 활용하고 쓰
는 그 백성의 의지대로 모두를 쓰고
행하면 되는 것이거늘,
9 오늘의 종교 집단이요, 지도자, 저희
들이 그 안식일을 통제하며, 재물을
거둬들이며, 그들을 모으기 위하여 무
어라 가르치느냐?
10 안식일에는 너희들이 악한 행위를 하
든, 선한 행위를 하든 그 모두를 보지
말며 그를 행해서도 아니 되는 것이라
너희들이 그리 가르치고 있지 않으냐?
11 사람이 죽고 사는 그와 같은 문제도
너희들이 관여치 않는 것이 안식일을
지키는 백성이요, 그리고 나 여호와로
부터 축복을 받는 백성이라 그리 가르
치지 아니하는가?
12 그러니 너희들이 이와 같이 가르치는
것이 과연 안식일을 인간을 위해 존
재하는 안식일이라 생각하고 그 깨우
침을 갖고 있는가?
13 너희들이 정녕 이와 같이 가르침으로
인하여 나의 백성들이 어찌 되는가?
14 그 부모요, 형제의 슬프고 괴로운 그
모두도, 저희들이 같이 눈물을 흘려
주며 같이 겪어야 되는 그 사랑의 씨
앗마저도 너희들이 송두리째 짓뭉개
버리며 그 모두를 뽑아 버린 것이니
라.
15 정녕 이것이 나 여호와의 뜻이요, 사
랑을 위하여 사랑으로 존재하는, 나의
본체인 사랑을 실천하는 나의 아들딸
너희들이 그리 행하고 살아갈 수 있는
것이더냐?
16 모든 종교 집단이요, 믿음의 길을 가
는 자, 광신하는 신도들일수록 너희들
이 안식일이라는 것을 잘못 오해하여
그리 행하고 지킴이니, 모두를 다 무
너트렸으며 황폐한 세상으로 만든 것
이 너희들이니라.
17 내가 다시 한 번 너희들에게 묻느니라.
18 과연 안식일이라는 것은 안식일을 위
하여 사랑하는 나의 아들딸 너희들이
존재하는 것인가, 너희들을 위하여 안
식일이 존재하는가?
19 너희들을 위하여 존재하는 안식일이

니라.
20 그러니 그날을 어찌 사용하든 그것은
너희들의 자유의사에 달렸거늘, 그에
그리 얽매이며 그리 너희들이 쇠사슬
로 묶지 말라 그리하라.
21 그 모두를 너희들이 그와 같이 강하
고 독한 마음으로써 가르침이니, 나의
백성들의 아름다운 그 사랑의 마음은
송두리째 찾아볼 수 없으며, 황폐하고
무서운 그와 같은 형국으로 변하니,
22 그와 같이 너희들의 마음이 변한 모
습을 내가 보는 것이, 바로 아름다운
인간 너희들의 모습으로 보이는 것이
아니요,
23 가장 흉물스럽고 무서운 그 동물의 형
상이요, 볼 수 없는 형상으로 너희들
이 보인다는 나 여호와의 뜻을 너희들
이 알아야 될 것이니라.
24 나 여호와는 네 부모요, 네 형제를 만
나는 것, 그것이 나를 만나는 것보다,
나에게 오르는 것보다, 너희들이 나에
게 경배하는 것보다, 나에게 경배의
기도를 드리는 것보다 더 귀하고 소중
하다 너희들에게 그리 말하지 아니하
였더냐?
25 너희들은 이와 같은 뜻이요, 이것이
사탄이 하는 말이요, 거짓 선지자가
하는 말이라 그리 말할 것이니라.
26 그 이치를 한번 따져 보도록 그리하자.
27 너희들이 이 이치를 안다면, 그러고도
너희들이 정녕 나의 아들을 사탄이요,
이단이요, 거짓된 자라 그리 말할 수
있는가?
28 인간 너희들의 세상에서도 부모가 몇
형제의 자식을 두었음이니, 그 자식이
화평하며 화합하고 아름다운 모습으
로 살아가기를 바라는가, 서로 찢어지
고 치고받고 싸움하는 그와 같은 자식
들이 되기를 바라는가?
29 형제들이 싸우면서, 아버지요, 부모
앞에서 그 부모를 즐겁게 한다 하여
작은 선물 하나를 가지고 서로 달려온
다 하여 너희들이 형제지간에 한 방에
서 부모 앞에서 고개를 돌리며, 같이
대화하지 아니하며, 하나가 오면 하나
가 나가고, 둘이 오면 둘이 나가는 그
와 같은 불화한 가정을 네 부모요, 너
희 어미와 아비가 원한단 말이더냐?
30 너희들이 화친하고 화목하게 살아가
는 모습을 그 부모는 원하지 않겠느냐?
31 그와 같은 이치를 너희들이 깨닫는다
면, 어찌하여 내가 나의 피조물 만백
성 너희들이 너희 형제요, 네 부모와
화평하고 아기자기하게 사랑하는 마
음으로 살아가는 것을 내가 더 소중히
하고 귀하게 생각한다는 것을 어찌
모르는가?
32 내가 너희들에게 개인 너희들의 소중
함을 알며, 형제의 소중함을 알며, 부
모의 소중함을 알며, 모든 가정이 화
평하며 너희들이 평화롭게 살아가기
를 원하는 것이 나 여호와의 뜻이라
하는 것이 정녕 틀린 가르침이요, 잘
못된 것이더냐?
33 그러니 작은 가정에서 너희들이 화합
하는 것이 나 여호와를 기쁘게 하는
것이며, 그와 같은 백성이 나를 기쁘
게 하는 것이라 내가 너희들에게 그리
전함이니,
34 그것이 잘못된 것이요, 그를 기록하여

전하는 나의 아들이 과연 사탄이요,
이단이라 너희들이 말할 수 있겠느냐?
35 나는 나의 백성 아들딸 너희들이 화평
하며 화친하게 지내는 것이 그 무엇
보다도 나에게 기쁨이요, 행복이라는
것을 나의 법전에 기록하여 전하니,
너희들은 그리 행하고 실천하면 되는
것이니라.
36 그리 행하지 못하는 자, 사랑이 없는
자요, 인색한 자요, 인정이 없는 자요,
나눌 줄 모르는 매몰찬 자가 형제와
부모까지도 다 버리며, 제가 구원을
받기 위하여 안식일을 목숨을 바쳐 지
킨다 하나,
37 그 안식일은 너희들이 자유자재로 자
유분방하게 활용할 수 있는 것이지,
38 그리 너희들이 죽어 가는 자도 살리지
아니하며, 위험에 허덕이는 자도 구원
하지 아니하며, 악행이든 선행이든 너
희들이 행하지 않고 그저 보지 않고
눈을 감고 나를 경배하며,
39 너희들이 죄의 온상인 교회에 와 헌금
을 바치며 울고불고 '맞소, 맞습니다.'
박수 치고 뒹굴고 소리 지르는 것이
너희들이 구원의 길이요, 나에게 오른
다 하니,
40 그것은 짐승의 그 형상 중에도 가장
사악한 짐승들이 제 몸으로 제 뜻으로
써 그저 제 뜻이 진리라 부르짖는 것,
그 흉악한 모습을 모르면서 제가 가장
아름다운 모습이라 내세우는 그 흉악
한 짐승만도 못한 행위를 한다는 것을
너희들은 알아야 될 것이니라.
41 인간 세상에 부모의 마음이 화기애애
한 형제들을 바라는 것처럼, 내 모든
행복은 너희들이 화해하고 화평하여
그리 가꿔 가고 이루어 가는 것이니,
그것이 나 여호와의 뜻이라는 것을 너
희들은 알라.
42 여기에 어떠한 이유도 없으며, 어떠한
변명도 없으며, 어떠한 것도 나는 듣
고자 하지 아니함을 알라.
43 나를 기쁘게 하는 것으로써 너희들의
모두가 덮인다는 것,
44 너희들이 힘들고 어려운 길을 가기 싫
은 것, 용서하기 싫은 것, 남에게 아까
워서 나누지 못하는 그와 같은 욕심이
요, 너희들의 그 삭막한 마음이, 너희
들이 나의 이름을 팔아 나에게 기쁨을
줌으로 모두가 다스려진다는 것,
45 그와 같은 형평성에 맞지 않은 말로써
나의 피조물 만백성을 가르치지 말며,
그 말을 믿고 따라가는 어리석은 백성
들이 되지 말라.

10,177 번째 하나님 말씀

2004년 3월 30일 06시 34분

1 사랑하는 나의 아들아!
2 "네, 아버님! 말씀하옵소서."
3 나의 피조물 만백성 너희들이 그래도
서로 살아가면서 서로 돕고 양보하며
위로하고 슬픔을 같이 나누며 그와 같
이 살아가던 시대가 있었음이니라.
4 그러니 그와 같이 서로 양보하고 위로
하고 슬픔을 같이 나누며 기쁨을 같이
기뻐해 주는 순수한 그와 같은 마음을
가지고 서로 협력하여 힘을 합쳐 살아
가는 삶을 살던 그 백성들이 있었음이
니라, 그리고 그와 같은 아름다운 시

대가 있었음이니라.
5 그러나 어느 때인가부터 너희들이 얼
마나 무섭게 변해졌으며, 얼마나 사악
한 세상으로 지금 변해졌던가?
6 너희들이 서로 협력하고 아름답게 살
던 그 세상이 너희들이 변화되는 그
과정에서 너희들이 작고 큰 모든 문제
를 대화로써 해결하고 말로써 해결할
수 있는 그와 같은 시대가 있었음이니,
7 그 시대가 지나가 모두를 대화로써 해
결하지 아니하는 그와 같은 세대로 변
했으며, 이해관계요, 이익의 관계에
따라서 너희들이 서로 치고받으며 양
보하지 않는 그와 같은 마음을 가지고
사는 세상으로 또한 변해 왔음이니라.
8 그러니 지금의 세상은 또 어찌 변했
던가?
9 믿음의 길을 가는 백성들이요, 사랑
을 베푸는 백성들이요, 그 모든 백성
들이 무어라 말하느냐?
10 제 뜻과 같이하지 않는 것은 극과 극
으로써 너희들이 적과 적으로 생각하
여, 그들이 세상에 존재하는 것을 용
서치 아니하며, 존재하는 것을 너희들
은 원하지 아니하며, 그 모두를 다 짓
이기며 존재하지 못하도록 하는 것이
너희들의 그 마음이니,
11 이와 같이 너희들이 삭막하며 이와 같
이 인정이 없는 무서운 풍토가 이루어
지고 억사한 것이 무엇이더냐?
12 이게 바로 모든 사랑을 베풀며 너희들
이 나에게 오는 구원의 길을 인도한다
는 종교 집단이요, 지도자 너희들이
만들었고 너희들이 전파한 것이니라.
13 너희들이 복음을 전파한다면서 복음
을 전파하는 것이 아니요, 모든 백성
들이 삭막한 마음이요, 이해관계에 따
져서 움직이는 백성이요,
14 그리고 제 뜻과 맞지 않으면 그들이
존재하지 못하도록 하며 극에서 극으
로 치달으며, 죽이고 살리는 그와 같
은 형국까지도 몰아가는 사악한 마음
을 길러 준 것이 너희들의 오늘의 종
교 집단이요, 지도자들이요,
15 그러니 너희들이 나의 참뜻이요, 하늘
의 뜻을 복음이라 하여 전하는 것이
아니라, 삭막하고 삭막하며 극과 극으
로 가는, 그리고 뜻이 같지 아니하면
존재하지 못하도록 만들어 놓는 그와
같은 복음만을 전했으며,
16 그리고 너희들이 재물을 거둬들이는
사업이요, 그리고 극에서 극으로 몰고
가는 그와 같은 복음을 전하는 사업만
을 한 것이 오늘의 종교 집단이요, 지
도자 너희들이라 내가 말함이니라.
17 너희들이 아닌, 너희들이 말하는 이방
인이라는 백성, 죄인 취급하는 그 백
성들 속에는 아직도 양보하며 협력하
는 마음이 조금은 남아 있으며,
18 대화로써 해결하고자 하는 마음이 그
들에게는 남아 있으며,
19 너희들이 죽기 아니면 살기로 극과 극
으로 가는 그와 같은 행위를 하지 아
니하느니라.
20 그들은 한발 물러나며 한발 양보하는
그와 같은 내 사랑의 마음의 미덕을
지키고 있는 것이니,
21 정녕 내가 바라보는 것은 너희들만이
심판을 받을 것이며, 너희들만이 나로
부터 심판을 받아 그 무서운 대가를

치를 것이니라.
22 그들은 너희들처럼 그렇게 혹독한 심
판이요, 그 죄를 치를 것이 없는 것이
너희들이 이방인이요, 죄인 취급하는
그 백성들의 마음이라는 것을 알아야
될 것이니라.
23 누가 인간을 극에서 극으로 생각하며,
생각이 다르다 하여, 가는 길이 다르
다 하여 그들이 존재하는 것까지도 말
살시키려 하며, 그들과는 대화하지 아
니하며, 그들과는 적대감을 쌓으며,
그들을 멸망케 하려는 그 사악한 마
음으로써 온갖 모두를 다 바치는가?
24 그와 같은 백성은 정녕 이방인들 속
에 있지 아니하며, 너희들이 사람 취
급하지 아니하며 죄인 취급하는 그
이방인들 속에서는 그것이 없음이니
라.
25 오로지 너희들만 그리하고 있음이니
그리 알라.
26 그러니 그 죄와 벌은 너희들에게 가
장 무서운 것임을 알며, 너희들이 가
장 혹독한 대가를 치른다는 것을 머
지않아 알게 될 것이니라.

10,178 번째 하나님 말씀

2004년 3월 30일 06시 39분

1 사랑하는 나의 아들아!
2 "네, 아버님! 말씀하옵소서."
3 네가 160권의 법전을 만들어 세상에
전하며 만백성을 구함이니, 그 길을
가고 가는 것이 이제 너 자신이 구원
이요, 네가 하늘에 오고자 하는 그 마
음을 비웠으며, 그 욕심이 아님을 나
는 알고 있느니라.
4 그리하여 네가 죽을 때까지 나의 뜻을
받아 기록하는 그 역사를 함이니, 네
가 주저앉고 물러나 쉬고 싶어도, 내
가 내린 160권의 법전이 그 1부의 내
용이 지금 역사하고 있음이니,
5 그것이 두렵고 그것을 지키기 위한 네
마음의 결의요, 너 자신을 구하기 위
한 그 마음의 길은 아님을 나는 알고
있느니라.
6 그리고 네가 이 길을 감으로 인하여
너 자신을 위하는 것이 아니요, 만백
성을 구하는 길이기에 네가 이 길을
달려가고 있는 것을 나는 아니, 너의
제자들이 어찌하여 그것을 모를 수 있
겠느냐?
7 그 제자들도 또한 알고 있음이니라.
8 그러니 네가 오늘 네 마음이 그러하거
늘, 내가 그 너를 따르는 제자 그들에
게 명하고자 함이니,
9 먼저 시작한 제자들이요, 그리고 처음
부터 나의 아들을 따른 제자 너희들은
어렵고 힘들고 바람이 분다 하여 흔들
리면 아니 됨이니라.
10 나의 아들이 쓰러짐으로 인하여 너희
들이 160권의 법전 모두가 다 무산되
며, 지금까지 너희들이 했던 공든 탑
이 하루아침에 무너짐이니라.
11 그와 마찬가지니라.
12 너희들이 지금 힘들고 어렵다 하여 처
음에 나의 아들을 따라 불을 붙인 너
희들이 쓰러지고 꺼지는 것은 너희들
이 촛불을 끄는 것이니라.
13 처음의 불씨를 끄는 것과 같은 것이
니, 너희들이 흔들리는 마음으로 가서

는 절대 아니 됨이니라.
14 나의 아들이 흔들려 쓰러지는 것보다
도 더 무서운 것이 무엇인 줄 알겠느
냐?
15 처음부터 나의 아들을 따랐으며 그 불
을 같이 지펴 온 그 제자들, 너희들의
마음이 더 굳어져야 되며 단단히 굳지
아니하면 아니 되느니라.
16 더욱이 나의 아들은 너희들의 마음을
알고 있음이니라.
17 너희들이 쓸쓸한 마음이요, 너희들이
서러운 마음이요, 너희들의 아픈 마음
이요, 괴로운 마음이요, 지탱하기 어
려운 그 마음을 나의 아들이 다 알고
있음이니,
18 그 마음을 아는 나의 아들이 흔들리도
록 해서는 너희들이 아니 될 것이니라.
19 이제는 너희 자신을 위해 살아가는 것
이 아니요, 너희 자신이 살아가기 위
하여 존재하는 것이 아니요, 너희들이
구원을 받기 위하여 존재하는 것이 아
니니라.
20 나의 아들과 더불어 처음부터 시작한
그 제자 너희들은 만백성을 위하여 존
재해야 되며, 나의 아들이 160권을 세
상에 내는 것을 위해서 존재해야 되니,
21 이를 역사하는 나의 아들의 고달프고
힘든 그 길에 흔들리는 그 마음을 갖
도록 해서는 아니 됨이니라.
22 이것이 너희들이니, 이제 네 삶이 너
희들의 삶이 아니니라.
23 나의 아들만이 죽은 자에서 거듭나는
것이 아니요, 처음부터 따라온 그 제
자들이요, 그리고 나의 법전을 만들기
위하여 온갖 정성을 다하고 있는 너희
들이 바로 너희들 자신이 없으며, 너
희들은 죽은 자요, 거듭난 영광을 얻
은 자들이니,
24 이제는 너희들이 없음이니라, 너희들
자신이 없음이니 그리 알라.
25 내가 이 뜻을 전하는 것을 너희들은
알아야 될 것이며, 너희들의 마음 자
세를 내가 굳건히 하고자 함이니,
26 절대 너희들은 이 끈을 놓아서도 아니
되며 이 끈을 끊어서도 아니 됨이니,
이를 명심하고 명심하도록 그리하라.
27 나의 아들이 너희들의 마음을 다 알고
있음이니라.
28 내가 내 아들의 마음을 다 알고 있으
며 그 생각을 알고 있듯이, 나의 아들
이 또한 너희들의 마음이요, 그 슬픔
과 서러움이요, 아픔을 다 알고 있느
니라.
29 그 마음을 알고 있기에 나의 아들이
동요되면 아니 됨이니,
30 너희들은 나의 아들이 160권의 법전
을 쓰도록 하기 위하여 그를 도울 수
있는 길은 있으나,
31 너희들이 동요하며 그가 쓰러지도록
해서는 아니 됨이니 이를 명심하라.
32 너희들은 존재하는 것이 아니니라, 너
희들은 없음을 알라.
33 오로지 너희들은 내 손에 있으며 내가
너희들을 기억하고 있는 것이니,
34 내 손에 있으며 내가 기억하는 순간에
너희들의 육의 삶이요, 너희들의 인간
의 삶은 없어지며 지워진 것이라는 것
을 알라, 사랑하는 나의 아들딸들아!

10,179 번째 하나님 말씀

2004년 3월 30일 06시 50분

1 사랑하는 나의 아들아!
2 "네, 아버님! 말씀하옵소서."
3 내가 너의 제자들에게 강조하고 명한
것이 무엇이더냐?
4 너희들이 나를 따르며 나의 길을 오고
자 한다면, 그리고 너희들이 거듭나는
그 영광을 얻고자 한다면, '나' 자신이
요, 그를 버리라 하지 아니하였더냐?
5 '나'요, '나' 자신을 버리지 아니하면
너희들이 안 된다 그리하였느니라.
6 그리고 너희들이 네가 존재하는 것,
그리고 너희들이 역사하는 것, 그 무
엇이 다 어디에 있더냐?
7 그 모두는 나의 뜻에 의해 모두가 이
루어지고 역사한 것이니, 너희들이 내
가 원하는 그 길을 이루기 위해서는
너희들이 너희 자신을 버려야 된다는
그와 같은 가르침을 가슴 깊이 명심하
고 명심하라.
8 나의 아들을 따르는 제자들 너희 또한
그러하니라.
9 너희들이 160권의 법전을 역사한다
하여 지금 130여 권의 법전을 세상에
내보냈으니, 너희들의 그 노력의 공이
하늘에 닿아 있음이거늘,
10 어찌하여 너희들이 너희 자신을 지금
버리지 못하고 바람 앞에 흔들리는 등
불처럼 너희 자신이 흔들리고 흔들려
서야 되겠느냐?
11 너희들이 흔들리는 것은 뿌리인 나의
아들이 흔들리게 됨이니,
12 너희들은 없으며, 너희들이 흔들려서
는 아니 됨이라는 것을 명심하도록 그
리하라.
13 내가 너희들에게 성서에 기록하여 무
엇을 전했느냐?
14 아무것도 너희들은 이룰 수 없는 것이
며, 자유의사대로 이룰 수 없는 것이
너희들이라 하였거늘,
15 어찌하여 너희들이 자유의사요, 네 뜻
대로 이루고자 하여, 네 인간의 생각
으로 하여 이 대명을 어기며,
16 너희들이 130여 권의 법전이 세상에
나와 그 공이 하늘에 닿아 천사요, 모
든 사탄들도 고개를 흔들고 있거늘,
17 그 은혜와 영광을 너희들이 무너트리
는 그와 같은 나약한 마음을 가져서는
아니 될 것이니,
18 나의 아들을 따르는 제자 너희들이요,
법전을 만드는 너희들이 마음의 각오
를 다시 하라.
19 내가 나의 아들을 통하여 너희들에게
전하지 아니하였더냐?
20 너희들의 의지요, 너희들의 자신을 버
리는 것만이 너희들이 나에게 오르는
길이라 했으니, 그 뜻을 너희들이 가
슴 깊이 새기도록 그리하라.
21 내가 성서에 기록하여 너희들에게 전
한 그 대목이 있지 않으냐?
22 모든 백성 너희들에게 그리 전하였느
니라.
23 '참새 한 마리가 떨어지고 안 떨어지
는 것도 나의 뜻이 아니요, 나의 허락
이 아니면 땅에 떨어질 수가 없으며
떨어지는 일이 있을 수 없다.' 하지 않
았더냐?
24 그와 같이 내가 너희들에게 모두는 나

의 뜻에 의하여 이루어지는 것이요, 너희들 뜻에 의하여 이루어지는 것이 없으며, 너희들의 생각대로 이루어지는 것이 아니라 하지 않았느냐?
25 너희가 정녕 죽어 가는 자의 생명을 연장시킬 수 있더냐?
26 지금 나의 아들을 따르는 그 수제자들이요, 그리고 나의 법전을 만드는 그 제자들이요, 나의 아들이 제 살붙이요, 제 몸보다도 더 사랑하는 제자 너희들이 과연 죽어 가는 사람의 생명을 연장할 수 있으며, 너희들이 죽어 가는 자를 구원할 수 있는 그와 같은 능력이 있다면,
27 너희들의 마음이 흔들리며 등을 돌리고 떠나고자 하는 마음을 가져도 말하지 아니할 것이며, 너희들이 나의 법전을 만드는 데 소홀히 하며 나의 아들의 마음에 파장을 이루는 역사를 한다 해도 내가 말하지 아니할 것이니라.
28 그러나 죽어 가는 자의 생명 하나도 연장할 수 없는 너희들이, 그렇다면 너희들이 과연 오늘의 너희들이 은혜를 받으며 영광이 무엇이더냐?
29 헬 수 없는 수많은 백성들을 구원하는 그 역사를 이룬 너희들의 그 공로야말로 하늘에 와 닿아 있음을 알라 내가 이 아침에 전하니 그리 알라.
30 너희들이 한계의 능력이라는 것이 무엇이더냐?
31 너희들은 너희 스스로가 알게 될 것이니라.
32 너희 자신이 자유의사가 없는 것이며 자유의사대로 너희들이 행하고 이루어지는 것이 하나도 없음을 알라.
33 모두는 나 여호와의 뜻에 의하여 세상의 하나 속에서 하나의 그 틀 속에서 너희들이 작은 부분을 역사하고 살아가는 그와 같은 백성들이라는 것을 알아야 될 것이니라.
34 이는 '나' 자신이 없다 함을 너희가 알아야 될 것이니라.
35 그러니 내가 너희들에게 너희 자신이 없다 하며 너희 자신을 버리라 하는 것, 그것을 버릴 수 없는 것을 버리라 하며 내가 법도에 없는 것을 버리라 하는 것이 아니니라.
36 너희들이 자유의사로 네 뜻대로 이룰 수 있는 것이 하나도 없으며, 너희들이 마음대로 역사할 것도 하나도 없음이니,
37 너희들이 그와 같은 뜻을 안다면, 겸허하고 겸손한 자세로써 너희들이 살아가는 그 자세일 것이니,
38 그와 같은 자세로 살아가는 것이 '나' 자신을 버림이요, '나' 자신을 의식하지 않는 삶이라는 것을 너희들은 알아야 될 것이니라.
39 그러나 지금의 잘못 가는 믿음이요, 그 종파에 속해 있는 그 백성들, 그리고 그 지도자들, 광분하는 신도들, 그들은 저 자신을 먼저 생각하는 자들이 아니더냐?
40 그러기에 저희들에게 무엇을 이루어 달라 하며 소원하는 것을 빌고 울고불고하며 더 갖고자 하며 더 높고자 하는 것이 그들의 그 기도의 내용이 아니더냐?
41 그러니 그것이 자유의사가 하나도 없으며 제 뜻대로 하나도 할 수 없는 그

백성들이라는 것을 착각하고 사는 자
들이요, 그를 인식하지 않는 자들이요,
42 제가 먼저 했으며 제가 더 소중하며
제가 제일이라는 것, '나'만 가지면 된
다는 그와 같은 욕심의 뿌리를 가지고
있는 것이 오늘의 종교 집단이요, 믿
음의 길을 가는 백성들이니라.
43 그러니 그들이 기도하는 소리와 너희
들이 기도하는 소리를 들어 보면 알
것이니,
44 너희들의 기도 소리는 내가 기쁨이요,
나의 축복이요, 영광이요, 모든 사탄
이요, 천사들도 너희들의 기도 소리를
듣고 감복함이니라.
45 '아버님! 저의 죄를 용서하여 주옵소
서.' 그리고 '아버님 뜻대로 살아가도
록 하여 주옵소서.' 하며 내 뜻대로 살
아가기 위해 너희들이 피나게 노력하
는 그 정성의 모습은 천사도 놀라며
지금 사탄도 감히 고개를 들지 못할
형국이나,
46 그들이 기도하는 소리를 들어 보라.
47 제가 먼저며 제가 제일인 기도 소리
가 아니더냐?
48 그 추하고 더러운 소리가 세상을 덮고
있으니, 그 소리를 걷어 내는 것은 너
희들의 그 고고하고 소중한 기도 소
리요, 너희들의 그 울부짖음이니,
49 그것이 모두를 다 쓸어 내는 그 대역
사를 이룰 수 있는 것이라는 것을 너
희들은 알라.
50 그러니 이제 나의 아들을 따르는 제자
너희들이 어렵고 힘들고 가슴이 저려
와도 모두는 너희들의 자유의사대로
할 수가 없으며 역사할 수가 없는 것
이라는 것,
51 그러니 너희들은 160권의 법전을 만
들며 나의 아들을 따라 더불어 가는
데 모든 그 다른 생각을 접어 두도록
내가 너희들에게 엄히 명하니 그리 알
라.
52 너희들은 내가 명하는 것과 내가 너희
들에게 지키라 하는 것과는, 그리고
내가 너희들에게 임하라 하는 것, 그
리고 내가 너희들에게 그리 가라 간곡
히 부탁하는 것은 다르느니라.
53 명을 어기는 것은 거역하는 자요, 반
역하는 죄임을 너희들은 알라.
54 그러나 내가 너희들에게 그리 갈 수
있도록 권유하는 것을 너희들이 지키
지 않는 것은 잠깐 너희들이 비켜서도
다시 돌아올 수 있으나,
55 내가 엄히 내리는 명령을 거역하는 것
은 너희들이 반역하는 자이니, 반역은
죽음과 마찬가지니,
56 내가 너희들에게 명한다는 것을 명심
해 알아듣도록 하라, 나의 아들을 따
르는 사랑하는 제자들아!
57 모든 종교 교파요, 지파가 지금 제 설
자리요, 제 임무를 모르고 있는 자들
이니라.
58 그러기에 저희들이 무엇인가를 더 이
루고자 하는 그 욕심이요, 자유의지대
로 움직이지 못하는 것이 저희들이거
늘,
59 저희들이 달라, 이루어 달라 그와 같
이 하니, 나의 참뜻이요, 나의 뜻을 모
르는 자들이요, 저희 뜻에 그 모두를
맞추고자 하는 그 궤변의 행위를 하고
있는 것이니라.

60 저희들 몸에 맞추며 제 마음에 맞추며, 모두를 저희들이 두드려 맞추고자 하는 것이 지금 가고 있는 믿음이요, 지도자들의 가르침이니, 그러니 거기에는 그를 맞출 수 없는 것이 엄연한 사실이거늘,
61 거기에 맞추도록 밀어붙이고 저희들이 묶어서 끌고 감이니, 그러니 거기에는 거짓과 위선과 타락된 것만이 거기에 모두가 집결되어 있다는 것을 너희들은 알라.
62 그 속에서 너희들이 무엇을 얻고 무엇을 구원하겠느냐?
63 그저 제 마음이요, 제 뜻에 꿰어 맞추어 두드려 맞추려는 자들, 그러니 그를 맞춰 끌고 가기 위해서는 지도자가 거짓과 위선이요, 그리고 계속 타락된 길이요, 무너지는 그 길로 너희들을 그저 말 못 하게 세뇌시켜 끌고 가는 그 수밖에 없음이니,
64 그리하여 그 무지한 자들이 그 무지한 행위로써 나의 피조물 만백성을 지금 사랑을 모르고 메마른 백성으로 만들어 저희들이 저주의 길이요, 죽음의 길로 인도하는 그와 같은 짓을 하고 있음이니,
65 그 모두를 다스리고 깨우칠 수 있는 것은 너희들의 그 마음이니라.
66 '아버님! 저의 죄를 용서하여 주옵소서.' 그 아름다운 말이 세상을 덮을 때, 달라, 이루어 달라 하며 소원하는 것이 얼마나 부끄러운 것이며, 제가 얼마나 욕된 자인 것인지 모르고,
67 자유의사가 없는 백성이라는 것을 모르고 제 의지요, 자유의사대로 살아가는 것이 하늘에 오르는 길이라 하여 천방지축으로 날뛰는 자들이 고개 들고 갈 길이 없을 것이니 그리 알라.

10,180 번째 하나님 말씀

2004년 3월 30일 06시 58분

1 사랑하는 나의 아들아!
2 "네, 아버님! 말씀하옵소서."
3 너희들의 그 계산법이 어떠하더냐?
4 내가 너희들에게 내리는 그 계산법이 과연 틀리겠는가?
5 이 세상의 모두를 너희들이 통제하고 관리하고 살 수 있는 그 모두를 다 준 나 여호와요, 생명까지 내가 너희들에게 내려 준 나 여호와이니, 내가 너희들에게 열을 사랑할 때 너희들은 몇을 사랑해야 되느냐?
6 너희들은 배로 몇 배로 사랑하는 그 마음을 가지고 살아가는 것이 너희들이 오늘의 살아가야 할 길이 아니더냐?
7 너희들이 지금 죽음의 길이요, 지옥의 길이요, 나에게 오르는 길이 아니라 멸망의 길로 가는 그 너희들에게 내가 나의 아들을 통하여 나의 아들이 너희들에게 법전을 전했으며 강론을 전했음이니, 너희들이 그 받은 은혜가 어떠하던가?
8 그러니 나의 아들이 또한 너희들에게 열을 내렸을 때, 너희들이 스물을 가지고 나의 아들을 따르는 것이 너희들의 마음 자세여야 하거늘,
9 어찌하여 너희들은 열을 주지도 못하며 하나도 주지 못하는 그와 같은 흔들리는 마음으로써 오늘에 따라간다

면, 말이 되겠느냐?
10 이것이 아니 됨이니라.
11 그러니 너희들은 내가 너희들에게 주
었을 때, 배로 나에게 모두를 바치는
마음을 가지고 사는 것이 이 세상의
법도가 아니며, 내가 그리 받을 자격
이 없단 말이더냐?
12 밤과 낮을 가리지 아니하며 160권의
법전을 만들어 너희들을 깨우치며, 너
희들에게 강론을 전하며,
13 너희들의 귀를 열게 하고 너희들의 눈
을 뜨게 하고자 하는 나의 아들의 그
수고로움이, 과연 너희들이 그를 사랑
함에 대해서 무엇이 부족하며,
14 그와 더불어 가는 그 오늘의 고통스럽
고 힘든 길이 과연 너희들이 견디지
못하며 가지 못할 길이라 생각하느냐?
15 사랑하는 나의 아들딸들아, 그리고 나
의 아들을 따르는 제자들이요, 나의
법전을 만드는 사랑하는 너희들의 그
공이, 그 역사함이 누구도 따를 수 없
는 그와 같은 높은 경지요, 그와 같은
많은 상을 너희들이 준비하여 받는 것
만 남은 것이 너희들이니라.
16 모든 백성들이 구원을 받으며 저희들
이 나에게 와 상을 받을 것밖에 없다
말하나,
17 정녕 너희들이야말로 160권의 법전을
세상에 만드니, 받을 상만이 그득하게
있는 것이 아니더냐?
18 모두가 자유의지가 없으며 자유의사
로 움직일 수 없다 하였거늘, 너희들
이 그와 같은 마음에서 이와 같은 자
유의지대로 이루어지지 않는다는 것,
자유의지로써 행할 수 없는 것이 너희
들이라는 것,
19 그리고 그 누구도 내 앞에서 자유의
지대로 마음대로 할 수 없는 것이 나
의 피조물 너희들이라는 것을 알라.
20 왜 그렇겠는가?
21 그 모두는 다 너희들이 하나이기 때문
이니라.
22 내가 너희들에게 자유의지를 주지 아
니하며 자유의지대로 살아가지 못하
게 함은 무엇이더냐?
23 너희들이 동물이요, 식물이요, 미물이
요, 인간이요, 그리고 바닷물 속에 사
는 그 물고기요, 그 모두를 너희들이
하나하나 분석할 때는 따로따로며, 그
모두가 다 제자리를 지키고 살아가는
것이요, 제 위치에서 제 영역을 지키
고 제 나름대로 살아가느니라.
24 그러나 창조주가 그들에게 모두의 자
유의지를 주지 아니한 것은 무엇이더
냐?
25 내가 이루는 그 모두가 너희들이 하
나이니라, 사랑하는 나의 아들딸들아!
26 너희 자신이 손가락이 모이며 발가락
이 모이며 육신이 모이며 뼈가 모여
피가 모여 너희들이 하나가 되었다 너
희들은 그리 생각하니,
27 동물은 동물대로 하나요, 미물은 미물
대로 하나요, 식물은 식물대로 하나
요, 물고기는 물고기대로 하나요, 너
희들이 그 모두가 다 하나요, 하나로
그리 생각하느니라.
28 밤하늘에 빛을 내는 반딧불이요, 개똥
벌레까지도, 잠자리까지도 모두가 다
하나요, 하나가 각자라 너희들이 그리
생각하나,

29 나 여호와가 자유의사를 주지 아니하고 그 모두의 너희 자유의사대로 살지 못하도록 한 것은 너희들이 다 그 모두가 내가 보는 것은 하나이니라.

30 그리하여 너희들이 하나라는 것을 의식하라.

31 그리하여 내가 자유의사의 모두를 내려 주지 아니한 것은 이 지상의 지구가 움직이는 것, 그것 속에 다 하나니, 너희들이 나의 하나 속의 일부분을 역사하는 것이라는 것을 그 겸허한 자세로 살아가도록 하라, 사랑하는 나의 아들딸들아!

32 하나하나 모두가 제자리를 지키며 제자리에 있을 때 그 모두는 다 역사하며, 그들이 그 자리에 필요하여 제자리를 지키고 가야 하기 때문에 내가 모두를 존재하도록 만들었음이니, 모두가 너희들이 하나라는 그 생각을 가지라.

33 이 지구가 존재하는 것이 모두는 나 여호와가 보기에는 하나의 틀이니라.

34 그 틀 속에 너희들이 필요한 것이니라.

35 그러나 지금의 종교 집단이요, 그 종파들이 어리석은 길을 가고 있는 것이니라.

36 그러니 저희들이 다른 종파요, 뜻이 다르다 하여 극과 극으로 생각하며 적과 적으로 생각하며, 그 시비를 가리려 하며 갑론을박을 하려 하며,

37 손가락질을 하여 너는 사탄이요, 이단이라 그리 말함이니, 과연 그것이 있을 수 없는 것이거늘, 그들의 그 어리석음을 너희들은 알아야 될 것이니라.

38 그러니 지금의 나의 피조물 만백성을 구원한다 하는 그 종교요, 종파요, 지파들이 그 뿌리도 없는 자들이요, 뿌리의 근거도 없는 자들이요, 그리고 열매도 맺지 못하는 그와 같은 나무로서 그들이 지금 가고 있음을 너희들은 알아야 될 것이니라.

39 열매도 맺지 못하는 나무가 이파리와 가지만이 무성하니, 너희들이 가서 보라.

40 거기에는 열매가 없는 것이니라.

41 그러니 그 열매가 없다면 과연 맺을 것이 없으며, 맺을 것이 없으면 나는 그것을 거둬들일 것이 없음이니라.

42 나 여호와는 너희들로 하여금 그 좋고 아름다운 단단한 열매를 맺어 그를 내가 다스리고 거둬들이고자 함이니라.

43 지금 내가 너희들을 보내어 나의 아들을 따르는 제자들이요, 나의 아들을 따르는 너희들이요, 그리고 나의 법전을 읽고 깨우친 나의 아들딸 너희들 모두에게 내가 명하니,

44 너희들은 이제 그 이파리만 무성하고 가지가 무성한 그 나무에 가 보도록 하라.

45 너희들이 직접 그곳에 가 보라, 거기는 열매가 없음이니라.

46 그러니 열매가 없으며 열매를 맺지 못하는 그 나무를 나는 뽑아 버리며 유황불에 던져 태워 버리고자 함이니,

47 그를 뽑고 태워 불 속에 넣는 것은 너희들의 할 일이니, 이제 너희들이 그들 속에 들어가 그들을 보도록 하라.

48 거기는 열매가 없으니 열매가 없는 그 나무를 뽑아 버리도록 그리하라, 사랑하는 나의 아들딸들아!

49 그것이 너희들이 지금서부터 해야 할
대명이니라.

10,181 번째 하나님 말씀

2004년 3월 30일 07시 06분

1 사랑하는 나의 아들아!
2 "네, 아버님! 말씀하옵소서."
3 '나의 아들이요, 그가 사람의 아들이
되어 구름을 타고 권능을 떨치며 영
광에 싸여 오는 것을 보게 될 것이니
라.
4 그때가 되어 사람의 아들로 온 나의
아들이 천사들을 보내어 땅 끝에서 하
늘 끝까지 죽은 자와 산 자, 그리고 살
아 있는 자, 할 것 없이 온 세상에 너
희들이 뽑힐 사람을 구분하고 뽑고 뽑
아 거둬들인다 그리 말하며,
5 그것이 곧 구원이요, 그것이 하늘에
오르는 길이라' 너희들이 기록된 성서
의 그 구절을 가지고 과연 너희들은
그 뜻을 어찌 알며 어찌 해석하고 가
르치는가?
6 너희들은 이를 잘 알아야 될 것이니라.
7 너희들은 이 구절을 가지고 지금 제
마음대로 종파를 만들었으며, 너희들
이 그 교파를 지금 만들어 가고 있지
않으냐?
8 사람의 형체로써 오는 나의 아들을 영
접해야 되며, 그 영접하도록 선택된
것이 오늘의 종파요, 그리고 너희들
종교 지도자요, 교회요, 성당이요, 성
막이요, 너희들이 그리 말하고 있지
않은가?
9 그리하면서 너희들이 그를 영접하기
위해서는 오로지 저희만 영접할 자격
이 있으며, 저희 교파요, 지파만이 영
접할 수 있는 그와 같은 선택권을 가
진 백성이라 하여 이 세상이 지금 수
많은 종파가 생겼으며,
10 그 종파들이 잘못 가르치고 잘못 인도
함으로 하여 아름다운 지상의 천국을
만들어야 될 이 지상이 지금 사탄의
세상이 되어 버린 험악한 이와 같은
형국이 되어 있지 않으냐?
11 저희 교리만이 구원의 길이요, 그리고
저희들만이 나로부터 선택받은 백성
이요,
12 죽은 자와 살 자를 구분하는 그 영광
된 나의 아들이 세상에 올 때는 오로
지 저를 통하여, 저희들을 통하여 모
두가 역사한다 하여,
13 지금 너희들이 그를 따르라 아우성을
치고 있으며, 그 길을 오지 않는 자,
구원을 받지 못한다 너희들이 그리하
고 있지 않으냐?
14 재림 예수를 기다리다가 너희들이 그
재림 예수가 온다 하여 그 많은 백성
들이 지금 어찌 되었는가?
15 그들은 결국 재림 예수요, 나의 아들
이 거듭나는 것을 보지도 못하며 상상
의 그림도 그려 보지 못하고 저희들이
지금 살다가 지옥에 가 그 죄의 대가
를 치름이니,
16 내가 지옥에 간 자 두 번 다시 나올 수
없는 것이 지옥의 문이라 하였거늘,
17 저희들이 인간의 형태로 내려온 나의
아들이 그들을 구원하고 또 뽑을 자,
뽑아내어 너희들을 천국에 인도한다,
그러니 지금 너희들이 믿고 믿고 믿다

죽어 가면 너희들은 결국 그때에 부름
을 받는다 그리 생각하고 있지 않더냐?
18 지금까지 나의 아들 예수가 재림하여
온다는 그 한마디 그것을 가지고 너
희들이 얼마나 나의 피조물 만백성을
우롱하고 그들을 속여 왔는가?
19 너희들은 나의 아들 예수가 육의 형태
로써 재림하는 것이 아니요, 나의 성
령이요, 나의 보혜사로써 나의 뜻이
너희들에게 전해지는 것이 곧 그 모두
를 다 예수가 재림함이니라.
20 예수가 전하고자 하는 그 뜻을 가지
고 와 역사하며 그 뜻이 진행됨이니,
그가 곧 나의 아들 예수가 육의 형태
요, 사람의 형태로 와 그 영광을 너희
들에게 내리는 것이 아니라는 것을 너
희들이 알라.
21 너희들이 스스로 깨우쳐 너희 스스로
영광된 그 길을 보고 하늘에 오르는
길을 보는 것이 너희들의 길이요, 너
희들이 가야 할 길이라는 것을 알라.
22 나의 아들 예수가 육의 형태요, 사람
의 형태로써 다시 재림한다는 것, 너
희들이 얼마나 많은 세월 동안에 얼
마나 많은 백성들이 그를 믿고 울부짖
었더냐?
23 그러나 과연 그들이 보았느냐?
24 그들이 만져 보았느냐?
25 만져 보지도 못하고 보지도 못하고
저희들이 죽어 왔으니, 죽어 온 자는
그 대가요, 그 심판을 받음이니,
26 그 죄의 대가를 치르기 위하여 저희들
이 지금 지옥 불에 가서 허덕이고 있
는 그 형상을 너희들은 보지 못하나,
나의 아들은 그를 보고 있음을 알라.
27 지금도 너희들이 믿음의 길을 가는 것
이 무엇이냐?
28 구름을 타고 천군과 천사를 거느리고
내려오는 나의 아들 예수요, 인간의
형태로써 내려오는 나의 아들을 바라
고 너희들이 기다리고 있음이니라.
29 그와 같은 나의 아들 예수가 세상에
내려와 너희들을 이끌어 너를 끌고 하
늘로 올라갈 것이라, 그것만을 너희들
이 지금 기다리고 또 기다리고 또 울
고불고 있음이니,
30 스스로 네가 그를 기다리고 바라다 오
지 않는 그와 같이 역사할 수 없는 나
의 뜻을 너희들이 기다리고 바라다 너
희 자신이 지치고 지쳐 너 또한 죽어
나에게 와 심판대에 섬이니,
31 그때 너희가 어디로 가는 것인가를
너희는 모르나, 지금 나의 아들은 그
를 알고 있음이니,
32 너희들이 나의 법전을 읽고 깨우쳐 바
른 믿음이요, 바른 진리를 깨달아 하
늘에 오르는 길이 무엇이며 나를 영접
하는 길이 무엇인가를 알라.
33 성령으로써 영접하는 것이요, 성령으
로써 너희들이 변화되는 것, 성령으로
써 너희들이 거듭나는 것이 아니면 아
무것도 볼 수 없으며 아무것도 이룰
수 없다는 것을 너희들은 알라 그리
전하라.

10,182 번째 하나님 말씀

2004년 3월 30일 07시 12분

1 사랑하는 나의 아들아!
2 "네, 아버님! 말씀하옵소서."

3 내가 세상에서 내려보낸 가장 불행하
고 불쌍한 그 백성들이 바로 오늘의
믿음의 길을 가는 그 백성들이요, 울
고불고 광란의 짓을 하는 그 백성들이
니라.
4 그들은 지금 모든 그 믿음이요, 저희
들이 재물을 바치며 울고불고하는 것
이 무엇이더냐?
5 나를 경배하고 나를 사랑함이요, 그리
고 저희들이 내 뜻을 이루고자 하는
것인 줄 아느냐?
6 절대 그들은 아니니라.
7 나의 사랑하는 예수가 재림하여 오기
만 와 봐라, 그러면 제가 일등으로 뽑
힐 것이며, 일등의 자리를 차지하겠다
하여 그것만을 생각하고 그것만을 위
해 모두가 몸부림치고 모두를 다 바치
고 달려가는 그들의 오늘의 믿음이
아니고 무엇이더냐?
8 그러니 거기에는 사랑이 없으며, 나를
경배함이 없으며, 참진리요, 나의 뜻
에 따라 살아가는 그와 같은 내 뜻을
알고자 하는 애절한 사랑의 마음을
전혀 찾아볼 수 없으며 황폐해져 있느
니라.
9 그저 '예수가 오기만 와 봐라, 내가 제
일 일등으로 불림을 받을 것이며, 내
가 제일 먼저 뽑혀 가 안전한 자리를
차지하며, 가장 좋은 자리를 내가 먼
저 앉겠다.' 하는 그 꿈속에서 헤매이
고 있는 것이며, 그 착각 속에서 헤매
니,
10 세상사 제 부모의 소중함도 모르며,
형제지간에 소중함도 모르며, 이웃지
간에 사랑을 베풀고 살아가는 것도 알
지 못하는 그와 같은 미물만도 못한
매몰찬 사람으로 변화되어 있는 것이
오늘의 너희들의 믿음이라는 것을 알
라.
11 너희들이 왜 소리 높여 울고불고 악
을 쓰는지 아느냐?
12 너희들은 그와 같은 뜻을 너희 자신
도 모르고 있을 것이나, 네 마음의 깊
은 마음속에는 그러하니라.
13 네가 소리를 높여 울고불고 악을 쓰
고 함으로 인하여 재림하여 오는 나의
아들 예수가 네 그 큰 소리를 듣고 제
일 먼저 너를 구원할 것이며 너를 끌
어들일 것이라는 그와 같은 착각이요,
14 욕심이 가득 찬 그와 같은 심보에서
너희들이 지금 목이 터지라 악을 쓰고
하늘을 향하여 나의 아들 예수요, '주
여, 주여!' 부르짖으며 내 이름을 부르
짖는 것이 아니더냐?
15 그러니 더 이상 부르짖으며 악을 쓰지
말라.
16 그 목소리가 너희들이 하늘을 오염시
키며, 나 여호와가 잠을 잘 수 없으며,
천사와 사탄도 할 일을 하지 못하며,
17 그와 같은 너희들의 오늘의 그 악쓰
는 소리로 하여 모두가 이루어지지 못
하는 형국이라면 어찌하겠느냐?
18 더 이상 너희들이 악을 쓰지 말며 그
욕심을 버리라.
19 너희들이 아무리 울고불고 악을 쓰고
소리를 지른다 해도 그것이 들리지 아
니하며 나의 아들 예수는 재림하지 아
니함이니라.
20 조용히 도둑과 같이 나의 성령이요,
내 뜻이 내려감이니라.

21 그리하여 내가 160권의 법전을 나의
아들을 통하여 도둑처럼 세상에 뿌림
이니, 이것이 무엇인 줄 알겠느냐?
22 성령이 임하는 것만이 하늘의 뜻을 알
수 있으며, 나에게 오를 수 있으며, 너
희들이 거듭날 수 있는 영광이기 때문
에,
23 내가 성령을 내려보내어 그를 받아들
일 수 있는 그릇으로서 닦고 씻어 깨
끗한 그릇으로 만드는 것이 지금 내가
역사할 일이요, 너희들이 또한 거기에
따라올 자들이며, 내가 이루고자 하는
뜻이니라.
24 성령으로 임하지 아니하면 아무것도
구할 수 없음이니, 나의 아들 예수가
재림하여 오기만 와 봐라, 그저 제가
그 일등 자리는 죽어도 남에게 뺏기지
아니할 것이다 하며 재물을 바치고 눈
물 콧물을 흘리며 악을 쓰는 그와 같
은 너희들의 그 행위에서, 그 착각 속
에서 깨어나고 벗어나라.
25 그렇지 아니하면 너희들의 그 모습이
바로 너희들이 지옥에 가서 사는 그와
같은 형국의 안내자의 역할을 하고 있
다는 것을, 그를 위하여 너희들이 지
금 달려가고 있다는 것을 알게 될 것
이니라.
26 너희들이 목소리를 높여 행하여 소리
지름으로써 나의 아들이 그 목소리를
보고 너희를 먼저 구할 것이라는 그
욕심에서, 너희들이 사랑은 뒷전이요,
그리고 구원하여 베푸는 것은 뒷전이
요,
27 오로지 그저 나의 아들 예수가 와서
일등으로 뽑히겠다는 그것만을 가지
고 있으니, 이는 곧 너희들이 사탄이
니라.
28 지금 내가 너희들을 보는 형국이 어
떠한 줄 알고 있느냐?
29 너희들은 지금 사탄이요, 너희들이 나
에 의한 행동이며 천국에 가는 길이
라 하여 지금 몸부림치는 것이 다 사
탄을 돕는 것이며, 사탄과 더불어 가
고 있느니라.
30 내가 지금 너희들에게 이제 말하니,
이 무서운 대목을 가슴 깊이 새기도록
너의 제자들에게 그리 전하라.
31 지금 모든 종교 집단이요, 지도자들이
사탄의 종이 되어서, 하나님의 종이라
그리 둔갑하고 있는 자들을 나의 사랑
하는 백성들이 정녕 사탄의 종을 하나
님의 종인 줄 알며,
32 그 앞에서 고개 숙이고 벌벌 떨며, 재
물을 바치고 지금 떨고 있는 그 가련
하고 불쌍한 백성들,
33 저희들이 그 재물을 바치며 울고불고
광란의 짓을 하며, 그들의 말 한마디
에 벌벌 떨고 있는 것은,
34 사탄의 종이 된 자들을 하나님의 종으
로 너희들이 잘못 착각하며,
35 하나님의 종이라며 거짓 탈을 쓴 자들
앞에 너희들이 지금 울고불고 벌벌 떨
고 그저 오금을 펴지 못하며 사족을
못 쓰고 매달려 있는 것이니,
36 바로 나의 종이라는 허울을 쓴 사탄의
종 앞에서 너희들이 그리하고 있다는
것을 그들에게 전해 주고 전해 줘, 가
련한 그 백성들을 깨우치도록 그리하
라.

10,183 번째 하나님 말씀

2004년 3월 30일 07시 27분

1 사랑하는 나의 아들아!
2 "네, 아버님! 말씀하옵소서."
3 지금 사탄의 종이 되어 버린 지금의 종교 집단이요, 종교 지도자들에게 더 이상 사랑하는 나의 백성들을 겁주지 말며, 그들에게 갈취하지 말며 그들에게 사악한 짓을 그만두라 그리 전할 것이며,
4 그를 막아야 되는 것이 너희들이 해야 할 일임을 알아야 될 것이니라.
5 사탄의 종이 되어 너희들이 지금 광명에 싸여서 나의 아들 예수가 재림할 것이며, 나의 아들 예수가 재림하여 먼저 너부터 구한다는 그와 같은 사기극에 더 이상 나의 피조물 만백성을 우롱하며 끌고 가지 말라 그리 전하라.
6 모든 믿음의 종교 집단, 지도자들이 지금 하고 있는 짓이 무엇이더냐?
7 나의 피조물 만백성에게 예수가 재림할 때 너희들을 먼저 찾을 것이며, 너희들이 먼저 구원받는 자, 제일 먼저 안전하게 부름을 받는 백성들이 되어야 한다 하여 그리 겁주고 그들을 협박함이니라.
8 그리하여 그들로 하여금 저희들이 취하고 얻는 것이 무엇이더냐?
9 그들은 사기극으로써 나의 피조물 만백성들에게 재물을 긁어모으며, 그들의 모두를 갈취하는 그와 같은 행위를 하고 있음이니, 이제는 그 사기극을 더 이상 연출하지 못하도록 그들을 단죄해야 되는 것이 너희들임을 알라.
10 그리고 이제 믿음의 길을 간다는 것, 광분 광신하는 그 신도, 너희들은 들으라.
11 이제는 너희들이 나의 아들 예수가 영광에 싸여 재림함이니, 그때 너희들을 구원하는 그와 같은 영광을 얻는다는 그 사탄의 종이요, 앞잡이들이 지금 벌이는 그 사기극에 더 이상 너희들이 놀아나고 그와 같은 행위에 끌려가서는 아니 되는 것이니라.
12 그 죄 또한 네 죄며, 그 모든 대가를 치르는 것은 네가 치러야 할 것이요, 그 누가 대신 치러 주는 것도 없으며 대신 역사하는 것도 없다는 것을 너희들은 알라.
13 너희들은 이제 알라.
14 수천 년 동안 그 많은 나의 백성들이 나의 아들 예수가 재림하기를 바라며 재림하는 영광을 보고자 하여 기다리고 기다리다 지치고 지치니, 제 생명이 다 되어 죽어 간 자들이니라.
15 그러니 그들이 지금 그 대가를 치르며 그 지옥에서 그들이 그 벌을 받고 있는 것을 너희들은 상상할 수 없으며 보지 못하나, 나의 아들은 한 장의 그림으로써 그 모두를 보고 있다 하지 아니하였느냐?
16 그를 보고 있는 나의 아들이 너희들에게 그 불행한 일이 없도록 바로 보고 바로 깨우쳐 하늘에 오르는 길을 가라 가르치고 전하는 것을 너희들이 어찌하여 듣지 아니하며 그를 따르려 하지 아니하는가?
17 너희들이 나의 법전에 기록한 내용이 너희들이 잘못 가라며 너희들이 무너

지라는 그 대목이 있느냐?
18 다만, 내가 나의 아들을 통하여 너희
들에게 명함이니, 너희들이 그리 기다
리고 기다리는 나의 아들 예수가 재림
하여 오는 것이요, 와서 너희들을 구
원할 자, 구원하지 않을 자로 만방에
있는 백성들을 구분하며 나의 아들을
찾고 부르짖는 자는 선별하여 구원을
받는다는 그와 같은 착각 속에서 깨어
나라 함이니라.
19 천사도 내려와 너희들을 구원하는 것
이 아님이니라.
20 다만, 너희들이 구원을 받고 못 받는
것은 나 여호와의 성령으로써 너희들
이 내 뜻을 역사하고 따르느냐 안 따
르느냐, 성령이 임할 수 있는 그릇이
되느냐 안 되느냐, 성령을 받아들일
수 있는 백성이 되느냐 안 되느냐, 내
가 기름을 부음이니 받을 수 있는 백
성이 되어 있느냐 안 되어 있느냐,
21 그것으로써 너희들이 그리 갈구하고
원하는 구원을 받고 못 받는 것이 거
기에 있는 것이지,
22 나의 아들 예수가 재림하여 너희들이
믿기만 하는 자, 죽어 천년만년이 되
었어도 그들을 다시 내가 부활시켜 하
늘에 데리고 오른다는 그와 같은 생
각, 천사들이 와서 그와 같이 선별하
여 데려간다는 생각, 그와 같은 생각
에서 너희들이 깨어나도록 그리 전하
라.
23 그곳에서 헤어나지 못하며 거기에서
허덕이다 보면, 결국은 너희들이 하늘
에 오르는 길을 볼 수 없음이니라.
24 이제 사랑하는 나의 아들딸 너희들은
알라.
25 나의 종이요, 나의 지도자라 하여 가
르치는 그 사탄의 종 앞에 겁먹지 말
며 두려워 떨지 말라.
26 너희들이 겁먹고 떨고 있는 것이 너희
들이 말하는 나 여호와의 선지자요,
나의 아들이 아니요, 그리고 나의 명
을 받은 자들이 아니요, 그리고 나에
게 명받아서 내가 역사하도록 내린 자
들이 아니요, 그와 같은 자가 목자들
이 아니라는 것을 너희들은 알아야 될
것이니라.
27 그들은 내 뜻을 모르는 자이기에 지
금 저희가 이 세상에 온 나의 아들이
요, 예수가 재림한 것이요, 그리고 모
세가 재림한 것이라 하여 저희 종교
지파의 지도자들이 그와 같이 떠드는
자, 그와 같은 말에 너희들이 또한 너
희 자신을 들여다봐야 될 것이며,
28 예수가 재림하여 하늘로 이끈다 하는
너희들과 그들이 한 치도 다른 게 없
으며,
29 똑같이 사탄의 자식이요, 사악한 자들
로서 이 세상을 혼란케 함이니,
30 그들의 말에 두려워하지 말며 겁먹지
말며 떨지 말도록 그리 전하라.
31 너희들이 모두를 증거하는 것은 책으
로써 증거하며 말씀으로써 증거하며
성령으로써 증거함을 너희들은 알라.
32 증거하지 아니하는 자, 너희들은 믿어
서는 아니 될 것이니라.
33 어찌하여 너희들이 증거를 제시하며
증거할 수 있는 것을 내보이는 나의
아들은 믿지 아니하며,
34 너희들로 하여 증거가 없으며 유전으

로 전하는 것, 유전에서 유전으로 부
풀어지고 부풀어져 전하는, 그와 같은
너희들이 믿어서는 아니 되는 말들은
믿고 그리 따라간단 말이더냐?
35 여기서 너희들이 바로 설 수 있는 지
혜를 얻도록 그리 전하라.

10,184 번째 하나님 말씀

2004년 3월 30일 07시 32분

1 사랑하는 나의 아들아!
2 "네, 아버님! 말씀하옵소서."
3 너희들이 지금까지 제 나름대로 믿음
의 길을 갔으며 나에게 구원을 받는다
하여 종교 지도자요, 사탄의 앞잡이가
되어 가르친 그 앞에 벌벌 떨며 그 명
에 따라가는 그와 같은 믿음의 길을
왔던 백성 너희들은 지금 과연 무엇을
느끼며 무엇을 깨닫느냐?
4 나의 아들의 강론을 들으며 내가 내린
법전을 읽고 깨우친 너희들은 그 삶에
서 무엇을 느끼고 무엇을 깨닫고 있는
가?
5 너희들은 그것을 알 것이니라.
6 너희들이 살아가면서 아무리 어렵고
힘들고 또 힘들고 어려운 일이 있다
해도, 너희 자신을 비우며 천사와 같
이 변하여 하늘을 향하여 한 점의 부
끄럼이 없는 삶을 사는 것보다 더 어
렵고 힘든가?
7 그보다 더 힘들고 어려운 길은 없다는
것을 이제 나의 아들을 따르는 제자
너희들이 그를 앎이니,
8 그저 사탄의 종이 된 자가 하라는 대
로 하고 따르는 것이 하늘에 오르는
길이요, 구원의 길이라 생각했던 너희
들이,
9 너희 자신을 비우며 너희 자신을 다
스리며 하늘에 오르는 길을 보고자
너희 스스로 아름다운 삶을 살고자
하는 그 삶이 얼마나 어렵고 힘들던가?
10 이 세상에 아무리 어렵고 힘든 길이
있다 해도 너희들이 나의 뜻에 따라
너희 자신을 비우며 남을 사랑하며,
분배의 이익에서 제가 적게 가지며
남을 더 크게 주는, 정녕 너희들이 말
하는 나의 성경에 기록되어 있는 그대
로 사랑을 실천하는 것이 얼마나 힘들
고 어려운 것인가를, 세상에 그보다
더 어렵고 힘든 것은 없다는 것을 알
것이니라.
11 그것을 알고 깨닫는 백성 너희들이 그
것이 나로부터 받아 간 큰 은혜요, 축
복이요, 영광임을 알라.
12 그것을 모르고 그저 대충대충 대중적
으로 살아가는 것이 구원의 길이요,
사탄의 종이 된 자가 하라는 대로 하
는 것만이 구원의 길이요,
13 재물을 바치며 십일조를 열심히 내는
그 간단한 방법으로써 너희들이 구원
을 받는다 믿어 온 그 믿음이 얼마나
부끄럽고 수치스러운 너희들의 삶이
었는가를 너희들은 깨닫고 지금 보고
있을 것이니라.
14 그러니 너희들이 아무리 중하고 귀하
다 해도 너희 자신이 한 점의 부끄럼
이 없는 삶을 살아 나에게 영원히 거
듭나는 세상에 네가 오는 것보다 더
귀하고 소중한 것은 없지 않더냐?
15 그러니 나는 그 길을 너희들에게 오

라 함이요, 그를 배우고 깨우쳐 나에
게 오라 하는 것이 내가 바라는 것이
니라.
16 그리하여 너희들이 어렵고 힘들고 좁
은 그 길을 통과하는 것이 나에게 오
는 길이라 하였거늘,
17 모든 믿음의 길을 가는 백성들이 그
저 대중적으로 남이 흘러가는 대로 흘
러가는 속에 한 발짝 앞에 나가는 삶
을 살면 너희들은 구원을 받는다 그리
생각하고 살아감이니,
18 그 모두가 너희들을 무너지게 하는 그
원인이 되며, 그와 같이 가르치는 자
가 바로 사탄의 종이라 함을 너희들은
알아야 될 것이니라.
19 나의 아들이 너희들에게 얼마나 부르
짖으며 나의 아들이 너희들에게 얼마
나 압박을 가하는가?
20 그리고 너희들이 한 치의 여유도 있어
서는 아니 되며, 너희들이 사탄의 마
음을 잠시도 머릿속에 생각해서는 아
니 된다, 너희들에게 그리 강하게 가
르치고 가르치는 그 뜻이 어디 있겠느
냐?
21 그저 스스로 무너질 수 있으며 그저
시도 때도 없이 무너지는 것이 너희들
이기 때문이니라.
22 그러니 너희들이 중하고 귀한 너희 자
신을 위한 삶을 살라 하는 것이 나 여
호와의 뜻임이니,
23 너희들이 지금 어떠한 생각을 하고 어
떠한 행동으로 살아가고 있는가?
24 과연 너희들이 나의 뜻에 의한 삶을
사는가, 인간인 너희들의 자유의사에
따라서 너희 마음대로 자유분방한 삶
을 살아가고 있는가?
25 너희 자신을 다스려 보고 들여다보도
록 그리하라.
26 그리하여 너희 자신이 어떠한 길을 가
고 있는가 생각하고, 또 그 생각에 따
라서 검증하는 그와 같은 너희들의 삶
을 살지 아니하면, 거듭나는 영광이
요, 그 중요함을 너희들이 잃고 버리
는 삶을 살게 된다는 것을 전해 주도
록 그리하라.

10,185 번째 하나님 말씀

2004년 3월 30일 07시 38분

1 사랑하는 나의 아들아!
2 나 여호와가 분개하며 내 가슴의 아픔
이 무엇인 줄 알겠느냐?
3 내가 너희들에게 구약의 성서를 내려
주었으며, 구약의 역사의 단면을 보여
줬으며,
4 신약의 역사를 내려보냈으며, 내가 신
약의 나의 아들 예수의 역사의 그 단
면을 너희들에게 보여 줄 만큼 보여
주고 너희들이 깨달을 만큼 깨닫게 하
였느니라.
5 그러나 너희들은 그대로 그를 행하지
아니하고 따르지 아니하며, 지금 인간
의 교리를 만들고 너희들이 인간의 신
학이라는 그 교육과정을 마치며,
6 그리하여 신학이라는 그 교육과정에
서 너희들이 믿음이요, 지식이라 하는
그와 같은 것으로써 나의 피조물 만백
성의 지도자라 육성하는 그와 같은 형
국이 되었음이니, 거기에서 과연 무엇
이 있는가?

7 그곳이 성령이요, 나 여호와의 뜻을
가르치고 육성하는 곳이라 생각하느
냐?
8 너희들 인간이 만든 교리에 의하여
연구되고 있는 것이니, 그러니 인간이
만든 교리 속에서 너희들이 신약이라
는 것이 지식이요, 인간사의 가르침을
거기서 부여해 주며, 상술적이요, 사
업적인 것을 지도하는 것이니,
9 거기에 진정한 참진리요, 하늘의 뜻에
의하여 하늘의 뜻을 알 수 있는 그와
같은 가르침으로 너희들이 어렵고 힘
든 길을 가도록 하는 것이 아니라,
10 인간의 교리로써 인간의 상식이요, 지
식을 부어 넣는 그 모두를 다 행하고
거기서 지키고 있음이니라.
11 그러면서 너희들이 무엇을 가르치느
냐?
12 나의 피조물 만백성 중에 또한 그 지
도자가 되기 위해 배우는 학생들까지
도 다 둔갑시켜 놓았음이니라.
13 그들이 하고 있는 것이 나 여호와의
뜻이요, 참진리에 의하여 행한다는 착
각 속에 살아가도록 너희들이 그리 모
두를 가르쳤으며,
14 그 착각 속에 빠져 버리도록 교묘히
교리를 만들어 지금 지도자라는 그들
을 양성하고 육성하고 있는 것이 아니
더냐?
15 그러니 그 지도자가 진정한 참진리요,
성경의 뜻을 저버리고 그들이 지금 신
앙생활을 하도록 하며,
16 그 신앙 속에서 그것이 하늘에 오르
는 길이요, 내 뜻을 연구하며 내 뜻에
의하여 살아가는 것이라 하여 너희들
이 교묘히 조작하여 나의 피조물 만백
성을 그리 이끌어 가는 것이 아니더냐?
17 그러니 신학을 공부하는 그 신학의 지
식을 쌓는 자들도 너희들이 교묘하게
만든 그 수법에 빠져 저희 자신이 참
진리요, 교리를 모르고 사업적이요,
인간적인 것에 얽매어서 배우고 저희
들이 쌓아 오고 있음이니,
18 그리하여 그들이 세상에 나와 참진리
의 길을 이끌어 가지 못하며, 나의 백
성들을 믿음이요, 진정한 하늘에 오르
는 길로 인도하지 못하는 그와 같은
형국이 이루어졌음을 너희들은 알아
야 될 것이니라.
19 나의 백성이 사랑과 믿음과 겸양의
자세가 아니라, 교만과 오만으로써 오
류의 착각 속에 빠져 지금 하늘에 오
르는 길이라 하여 가고 있는 것이 지
옥의 길인 것을 모르도록 지금 그리
만들어 놓은 것이 오늘의 종교 집단이
요, 지도자 너희들이 가고 있는 길이
요, 역사하고 있는 것이니, 이를 보는
나 여호와의 마음이 어떠하겠는가?
20 너희들이 바로 가고 정녕 참된 진리
의 길을 간다면, 내가 왜 오늘에 나의
아들을 통하여 이 어렵고 힘든 길을
역사하며, 너희들을 바로잡고 바로 보
라 그리 가르치는 이 어렵고 힘든 길
을 가고 있겠는가?
21 너희들은 다시 한 번 깨우쳐 보도록
그리하라.
22 너희들이 인간의 교리로 만든 신학이
요, 그 지식을 쌓는 교육이요, 그 장이
과연 나의 진리요, 성령이 임하도록
가르치는 것인가, 그들을 정녕 천사와

같이 아름다운 모습으로 변하도록 가
르치는가?
23 인간 세상에 너희들이 그 착각 속에
빠져 오늘의 믿음이 나의 뜻을 거역
하고 가는 것이 하늘에 오르는 길이라
하여 빠지도록, 그리고 유혹하도록 그
리 만들며, 분별하지 못하도록 하여,
24 너희들이 상술적으로 인간을 다루는
법을 거기서 가르치고 있지는 아니한
가?
25 너희들의 가슴에 손을 얹고 생각해
보도록 그리하라.
26 조직을 관리하며 인간을 관리하는 것
을 거기서 배우고 가르친다면, 그것은
인간의 학문의 한계요, 인간의 지식이
니라.
27 하늘에 오르는 백성이요, 나로부터 선
택된 백성은 인간의 교리요, 인간 세
상의 배움이 필요 없으며 가르침이 필
요 없다 내가 명한 그 뜻을 알라.
28 내가 명해 주며 내가 역사하며 내가
자격증을 주는 자는 그와 같은 인간의
한계를 벗어나지 못하는 인간 지식의
교육으로써 많은 백성을 가르칠 수 없
으며, 하늘에 오르는 백성으로 인도할
수 없기 때문에,
29 너희들은 그와 같은 것을 배울 필요가
없으며 들을 필요가 없다 함이니라.
30 듣고 배우는 것이 인간의 한계를 벗어
나지 못하는 교육이기 때문에, 하늘에
오르는 길이요, 나에게 오르는 길의
교육은 그 인간의 한계의 교육을 벗어
난 것이기 때문에,
31 성령으로 임한 자, 성령으로 임했을
때만이 그를 볼 수 있음이니,
32 성령으로 임한 백성에게만 내가 그 자
격증을 줌이니, 그 성령이 임한 백성
이 되도록, 너희들이 천사가 되는 길
을 먼저 들여다보며 그를 보고 살아가
는 너희들이 변화의 삶을 가라 그리
전하라.
33 나의 160권의 법전을 너희들이 처음
서부터 정독하고 읽으면, 이 뜻이 무
엇이며 역사하는 것이 무엇인지 너희
들의 눈이 뜨이게 되어 있는 엄연한
사실을 너희들이 부인하며 접어 버리
는 어리석은 삶을 살지 않도록 그리
전하고 깨우쳐 주라.

10,186 번째 하나님 말씀

2004년 3월 30일 07시 44분

1 사랑하는 나의 아들아!
2 "네, 아버님! 말씀하옵소서."
3 나의 뜻을 가르치고 전하는 것은 너희
들이 그 신학의 공부요, 그곳에서 인
간의 지식에 매달리는 그와 같은 것으
로써 역사하는 것이 아님을 알라.
4 너희들은 신학이라는 그 지식 속에서
조직의 운영이요, 그리고 만백성을 관
리하는 것이요, 그들을 묶어 놓는 방
법이요, 그리고 그 속에서 재물을 거
둬들이며 갈취하는 것, 인간 사업의
그 교육이 필요 없거늘, 그와 같은 교
육으로써 너희들이 시작함이니,
5 나의 피조물 만백성을 너희들이 구원
의 길이 아니요, 지옥의 길로 인도하
는 그와 같은 기초가 거기서 이루어진
다 내가 함이니라.
6 너희들은 알아야 될 것이니라.

7 성령이 임하여 눈이 뜨이고 귀가 열린
백성은 성경의 그 비밀을 알게 되며,
십계명의 그 뜻을 알게 되며 그를 지
키며, 내가 새로 내리는 나의 법전의
그 모든 뜻을 알게 됨이니,
8 참진리의 길을 가르치게 되며, 하늘의
길을 볼 수 있도록 인도자가 될 수 있
으며 그들은 인도할 수 있는 것이니
라.
9 그러나 너희들이 인간의 지식으로써
경영하는 신학이라는 것으로써는 너
희들이 성령이 열리는 것이 아니요,
성령을 닫는 그와 같은 역사를 함이니,
10 결코 너희들은 지식인으로서, 또한 지
도자로서 하늘의 지식으로 경영하는
자들이 아니요, 인간의 지식이요, 인
간의 상식만을 가지고 그 굴레에서 벗
어나지 못하도록 너희들이 장사꾼으
로 전락됨이니,
11 거기에는 정녕 참진리의 길이요, 하늘
에 오르는 길을 볼 수 없는 것이며, 성
경의 비유의 뜻을 알 수 없는 그 가련
한 백성들이요, 내 그를 보는 마음이
이리도 답답하고 가슴이 아픔이니라.
12 성서요, 십계명이요, 지금의 나의 법
전 모두는 너희들이 알 수가 없는 그
와 같은 교육이요, 그와 같은 길만을
지금 치닫고 있으니,
13 너희들이 마음을 열며 천사와 같은 마
음으로 성령을 받을 수 있도록 해야
되나,
14 성령이 내릴 수 있는 그 마음을 닫는
황폐한 인간으로 만들고 사악한 인간
으로서 너희들이 만들어 가고 있기 때
문에 나의 성령이 임할 수 있는 백성
이 되지 못함이니라.
15 나의 성령으로 임한 백성으로서 거듭
난다면, 아무리 너희들이 어리석고 못
나고 바보 같은 백성이라도 모두를 알
수 있음이니,
16 정답을 내려 주는 것이니라, 그리고
정답을 그들은 가르치는 것이니라.
17 그러니 너희들이 지금 굳이 신학의 교
육이요, 인간의 상식을 쌓는 그 배움
이요, 그 공부라는 것이 번거로움이
라는 것을,
18 그 오류를 범하기 쉬운 너희들이 지식
이요, 상식이요, 신학의 공부요, 그리
고 그 학문을 배우기 위하여 너희들이
노력할 필요가 없으며,
19 이와 같이 너희들이 거기에 매달려 세
상에 나오니 너희들이 잘못된 것을 짊
어지고 나오며, 잘못된 자가 나와 잘
못된 것을 가르치는 이와 같은 험악한
너희들의 교육과정의 장이 되지는 아
니하였을 것이니라.
20 거기서부터 나의 사랑하는 피조물 만
백성의 기초를 모두 흔들어 놓으며,
그들로부터 나의 사랑하는 백성들이
바로 서고자 하나, 그 길을 가로막는
그와 같은 지도자만을 육성하는 것이
오늘의 신학이요, 인간의 지식이요,
인간의 운영이요, 인간의 조직의 사업
을 가르치는 곳으로 전락된 곳이 그
죄의 온상의 기초임을 알라.
21 너희는 알아야 될 것이니라.
22 성령으로 임하지 아니한 백성은 나를
아버지라 부를 자격이 없으며, 나의
아들 예수를 부를 자격도 없다는 것을
알라.

23 너희들이 나의 아들 예수를 구세주요,
나의 아들을 구원의 아버지라 부를 수
없는 그와 같은 자들이라는 것을,
24 성령으로 임한 백성만이 나를 부를 수
있으며 나의 아들을 찾을 수 있는 것
이라는 것을 너희들은 알라.
25 이와 같은 뜻을 나의 법전에 기록하여
전함이니,
26 너희들이 나의 법전을 읽고 깨우쳐,
나 여호와가 왜 이와 같은 것을 기록
하여 전하는지,
27 너희들이 자격이 없으며 성령으로 임
하지 아니한 백성은 나의 아들 예수를
부르고 찾으며 나를 찾을 자격이 없다
함을 너희들은 알아야 될 것이며, 그
무서운 뜻을 알도록 그리하라.

10,187 번째 하나님 말씀

2004년 3월 30일 07시 50분

1 사랑하는 나의 아들아!
2 "네, 아버님! 말씀하옵소서."
3 너를 따르는 제자들이요, 그리고 믿음
의 길을 가는 그 백성들, 나의 법전을
읽고 깨우친 만백성, 그들은 지금의
믿음의 길을 가는 그 종파요, 지도자
들이요, 그 백성들이 기도드리는 소리
를 들어 보며, 그리고 너희들이 기도
하는 그 소리를 들어 보도록 그리하라.
4 그러면 너희들이 지금 어떠한 길을 가
며, 어떠한 것이 나 여호와의 뜻이요,
어떤 것이 겸허한 마음으로써, 겸손한
마음으로 살아가는 백성들인가를 알
것이니라.
5 지금 나의 아들을 따르는 백성들은 예
수를 '주여, 주여!' 그리 부르며, 그리
고 나를 아버지라 부르며, 무엇을 얻
고자 소원을 빌고 울고불고하는 그와
같은 너희들처럼 처참한 그와 같은 행
위를 하지 아니함이니라.
6 그들은 감히 그 죄가 두렵고 무서워
무엇을 이루어 달라는 그 말을 하지
못하며,
7 다만 진정한 마음으로써 '아버님! 저
의 죄를 용서하여 주옵소서.' 하는 그
것도 모깃소리만 하게, 함부로 소리
내지 못하는 그와 같은 겸허하고 낮은
자의 모습과 마음으로 가는 것이 지금
나의 아들을 따르는 제자들이요, 그리
고 나의 법전을 정독한 백성들이 지키
고 살아가는 것이 아니더냐?
8 그러니 너희들이 그와 같은 것을 들어
보고 보라.
9 과연 어떠한 것이 나 여호와의 뜻이
요, 나의 백성들인가?
10 그들은 두려워 나에게 소원함이 없느
니라.
11 그리고 남의 귀중한 생명이 죽어 가면
서 겪은 그 고통이 감히 제가 짓고 제
가 추하게 역사한 그 죄를 씻어 주고
그 죄를 대속해 주며 저 자신을 위하
여 대신 죽었다는 그와 같은 생각도
하지 못하며,
12 그와 같은 것으로써 제가 은혜받으며
제가 죄 사함을 받았다 하여 감사 기
도를 드리며 울고불고 광대의 짓을 하
는 행위도 감히 그들은 두렵고 무서워
그리하지 못함이니라.
13 오로지 제가 지은 죄는 제가 그 대가
를 치르며, 모든 은혜받을 자는 은혜

받는 것으로써 그는 은혜받을 것이며,
14 그리하여 나의 아들 예수의 그 귀중한
죽음이요, 고통의 죽음이 저희들이 지
은 추한 죄를 씻어 주는 것으로써 비
유하여 그가 죽었다 하여 저는 죄가
없는 자요, 표백된 백성이라 그들은
감히 그리 말하지 못하느니라.
15 그러나 지금의 믿음의 길을 가는 그
백성들이 어찌하느냐?
16 그들은 두려움이 없음이니라, 그리고
부끄러움이 없음이니라.
17 그리하여 제가 추하고 더럽게 지은 죄
를 나의 아들 예수가 귀중한 생명이
죽어 가는 그 고통이요, 그 피 흘리며
간 그 모두가 제 죄를 씻어 주기 위하
여 저를 위하여 그 모두가 역사했다
서슴없이 말하며,
18 그리하여 저는 구원을 받은 자요, 나
에게 오를 수 있는 자라 그리 말함이
니라.
19 그리고 나의 아들 예수를 '주여, 주
여!' 하며 구세주라 울고 부르며 나를
아버지라 부르면서 저희들이 하고 있
는 그 기도는 무엇이더냐?
20 더 달라, 더 이루어 달라, 축복을 달
라, 제가 제1번이요, 완전한 제 자리
를 달라며 울고불고하는 것이 그들의
기도 소리임이니,
21 이를 보고 너희들이 평가하라는 것을
나의 법전에 수없이 기록하여 전하거
늘, 너희들이 이를 읽고 다음 장을 넘
기면 또 그를 잊어버림이니,
22 내가 십계명을 계속 나의 법전에 기록
하여 전하듯이 내가 이를 너희들에게
전하고 또 전함이니, 이 가슴 아픈 나
여호와의 뜻을 안다면,
23 그들의 기도 소리와 나의 아들딸이 드
리는 기도 소리를 들어 보고, 너희들
자신이 기도하는 네 마음을 한번 돌이
켜 보라.
24 그리하여 그를 만백성에게 깨우쳐 주
고 전하도록 하라, 사랑하는 나의 아
들딸들아!

10,188 번째 하나님 말씀

2004년 3월 30일 07시 55분

1 사랑하는 나의 아들아!
2 "네, 아버님! 말씀하옵소서."
3 성령으로 임하지 못한 백성은 나를 찾
지 말며, 나의 아들 예수를 찾지도 말
며, 나의 법전을 너희들이 읽고 구원
을 받았다 그와 같은 말을 하지 말며,
4 나의 법전을 봄이니, 너희들이 선택받
으며, 너희들이 축복받으며, 하늘나라
에 너희들의 자리가 준비된 백성이라
는 그와 같은 말을 하지 말라.
5 모든 백성은 똑같으니라.
6 너희들이 말하는 이단이라는 백성이
요, 너희들이 미신을 믿는 백성이요,
그 어떠한 백성이든 성령으로써 임하
지 못한 백성은 나를 찾을 수 없음이
니,
7 성령이 임하지 못한 백성은 나를 찾지
말라 하였으니, 너희들이 어떠한 백성
이든 나를 찾을 자격이 없는 것은 똑
같음이니,
8 너희들이 말로써 믿음이요, 말로써 신
앙의 길을 간다 하여 너희들이 나에게
선택된 영광된 백성이며, 나로부터 축

복을 받은 백성이라 생각하지 말라.
9 이제는 모두가 성령으로 임하지 아니
한 백성은 나의 아들 예수의 이름을
부르지도 말며, 나를 찾지도 말며, 나
의 법전을 가지고 읽는다 하여 구원을
받았다 말하지 말라.
10 성령으로 임하지 못하고 인간의 교리
에 의한 믿음이요, 광신도들의 믿음은
이 세상의 인간의 교육의 한계를 벗어
나지 못한 것이기 때문에,
11 인간의 한계를 벗어나지 못한 자, 하
늘의 뜻을 알 수 없으며 내 뜻을 알 수
없음이니라.
12 그러니 인간의 한계를 벗어나지 못하
고 있기 때문에 신학이라는 너희들이
기타 인간 형성의 교육을 시키는 곳이
라 하나,
13 너희들이 모든 그 교육은 인간의 교육
의 한계를 벗어나지 못하는 그 한계에
서 인간의 사업이요, 인간의 욕구를
채우는 그와 같은 교육장으로 되어 버
리고 말았음이니,
14 그 교육장이 차라리 없는 것이 낫다
함이니라.
15 그와 같이 잘못 가르치는 신학의 교육
장으로 하여금 거기서 배우는 그 백성
들이 하늘의 뜻을 알 수 없으며 내가
역사하는 것을 알 수 없음이니,
16 그들이 그대로 놔두었다면 내 뜻을 알
수 있으며, 하늘의 뜻을 저희들이 스
스로 깨우칠 수 있으나,
17 잘못 가르치는 자들이요, 그들을 세뇌
시켜 장사꾼으로서 변질시켜 버리니,
18 성령이 임하지 못하며 하늘의 뜻을 알
수 없는 불행한 백성으로 저희들이 만
드느니라.
19 그리 세뇌시켜 나가니, 그 백성이 하
늘에 오르는 길을 가르칠 수 없으며,
그 자체도 나에게 오르는 길을 볼 수
없음이니, 정녕 그를 인도할 수 없는
이와 같이 험악한 세상이 되어 버리고
마는 것이니라.
20 예수가 '성령으로 임하지 아니한 백성
은 예수를 찾지 말라.' 하는 그 대목이
성서에 기록되어 있으니, 그 가르침이
얼마나 무서운 이야기던가?
21 그러니 너희들이 성경에 기록된 대로
지킨다면, 성서에 기록된 대로 너희들
이 지키고 행하는 것이 절대적인 나의
뜻이라면,
22 나의 아들이 성령으로 임하지 않은 백
성은 나의 아들 예수를 찾지 말라 했
으니 그 뜻을 너희들이 안다면, 너희
들이 진정한 성령으로 임하는 백성이
되어야 되는 것, 그리고 천사와 같은
백성으로 거듭나지 아니하면 아니 된
다는 것,
23 그리해야만 너희들이 하늘의 길을 볼
수 있으며 나에게 오를 수 있는 영광
을 얻는다는 것,
24 나의 이 애절한 뜻을 너희들이 받아들
이도록 그리하라, 사랑하는 나의 아들
딸들아!
25 어찌하여 너희들이 나를 전지전능한
아버지라 하며 창조주 아버지라 말하
며, 내가 이리 너희들에게 애원하는
나의 뜻을 그리도 무참히 저버리며,
거둬들이며, 듣지 않는 백성이 되었단
말이더냐?
26 나의 아들을 사탄이요, 나의 법전을

이단이라 말하는 자, 내 뜻을 거역하
며 내 명을 거역하는 자들이니, 너희
들이 대죄를 짓는 자라는 것을 잊지
말라.

10,189 번째 하나님 말씀

2004년 3월 30일 08시 05분

1 사랑하는 나의 아들아!
2 "네, 아버님! 말씀하옵소서."
3 따뜻한 봄이 오니, 그 겨울의 고통 속
에 견딘 그 모든 식물들이 하나의 파
릇파릇한 봉오리가 되며 그 꽃잎이
피기 시작함이니라.
4 그리고 너희들이 웅크렸던 그 봉오리
의 꽃이 피니, 만발한 봄의 소식을 전
해 주는 꽃이 얼마나 아름답고 귀하
더냐?
5 나의 아들을 따르는 제자 너희들이요,
나의 법전을 만드는 너희들의 마음이
내가 보기에 봄에 피는 그 아름다운
한 송이의 꽃 이파리보다도 더 소중
하며, 너희들이 더 아름다운 모습으로
써 지금 나를 기쁘게 하고 있음을 알
고 있느냐?
6 춥고 추운 겨울을 견딘 나뭇잎이 따
뜻한 봄이 오니, 하얗고 파랗고 노랗
고 그 색상대로 봉오리로 피어나는
그 모습을 보는 것은 얼마나 천진난
만하며 어린아이 마음처럼 귀하고 소
중하고 순수하더냐?
7 그와 같이 너희들이 변하고자 노력하
는 것, 그리고 나의 법전을 만들어 만
백성에게 전하고자 하는 그 애절한 마
음, 그걸 보는 것보다도 내 마음이 더
기쁨이요, 더 행복하다면 너희들은 알
겠느냐?
8 나의 아들이 밤과 낮을 가리지 아니하
며 나의 성령을 받아 법전을 기록하여
만들기 위해 암송하는 그 기도 소리는
봄소식을 전하는 그 봄바람보다도 나
여호와에게 더 감미로우며 나에게 더
기쁨이라는 것을 내가 너희들에게 전
함이니 그리 알도록 하라.
9 나의 아들이 나의 성령을 받들어 160
권의 법전을 만들어 그가 기도하고 경
배하는 소리가 세상에 들리는 것은,
따스한 봄바람이 추운 겨울을 지난
사람들에게 스쳐 오는 그 감미로운 것
보다도 나 여호와의 마음이 더 기쁨이
요, 행복함이니, 그보다 또한 더 기쁜
것이 무엇이더냐?
10 파릇파릇 이파리가 돋아나는 봄 냄새
가 풍기는 그 아름다운 정경보다도,
나의 아들을 따르는 제자 너희들이 변
하는 그 모습이요, 나의 법전을 읽고
깨우친 너희들이 거듭나는 그 삶이,
11 노랗게 솟아나는 새싹보다도, 그 이파
리보다도 더 아름답고 귀하고 소중하
게 내가 보고 있음이니,
12 이는 사탄은 느끼지 못하는 것이니라.
13 오로지 천사와 나 여호와만이 이를 느
낌이니, 너희들이 나의 이 기쁨을 접
어 두고 꺾지 않도록 그리하라, 사랑
하는 나의 아들딸들아!
14 나의 아들의 그 기도 소리가 세상에
울려 퍼지도록 하는 것, 그것이 나에
게 봄소식을 전하는 따스함보다도 더
감미롭고 행복하며 즐겁다 했으니, 그
소리가 멈추지 아니하도록 너희들이

최선을 다할 것이며,
15 그 소리가 멈추지 않고 계속 하늘을
향하여 들릴 수 있도록 그를 따르는
제자들이요, 그를 따르는 모든 백성,
법전을 읽은 너희들이 모든 힘을 합쳐
같이 역사하고 이루어야 될 것이니,
그것이 1번이니라.
16 160권의 법전이 세상에 나오는 날, 너
희들은 정녕 그 아름다운 한 송이의
꽃을 피우는 역사가 이루어진다 하지
않았더냐?
17 그 160권의 아름다운 한 송이의 꽃이
핌으로 나의 아들의 꽃이 피는 것이
요, 그 제자들이 좌우에서 방긋방긋
한 송이의 꽃들이 피기 시작함이니,
18 그는 아름다운 동산을 만들 것이며,
천 년의 역사에 걸쳐 그 꽃은 세상을
다 덮게 되느니라.
19 한번 핀 꽃은 절대로 지지 않는 꽃이
니라.
20 진달래, 철쭉, 개나리같은 모든 꽃들
이 피었다 시드나,
21 너희들이 피운 아름다운 인간의 꽃은
영원히 지워지지 아니하며, 천 년에
걸쳐 너희들의 그 아름다운 꽃은 향기
를 냄이니,
22 너희들이 죽어도 죽은 자가 아니요,
산 자 속에서 너희들이 산 자의 아름
다움이요, 역사함을 얻으니,
23 영원히 죽지 않는 세상에 너희들이 올
수 있는 것은 너희들의 꽃이 영원히
시들지 아니함이니,
24 네가 죽어 나에게 와, 하늘에서 내려
다보는 네 꽃이 아름답게 시들지 않고
그 향기를 피우고 있는 네 모습을 보
려거든,
25 너희들이 흔들리지 말며 욕심을 버리
며, 욕된 마음을 버리고,
26 오로지 160권의 법전이 나오는 데 최
선을 다하여 한 송이의 아름다운 꽃을
먼저 피움으로, 그 향기요, 그가 전해
주는 봄소식에 의하여 너희들의 꽃이
다 방긋방긋 피니,
27 시들지 아니하며 타지도 아니하며 부
러지지도 아니하며 떨어지지도 아니
하는 영원불변한 아름다운 꽃을 피우
도록 하라, 사랑하는 나의 아들을 따
르는 제자들아!

10,190 번째 하나님 말씀

2004년 3월 30일 08시 15분

1 사랑하는 나의 아들아!
2 "네, 아버님! 말씀하옵소서."
3 160권의 법전이 세상에 나오니, 그것
이 바로 네가 한 송이의 꽃을 피우는
것이라 하였느니라.
4 장정의 그 고통이요, 기나긴 그 세월
속에서 네가 160권을 완성하니, 그것
이 하나의 꽃이니,
5 추운 겨울날 그 혹한을 견디고 봄에
피는 꽃보다 얼마나 값지고 위대한 꽃
이더냐?
6 그리고 봄에 겨울을 이기고 나무에서
피는 그 꽃은 한 해가 지나며 또 계절
이 바뀌면 그 꽃이 떨어져 다시 피지
아니함이니,
7 그러나 네가 피우는 160권의 꽃은 영
원불변이며 떨어지지 아니하며 타지
아니하며 꺾이지 않는 꽃이라 하였음

이니라.
8 그와 같은 꽃 한 송이가 펴 그가 봄 내
음을 풍기며 그 향기를 보냄이니, 주
변에 너를 따르던 그 제자들이 너를
따라 그와 같이 한 송이의 아름다운
꽃을 피우게 됨이니,
9 그 꽃은 절대 타지 아니하며 꺾이지
아니하며 지워지지 아니하며,
10 영원히 지상에 지구가 존재할 때까지
나의 성령이요, 내 뜻은 영원히 지워
지지 아니한다는 것처럼,
11 지구가 깨지고 부서지고 화산이 뒤엎
는다 해도 그 꽃은 절대적 그 자리를
지키고 있는 위대한 꽃을 피우게 된다
는 것을 알고 있지 않으냐?
12 그와 같은 꽃을 피우고자 하는 것이
나 여호와의 뜻이요, 내가 모두를 역
사하는 것이니라.
13 그리하여 내가 모세에게 그 광야의 생
활을 역사했으며, 예수에게 이룰 수
없는 그 기적의 모두를 보여 주며 그
와 같이 역사한 것이 오늘의 네가 머
지않아 한 송이의 아름다운 꺾이지도
않고 타지도 않는 꽃을 피우는, 160권
의 법전의 꽃을 피우는 것, 그것이 내
가 바라는 것이며 원했던 것이며,
14 그리하여 그 한 송이의 꽃이 봄소식에
의하여 모든 너를 따르는 제자들이 아
름답고 색색이 저만이 가지고 있는
그 특성의 아름다운 꽃을 피워 이 세
상을 아름답게 이루는 것이 하늘에서
이루어진 것같이 이 세상에서 이루어
지는 것이니라.
15 천국은 꽃으로 덮여 있음이니, 나의
나라요, 하늘에서 이루어진 것같이 지
상에 이루어지는 것은 모든 꽃으로 덮
여짐이니, 그 꽃은 불변이니라.
16 그리고 꺾이지도 아니하며 떨어지지
도 아니하니, 그것이 너의 제자들로
하여금 그 꽃을 피울 것이며, 너의 제
자들 이름 하나하나가 그 꽃잎에 기록
되어 피는 그 꽃의 영광이요, 축복을
위하여,
17 나의 아들아, 흔들리지 말며, 작은 것
에 네가 흔들려서 160권의 한 송이 아
름다운 꽃을 피우는 데 무너지고 주저
해서는 아니 되는 것이 나의 뜻임을
알고 있지 않으냐?
18 그것을 역사하고자 했거늘, 오늘의 종
교 집단이요, 믿음이요, 나의 뜻에 의
하여 만백성을 구한다는 그 종교들이
신학이라는 그 교육이요, 그것 자체가
무엇이더냐?
19 한 송이의 아름다운 꽃을 피워 만백성
이 꽃을 피우는 것을 가르치는 것이
아니요,
20 그 피고자 하는 봉오리를 잘라 버리며
그저 뭉개 버리는 그와 같은 짓을 하
고 있음이니,
21 너희들이 만든 교리라는 것이 인간의
입맛에는 맞으며 너희들의 입맛에는
아주 잘 맞으며, 너희들의 기호에 맞
는 음식처럼 그와 같이 너희들의 인간
교리가 그러하니라.
22 인간의 한계에서 인간이 맛을 봐서 인
간의 입맛에 맞추어 그를 만들었기 때
문에 너희들 입맛에 아주 잘 맞는 것
이 지금 너희들이 만든 교리이니, 그
맛에서 헤어나지 못하며,
23 보이지 않는 음식의 그 맛의 위대함이

요, 숭고함을 너희들이 보지 못함이니
라.
24 보이지 않는 음식이요, 보이지 않는
그 향기로움을 맡지 못하도록 너희들
이 보이는 음식에만 입맛을 맞추어 그
것이 최고요, 그것에 멈추도록 그리
만든 것이 오늘의 너희들의 신학의 교
육이니라.
25 그리고 신앙을 너희들이 편리한 대로
만들어 이끌어 감이니라.
26 그러니 인간의 생각으로써 인간의 교
육을 시킨 너희들이 인간의 신학이라
는 그 교육이요, 인간의 지성미를 가
르쳐 내보낸 그와 같은 교육을 받은
자들이,
27 그 신앙이 편리하고 지적이며, 그리고
교양이 있어 보이며, 그 위엄을 지키
는 그 속에서 보이는 그대로 너희들이
아름다운 모습이요, 근엄한 모습까지
보이나,
28 그들의 이면은 상상할 수 없는 것이
너희들이 보지 못하는 그 이면이 있으
니, 이것이 오늘의 종교 집단이요, 지
도자 그들이니라.
29 행함이 없으며 베풂이 없으며 나눔이
없는 이것이 인간 교육의 한계요, 너
희들이 벗어나지 못하는 것이니라.
30 겉으로 보기에는 더 이상 아름다움이
없으며, 겉으로는 더 이상 너희들이
근엄함이 없으며, 더 이상 너희들이
탓할 것이 없는 것 같으나,
31 그들이 행하고 지키며 내가 말하는 좁
고 어렵고 힘든 길을 가지 아니하며
그 반대의 길을 가는 것이니, 그리하
여 내가 오늘의 아름다운 꽃을 피우기
위하여 이 역사를 이룸이니라.
32 나 여호와가 거둬들이는 열매는 맺지
못하느니라.
33 내가 거둬들이고자 하는 그 열매를 맺
지 못하며, 내가 피우고자 하는 그 꽃
을 이 지상의 낙원에 피우지 못하는
것이 너희들이니라.
34 나의 백성이 아니요, 나와는 관계없는
이 무서운 하늘의 이치를 알지 못하
며, 하늘에 오르고자 하는 그와 같은
길을 너희들이 몸과 마음을 다 바쳐
내 뜻을 알며 하늘의 이치를 알아 내
뜻에 따라 오르고자 하는 백성이 아님
을 알라.
35 인간의 입맛에 맞아 인간이 거기서 허
덕이지 못하도록, 그리고 너희들이 눈
으로 봐서 아름답고 근엄한 것, 그리
고 너희들이 지적이요, 교양 있는 것
같은 인간의 교육의 한계에서 벗어나
지 못하며,
36 또 그것도 너희들이 형식적이요, 위선
이요, 거짓된 그와 같은 행위로써 모
두가 이루어진 것이니, 다 너희들이
가라지와 같은 형국으로써 너희들이
지금 겉치레를 하고 있음이니,
37 분을 발라 너희들이 그 얼굴을 가리는
것이니, 언젠가 그것이 씻어질 것이며
지워지는 형국이니,
38 오늘 바로 내가 나의 법전을 내려보내
그 모두를 벗기는 것이니 너희들은 알
라.
39 너희들이 성령으로써 임하지 아니하
는 자는 절대 나의 뜻을 알 수 없으며,
성경의 뜻도 알 수 없으며, 내가 내린
계명의 뜻도 알 수 없으며, 나의 법전

도 알 수 없는 것이니라.
40 그러니 나의 아들을 따르는 백성 너희
들은 무어라 말해도 행하며, 그리고
성령이 임하는 백성으로서 거듭나는
그와 같은 삶을 살라.
41 그리 너희들이 성령으로 거듭나는 백
성이 되었을 때, 구약 시대를 다 들여
다볼 수 있으며, 신약 시대의 중간 주
자의 역할이라는 것이 무엇이며, 그
한계가 무엇이며,
42 지금 제3의 시대를 열어 대명을 역사
하는 백성들이 해야 할 일이 무엇이
며, 너희들이 하는 것이 무엇인지 알
게 됨이니라.
43 이것은 나 여호와의 뜻이요, 하늘의
뜻에 의하여 내가 이루는 것이요, 천
년에 걸쳐 지상의 낙원을 이루어, 너
희들이 꺾이지도 않고 타지 않는 그
꽃이 이 세상을 덮는 것처럼 그와 같
은 세상의 그와 같이 모두를 역사하
는 것이 나의 뜻이니라.
44 이것은 오로지 성령으로 임해야 되느
니라.
45 나의 아들이 160권의 법전을 내며 한
송이의 그 꽃을 피우는 것은 성령으로
임하기 때문이니, 그 제자들이 또한
나의 아들을 따라 성령이 임하게 됨이
니,
46 그리하여 너희들이 아름다운 꽃을 같
이 피워 이 세상을 천국의 그 꽃의 나
라처럼 지상의 꽃 나라를 만드는 것이
너희들의 대명이라 하였음을 절대 잊
지 말라, 사랑하는 나의 아들딸들아!
47 이제 너희들이 신학이요, 인간의 지식
이요, 인간의 장삿속으로 가르친 그
지도자들이 인간의 입맛에 맞도록 만
들어 낸 그 음식이요, 그 교리에 너희
들이 현혹되어, 참진리요, 하늘의 길
을 보지 못하는 어리석음을 갖지 말도
록 그리하라, 사랑하는 나의 아들딸들
아!
48 외형의 모습을 가지고 사람을 평가한
다면, 너희들은 백전백패를 하게 되
어 있는 것이 인간 세상이니라.
49 진정한 보석을 가진 자는 설명이 필요
없으며 위선이 없다 하였음이니라.
50 너희들이 포장을 아름답게 할 필요도
없으며 포장으로 현혹할 것도 없음이
니라.
51 가짜요, 진정한 보석을 갖지 아니한
자가 그를 속이기 위하여 위장된 것이
요, 아름다운 포장이요, 현란한 포장
으로써 그를 장식하는 것이 아니더냐?
52 그러니 인간의 입맛에 맞도록 모두를
만들어 내는 그것은 교양이요, 지적인
것같이 보이나,
53 그는 사탄이요, 마귀의 그 추한 행동
에서 이루어지는 것임을 너희들은 보
고 듣고 깨우쳐 그 현실을 바로 보도
록 하라, 사랑하는 나의 아들딸들아!

10,191 번째 하나님 말씀

2004년 3월 30일 08시 19분

1 사랑하는 나의 아들아!
2 "네, 아버님! 말씀하옵소서."
3 내가 만백성 너희들이 누구나 다 거듭
나는 영광이요, 그리고 나의 나라에
올 수 있는 자격이요, 영원한 불변의
이 천국에 너희들이 올 수 있도록 나

는 너희들에게 모든 자격을 주었으며
그 권리를 주었음이니라.
4 그리고 너희들이 깨우쳐 오는 자가 올
수 있도록 문은 항상 열려 있으며, 그
길 또한 내가 항상 너희들에게 비춰
주고 있음이니, 그 빛을 따라오면 되
는 것이니라.
5 다만, 너희들이 그 빛을 따라서 그 열
린 문으로 올 수 있는 것은 성령이 임
한 백성이 아니면 절대 아니 된다는
것, 그러니 성령으로 임하지 않은 백
성은 그 길을 볼 수 없음이니,
6 그 길을 따라올 수 없으며 그 빛을 볼
수 없음이니, 그 빛을 보고 그 길을 따
라오지 못함이니, 너희들이 열려 있는
그 문 자체도 들어올 수 없는 것임을
알라.
7 열려 있는 문을 볼 수 있는 것, 그리고
그 길을 볼 수 있는 백성이 되고자 한
다면, 성령으로 임하는 백성이요, 성
령이 임하는 백성은 무엇이더냐?
8 너희들이 천사와 같은 마음이요, '나'
를 버리고 사는 것이요, 나의 계명대
로, 나의 법전대로 살아가고자 할 때,
너희들이 성령이 임할 수 있는 그릇이
닦아짐이니라.
9 닦고 또 닦는 것이 무엇이더냐?
10 계명을 암송하고 지키고 지키며, 나의
법전을 정독하고 정독하여 너희들이
너희 자신을 씻어 내고 또 씻어 내고
닦았을 때, 너희들이 성령이 임할 수
있는 영광을 얻게 되느니라.
11 나의 만백성이 구원의 영광을 받을 수
있는 것은 성령이 임하는 그것뿐임을
알라.
12 좁고 힘든 그 길이요, 그리고 성령이
임하는 것은 너희들이 협착하고 힘든
길이니라.
13 그리하여 너희들이 어렵고 힘든 길이
라 했으니, 그러나 너희들은 그와 같
은 길을 오는 것, 그와 같은 믿음의 역
사를 이기고 가는 것, 그것이 나에게
오를 수 있는 길이니라.
14 성령이 임하는 길은 좁고 힘든 길이거
늘, 너희들이 대중적인 그 삶이요, 대
중적인 믿음이요, 그곳에서 한 발짝만
앞으로 나가면 나에게 오를 수 있다는
그와 같은 생각을 하고 가는 자들, 그
착각에서 벗어나야 됨을 알라.
15 한 발짝이요, 하나를 더 깨달아 오는
것이 아니라,
16 너희들이 영원히 앞을 향하여 달려오
며, 그리고 성령이 임한 삶을 너희들
이 무너트리지 아니하고 지속하여 살
아야 함이니,
17 그렇지 아니하면 너희들이 나에게 올
수 없으며 나를 볼 수 없다는 이 무서
운 사실을 머릿속에 깊이 심어 주도록
그리하라, 사랑하는 나의 아들아!

10,192 번째 하나님 말씀

2004년 3월 30일 19시 30분

1 사랑하는 나의 아들아!
2 "네, 아버님! 말씀하옵소서."
3 너를 따르는 제자들이요, 법전을 만드
는 제자, 너희들이 지금 160권의 법전
을 만듦에 있어서 백 권을 넘었다 내
가 그리하지 아니하였던가?
4 또한 그와 같이 나의 법전을 역사하는

그 제자들이 과연 너희들의 깨달음이
요, 지금 하늘의 이치요, 그 뜻을 얼마
나 알고 있는가?
5 그리고 너희들이 많은 백성들에 의해
서 선생으로서 가르칠 자격이 있으며,
너희들이 그와 같은 깨달음의 경지에
올랐는가 내가 너희들에게 물어보고
자 하노라.
6 지금 내가 하늘에서 콩을 뿌리듯이,
많은 것을 한 가지씩 백성들에게 가르
쳐 줘, 그 많은 이치와 진리를 가지고
모든 백성들이 세상밖에 모두가 다 뿌
려져 있으며 심어져 가고 있다 하지
않더냐?
7 그러니 그 뿌려진 콩과 같은 나의 뜻
을 가지고 있는 백성들이 저희들 스스
로 깨우치며 연구하고 저희들이 변화
되는 그와 같은 그들의 삶의 경지가
완벽한 질서는 잡혀 있지 아니하여도,
8 나의 아들을 따라 법전을 만드는 제자
들이요, 그리고 나의 아들을 따라 공
부하는 제자 너희들보다 몇 단계 위의
높은 수준에 그들이 지금 임하여 있다
면 과연 너희들은 어찌하는가?
9 그들이 와서 너희들에게 갑론을박할
때, 과연 너희들이 대답하지 못하며
나의 법전에 의해 그들을 설득시키지
못할 때, 너희들이 무너짐이 아니요,
나의 법전이 무너지며 나의 아들이 무
너지는 그와 같은 형국에 이를 것이니,
10 과연 너희들이 지금 얼마만큼 깨달았
으며, 얼마만큼 경지에 올라와 있으
며, 얼마나 변화되어 있으며, 그리고
얼마나 알고 있는가 한번 너희들에게
내가 물어보고자 함이니라.
11 너희들이 어찌하여 인간의 생각이요,
인간의 마음의 고리를 끊지 못하고 이
귀중한 나의 법전이요, 나의 성령을
직접 듣고 가르치는 백성 너희들이
세상사의 인간 고리요, 인간의 욕심이
요, 인간의 생각이요, 자기의 어떠한
계획된 것이요, 자기의 생각이라는 것
을 버리지 못하고,
12 아직도 너희들이 서로 시시비비하며
서로 형제지간에 옳고 그름을 따지며,
너희들이 앞에 가는 자, 뒤에 가는 자,
서로가 옳고 그르다는 그와 같은 말
을 한다면,
13 지금의 너희들이 교회라는 곳, 죄의
온상이라는 곳, 그 신도들이요, 그 믿
음의 길을 가는 자들이 서로 이해관
계에 밥그릇을 놓고 송사하는 자들이
있으며, 멱살잡이 하는 자들이 있으며
삿대질하는 자 있으며,
14 한 형제요, 자매라 말하는 자들이 '언
제 네가 나와 자매였냐?' 하는 자처럼
등 돌리고 돌아서는 그와 같은 추한
꼴을 보이는 것이 오늘의 너희들의
믿음의 길을 가는 자들의 행위이니,
그를 보는 내 마음이 과연 어떠하겠
느냐 하였거늘,
15 너희들이 지금 나의 성령이요, 나의
법전이요, 나의 뜻이요, 하늘의 진리
요, 그리고 창조주 내가 역사하는 마
지막이라 전하는 나의 뜻을 다루고
너희들이 강론을 들으며 그를 가지고
공부하며 만백성을 깨우치는 제자로
거듭나라 하는 너희들이 아직도 형제
지간에 시시비비하며 그 자리를 벗어
나지 못한다면,

16 내가 콩을 심듯이 그 한 가지씩의 특성을 주어 깨우친 그 백성들이 지금 너희들보다 높은 경지에 와 있다면,

17 너희들은 과연 어찌하려고 지금 다람쥐 쳇바퀴 돌듯이, 인간의 형태요, 인간의 생각을 벗어나지 못하고 아직도 그와 같은 형태에 머물러 있는가?

18 내가 너희들에게 묻고자 함이니, 과연 그러고도 너희들이 나로부터 은혜를 받을 수 있으며 나로부터 영광을 받을 수 있다 하겠느냐?

19 네가 미워하지 않는 마음, 질투하지 않는 마음, 시기하는 마음이 아니요, 그리고 기다리는 마음이요, 인내하는 마음이요,

20 이것이 너희들의 양심이요, 너희들이 성령이 임할 수 있는 것이라 내가 너희들에게 일찍이 깨우쳐 주고, 수없이 너희들이 그 사랑의 노래를 부름이니, 그 구절 하나하나를 한번 짚어 보도록 그리하라.

21 그와 같이 너희들이 하고 있는 자들이 과연 얼마나 행하고 있으며, 얼마나 변해져 있으며, 얼마나 나의 아들의 뜻을 따라 역사하고 있는가?

22 너희들이 제자리걸음이요, 하나도 변한 것도 없으며, 너희들이 지금 돌과 같은 형국이 되어 있음이니,

23 알아듣지도 못하며 변하지도 못하며 가르치지도 못하는 너희들이 그와 같이 듣지도 못하고 보지도 못하고 가르치지도 못하는 돌부처처럼 되어 있다면, 과연 너희들은 어찌하겠는가?

24 나 여호와의 마음을 너희들이 그리 울리고도 나에게 올 수 있으며, 은혜가 있으며, 너희들이 오늘의 어렵고 힘든 이 고비를 모두 넘길 수 있다 생각하는가?

25 너희들 자신이 가슴에 손을 얹고 생각하고 깨우쳐 돌이켜 보도록 하라.

26 지금 내가 심어 놓은 백성들이 나의 아들 앞에 와 고개 숙이고 너희들에게 그들이 배우고 깨우친 걸 가지고 갑론을박할 때, 너희들이 그를 따르지 못할 것이며, 그들과 나의 아들이 하는 이야기를 듣지도 못하고 알아듣지도 못하는 것이 오늘 너희들의 수준임이니라.

27 그러니 너희들이 그 수준을 벗어나려거든, 너희 형제끼리 시기하고 질투하며 의혹하며 모함하는 그와 같은 마음을 먼저 뿌리를 뽑아야 될 것이며,

28 그와 같은 생각 자체를 너희들이 하고 있다는 것이 얼마나 부끄러운 것이며, 나를 고통 속으로 모는가 그것을 알아야 될 것이니,

29 너희들이 더 이상 어리석은 그곳에서 헤매지 말며, 그곳에서 벗어나는 그 믿음의 길을 가지 못하는 어리석은 너희들이 되지 말라.

30 내가 모든 종교 집단이요, 믿음의 길을 가는 자, 다람쥐 쳇바퀴 돌듯이 제자리를 돌고 도는 것이라 했으니, 너희들이 그보다 더한 자이며,

31 제자리를 돌고 돌고 머물러 있는 것이 바로 너희들이라는 걸 내가 마지막으로 경고함이니 그리 알라.

10,193 번째 하나님 말씀

2004년 3월 30일 19시 39분

1 사랑하는 나의 아들아!
2 "네, 아버님! 말씀하옵소서."
3 아무리 네 마음이 아프며 네 가슴이
춥다 해도, 너는 나의 아들이요, 만백
성을 구하는 대명을 받은 자요, 마지
막 나의 아들로서 그 모두를 역사하
며, 160권의 법전으로써 너희들이 그
모든 백성들을 깨우쳐 인도할 것이며,
4 또한 너희들이 모든 백성으로부터 심
판을 받을 것이니라.
5 모두가 다 나의 법전이 무엇인가는 나
의 백성들이 심판할 것이며, 너희들이
오늘의 역사하는 것을 또한 그들로부
터 심판을 받을 때 한 점의 부끄러움
이 없는 그와 같은 너희들이 되어야
할 것이니,
6 너희들이 오늘의 슬프고 고통스러운
마음이요, 그 모두를 견디고 인내하는
그와 같은 굳은 결의로써 가지 아니하
면 아니 됨이니라.
7 너희들이 흔들리며 무너지며 가슴이
아파하는 것을 가지고 간다면 너희들
은 아니 됨이니라.
8 너희들이 무엇이 두렵고 무엇이 부족
하여 가슴 아픔을 가지며, 두려운 마
음을 가지며, 너희 자신이 초라한 마
음을 갖고 살아가야 하는가?
9 너와 너의 제자들 또한 그와 같은 마
음을 가지고 살아서는 절대 아니 됨이
니라.
10 너희들은 나 여호와의 뜻을 알며, 내
가 역사하는 것을 알며, 하늘의 진리
를 아는 것이 아니더냐?
11 그리하여 너희들은 성령으로써 임한
백성만이 구원을 받는다는 것을 알기
에, 너희들이 성령이 임한 백성이 될
수 있도록 너희들을 닦아 내고 씻어
내며 다스려 가는 그와 같은 백성들
이 아니더냐?
12 그러니 너희들이 있음으로써 미래가
있으며, 너희들이 있으므로 하늘과 같
은 천국이 지상에서 이루어지는 그와
같은 현상이 이루어질 것이며,
13 너희들이 없으면 결코 그와 같은 것은
역사할 수 없음이니,
14 너희들이 오늘의 초라한 모습이요, 두
려운 마음이요, 나약한 마음으로써 흔
들리는 마음을 가지고 가서는 아니 됨
이니라, 사랑하는 나의 아들딸들아!
15 하나가 흔들리면 둘이 흔들리며, 둘이
흔들리면 또 넷이 흔들리느니라.
16 그러니 너희들이 오늘의 초라함이요,
오늘의 너희들이 힘들고 어렵다 하여
너희들 자신이 흔들리는 그와 같은 마
음을 가져서는 아니 됨이니 그리 알라
전하라.
17 내가 성령으로 임하여 성령이 임할 수
있는 백성은 오로지 너를 따르는 제자
들이요, 그리고 나의 법전을 읽고 깨
우친 백성, 그들밖에 없음이니라.
18 지금의 모든 신앙생활을 하는 그 백
성들이 어떠한 줄 알겠느냐?
19 성령으로 임하여야만 너희들이 모두
를 안다 하였으나,
20 그 백성들이 성령으로 임하는 길을 가
는 것이 아니요, 그들의 가슴속에는
인간의 교육을 신학에 이르는 그 교육

이요, 신학의 그 교육을 받는 그곳에
서 저희들이 지식을 함양시키며,
21 그리하여 저희들이 신학의 공부와 지
식을 함양시킨 것을 참진리요, 아름
다움으로 행하고 역사하는 것이 아니
라,
22 인간을 다루며 조직을 관리하는 그와
같은 인간 교육의 교리를 역사하는
데 그 모두를 저희 가슴에 채워, 종교
지도자라 하여 세상에 나와 나의 피조
물 만백성을 깨우친다 하니,
23 내가 바로 이방인보다 못한 것이 그
들이요, 이방인보다도 구원을 받을
수 있는 백성이 없다 함이요, 그들이
이방인보다 못하며 부족하다 함이 나
여호와의 뜻이 여기 있음을 알라.
24 인간의 교리로써 신학의 공부요, 너희
들이 지식을 공부하는 자들이 참진리
요, 하늘의 그 방대한 나의 뜻을 알려
하는 것이 아니라,
25 인간의 보이는 현실주의요, 너희들이
실용주의에 빠져 한치 앞도 못 보는
어리석은 백성이 지도자요,
26 그리하여 거기 와서 너희들이 구원을
받는다 울고불고하는 이와 같은 형국
이 되어 있음이니,
27 그리하여 나와 너희들과는 아무런 관
계도 없는 그와 같은 길을 가고 있다
내가 말함이니라.
28 모든 백성들이 성경을 들어 나에게 올
수 있는 길을 가는 것이 너희들이 가
야 할 길이거늘, 그 길을 가는 백성이
지금 여기에 없음이니, 나의 마음이
과연 어떠하겠는가?
29 너희들은 지금 인간의 교리만을 가지
고 이 세상을 지배하며, 인간의 교리
로써 너희들 스스로 성령의 길을 보지
못하며, 참진리의 길을 보지 못하며,
나의 성령을 받을 수 있는 준비를 하
지 못하고,
30 인간의 교리에 따라 몸부림치며 울고
불고 가는 그 신앙 때문에, 너희들이
지금 다 타락된 백성이요, 그리고 나
로부터 버림받은 백성이라는 것을 깨
우쳐야 될 것이거늘,
31 어찌하여 너희들이 이를 들여다보지
아니하며, 내가 너희들에게 그 참진리
요, 무서운 매를 내리거늘, 그 무서운
매를 맞는 것을 너희들은 고깝게만 생
각하며, 그것이 사랑의 매라는 것을
어찌하여 모른단 말이더냐?
32 지금 나의 백성 너희들은 이제 알아야
될 것이니라.
33 너희들이 지금 인간이 만든 그 교리가
너희들의 입에 맞는 떡이요, 너희들의
입에 맞는 반찬과 같음이니,
34 거기에 현혹되어 너희들이 거듭나는
그와 같은 길을 보지 못한다면, 너희
들은 나에게 오르는 길을 볼 수 없다
는 것을 알라.
35 모든 교회요, 성당이요, 법당이요, 모
든 종파가, 너희들의 교파들이 다 지
금 다시 태어나지 아니하면 아니 됨이
니라.
36 너희들이 거듭나지 아니하면 나의 백
성들을 구할 수 없다는 것을 알라.
37 너희들이 이대로 존재하는 것이 나의
피조물 만백성을 지옥으로 이끌어 가
는 것이요, 너희들이 지금과 같이 존
재하는 그와 같은 너희들의 가르침이

요, 그와 같은 조직을 운영하고 간다면,
38 나의 피조물 만백성은 구원받을 자가 하나도 없다는 것을 내가 너희들에게 명함이니,
39 너희들이 다 무너지고 문을 닫아야만 나의 백성들이 살 수 있다는 것을 내가 나의 법전에 기록하여 전함이니 그리 알라.

10,194 번째 하나님 말씀

2004년 3월 30일 19시 44분

1 사랑하는 나의 아들아!
2 "네, 아버님! 말씀하옵소서."
3 모든 종교 집단이요, 너희들이 수천 년 흘러오는 그 집단들이 한 가지는 제대로 가르치고 말하느니라.
4 너희들이 가르치는 그 믿음 속에서 무어라 말하느냐?
5 너희들이 믿음과 소망과 사랑 중에, 그중에 제일이 사랑이요, 으뜸이 사랑이라 그리 말하고 가르치니, 그는 너희들이 정확하게 가르치는 것 중의 하나이니라.
6 그러나 너희들은 여기서 가르치고 전하기는 그리하나, 너희들이 정녕 그 사랑이 으뜸이란 무엇이더냐?
7 말로써 너희들이 으뜸이라 하여서는 아니 됨이니, 사랑은 실천하는 것이 가장 중요하며 제일 귀한 것이라는 것이니라.
8 그러나 너희들은 그 중하고 소중한 것을 실천을 하지 아니하며 행하지 않는 사랑을 하고 있기 때문에, 너희들이 오늘 이와 같이 험악한 세상이 되었음이니라.
9 그러니 너희들이 제대로 가르친들 그를 행하는 것을 감시 감독하지 아니하며, 그를 행하는 것이 너희들의 모두를 다 바쳐 역사하는 그와 같은 백성으로 가르치고 다스려야 되거늘,
10 그와 같이 너희들이 다스리고 가르칠 때 너희들에게 재물을 바치지 아니하며, 너희들에게 와서 경배하는 백성이 없어짐이니,
11 너희들은 그를 예방하기 위하여 참진리가 어떤 것인지를 알면서도 너희들이 타협과 비진리의 길로써 나의 피조물 만백성을 이끌어 가는 그와 같은 사악한 자들이 되어 있음이니라.
12 너희들이 인간 세상에서 하는 사업이요, 기업도 아니요, 너희들이 거듭나느냐 거듭나지 못하느냐 하는 것이니,
13 너희들이 백 년을 살다 마는 그 삶이 다 덧없는 인생이라 말하지만, 또한 그보다 더 귀하고 소중한 것이 없다 말하면서,
14 너희들이 영원히 사는 그 삶이요, 영원히 사는 그 세상의 삶을 위해서 그들을 기만하며 그를 잘못 가르침이요, 그들을 죽게 함이니, 그 죄가 얼마나 무서운 줄 알겠느냐?
15 사랑이 제일이라면서, 그 제일의 사랑은 실천하는 것이라 하였거늘, 너희들이 그를 행하지 않는 오늘이 되었기에 세상이 이리 험악하게 되었음을,
16 그 모두는 오늘의 너희들이 믿음의 길을 가는 자의 선두주자요, 앞에 가는 자요, 지도자라는 자들이 책임자라는

것을 잊지 말라.
17 모든 백성은 사랑을 실천할 때, 그때
만이 너희들에게 성령이 임한다는 것
을 절대 잊지 말라.
18 너희들이 믿는 자보다도 내가 이방인
이 더 사랑하는 백성이요, 내 뜻을 더
실천을 하고 사는 백성들이라 함이 무
엇인 줄 알겠느냐?
19 그들은 아직도 순박하고 순수한 것 같
은 나눔의 사랑을 스스로 그들이 전해
오는 그대로 역사하고 진행하는 것이
니라.
20 그러나 너희들은 그들과 같은 삶을 살
지 아니함이니라.
21 그리고 너희들이 교리에 따라서 너희
들의 입맛에 맞는 그와 같은 사랑으
로 모두를 역사하고 있기 때문에,
22 너희들이 변질되고 또 변질되어 타락
될 때로 타락되었으며, 쓰러질 대로
쓰러진 것이니라.
23 그러니 너희들의 교리만을 가지고 가
르치고 부르짖을 뿐, 너희들이 행하고
실천하는 사랑은 없음이니,
24 그러니 나의 뜻을 거역하는 자들이요,
나의 뜻을 불순종하는 백성이 너희들
자신이니라.
25 그러나 그와 같이 따라가는 나의 사랑
하는 백성들이 너희 자신이 그렇게
변해졌으며,
26 그러한 백성으로서 불순종하는 백성
이요, 내 뜻을 거역하는 백성이라는
걸 저희 자신도 모르고 어느 사이에
너희들이 그리 무너지고 흘러가고 있
음을 지금도 모르고 있음이니,
27 모르고 가는 그 가련한 백성들을 깨우
쳐 주고자 함이 나 여호와의 뜻임이니
그리 알라.
28 그러니 모르고 흘러가는 것, 제가 지
금 사탄이요, 이단의 뜻을 따르며 나
여호와의 뜻을 거역하며 불순종하는,
명령을 거부하는 그와 같은 것을 저희
들이 하고 있다는 것을 모르고 흘러가
는 그 가련하고 불쌍한 백성들을 너희
들은 깨우치는 데 모두를 다 바치며,
최선을 다하도록 해야 됨을 잊지 말
라, 사랑하는 나의 아들딸들아!
29 말로써 가장 정확하게 가르치며 잘
가르친다는 너희들이 믿음과 소망과
사랑 중에 그중에 제일 으뜸은 사랑
이라는 것,
30 정확하게 가르치는 그것 하나라도 너
희들이 실천하고 몸소 행하는 삶을
살도록 한다면,
31 너희들이 지옥문 앞에 가 들어가지 않
으려고 울고불고 몸부림치는 것이 네
모습은 아닐 것이라 전함이니 그리
알라.

10,195 번째 하나님 말씀

2004년 3월 30일 19시 48분

1 사랑하는 나의 아들아!
2 "네, 아버님! 말씀하옵소서."
3 지금의 믿음의 길을 가는 종교 지도자
라는 그 백성들이 십자가를 밤마다 하
늘을 향하여 불을 켜 놓고 있음이니,
그것이 내가 우상이라 말하였음이니
라.
4 그 우상을 만들어 너희들이 붉게 밤마
다 나를 향하여 그를 보임이니, 그것

이 나를 고문하는 것이요, 나를 욕되
게 하는 것이요, 나의 고통을 너희들
이 가중시키는 것이라 내가 너희들에
게 그리 말하지 아니하였더냐?
5 그러니 그 모두가 지금도 너희들이 밤
과 낮을 가리지 아니하고 그와 같은
것이 계속 생겨나는 오늘의 실정이 되
어 버렸느니라.
6 그러니 너희들이 나를 고문하는 것만
을 만들어 내는 것이요,
7 나의 피조물 만백성을 깨우치고 역사
하는 것이 너희들이 오늘의 그와 같은
교회요, 성막이요, 성전이요, 성당이
라는 것이 아님을 알라.
8 너희가 구원이요, 진정한 진리의 길을
연구하는 것이 아니니라.
9 너희들이 밤마다 십자가라는 것을 켜
놓고 나를 고문함이니,
10 너희들이야말로 진정한 도를 닦는 백
성들이요, 너희들보다 도를 닦는 데
열과 성의를 다하는 백성들이 없음이
니,
11 너희들은 십자가를 걸어 놓고 십자가
에 도를 닦는 자이니라.
12 그러니 십자가의 도를 닦는 데 너희들
은 한 치도 소홀함이 없으며 한 치도
어긋남이 없는 그와 같은 도를 닦는
백성들이니, 지금의 너희들이 십자가
를 놓고 십자가의 도를 닦는 믿음이
요, 신앙생활을 하고 있는 것이니라.
13 그리고 너희들이 또한 누구도 따라갈
수 없는 철저한 도를 닦는 것이 있음
이니, 그것이 무엇인 줄 알겠느냐?
14 나의 사랑하는 백성들로부터 재물을
거둬들이고 재물을 갈취하는 데 도를
닦으니,
15 그 도를 닦는 데서 너희들이 도사가
다 되어 있으며, 너희들을 따를 자가
세상에 없음이니,
16 너희들이 지금 교회라는 곳, 그리고
나의 십자가라는 우상이라는 것을 세
워 놓고 나를 고문하며, 십자가의 도
를 닦는 그 장소에서 재물을 거둬들이
는 그와 같은 도를 또한 닦고 있음이
니, 그것이 어디더냐?
17 죄의 온상이요, 죄의 온상의 근본이
되는 장소라 하였음이니,
18 너희들은 나의 이 무서운 뜻을 가슴
깊이 받아들이고 깨우침을 얻어야 될
것이니라.
19 너희들은 십자가는 우상이요, 나를 고
문하는 것이요, 너희들의 믿음이요,
신앙은 십자가의 도를 닦는 것이요,
20 그리고 죄의 온상에서 너희들이 또 하
나의 도를 닦음이니, 재물을 거둬들이
는 도를 닦는 것이 그 누구도 너희들
을 따라갈 수 없도록 철저하도록 지키
며 그 도법에 따라 살아가는 것이니,
21 그와 같은 너희들의 그 믿음의 길로써
도를 닦고 도를 지키는 그 마음에서,
22 참진리요, 나 여호와의 뜻을 연구하여
만백성을 구하는 그와 같은 길로 거듭
나는 백성이 되라 하는 것이 내가 너
희들에게 내리는 마지막 경고요, 바라
는 것이라는 것을 잊지 말라.

10,196 번째 하나님 말씀

2004년 3월 30일 19시 53분

1 사랑하는 나의 아들아!

2 "네, 아버님! 말씀하옵소서."
3 너희들이 말하기를, '밤 말은 쥐가 들
으며 낮 말은 새라는 것이 듣는다.' 그
리 말하지 않느냐?
4 너희들이 나의 아들을 따르는 제자들
이요, 그리고 나의 법전을 가지고 공
부를 하며 하늘의 이치를 깨달아가는
너의 제자들은 그것이 아님이니라.
5 너희들이 지금 하는 이야기들은 모든
날짐승들이 다 듣고 있으며, 그리고
너희들이 하는 말은 모든 식물들이 듣
고 있으며,
6 이 세상에 내가 존재하게 한 모든 미
물들이요, 날아다니며 너희 눈에 보이
는 미물이요, 보이지 않는 미물이요,
네 몸에서 기어 다니는 그 보이지 않
는 미물까지도 너희들이 하는 소리를
다 듣고 있음이니,
7 너희들이 욕된 말을 하는 것, 선한 말
을 하는 것, 악한 말을 하는 것, 그들
도 너희들을 다 평가하며 듣고 있으며,
8 그리고 너희들은 나 여호와의 귀가 이
세상에 듣지 않는 소리가 없으며, 내
가 보지 않는 것이 없다 하였거늘,
9 어찌하여 너희들이 이와 같이 무서운
세상에서 너희 자신이 존재하는 것을
모르며,
10 모든 미물이요, 식물이요, 그 동물들
이 그를 들음이니, 너희들이 죽어 왔
을 때, 그들이 다 너희들을 위하여 옳
고 그름에 손을 드는 자들이요,
11 네가 무슨 욕을 했으며, 네가 누구를
시기했으며, 네가 누구를 음해했으며,
누구를 질투했느냐, 그 심판을 받을
때, 그들도 너희들에게 한 표를 던지
는 그와 같은 역사를 한다면 너희들은
과연 어찌하겠는가?
12 지금의 미물이요, 식물이요, 동물들이
너희들이 하는 소리를 듣기 싫어한다
면, 너희들을 심판할 때 그들이 꼭 한
표를 던질 때, 과연 어떤 것을 던지며
어떠한 쪽으로 손들어 줄 것인지 생각
하고 너희들이 그와 같은 마음으로 세
상을 본다 해도,
13 너희들이 시기하고 질투하고 음해하
고 미워하는 소리가 너희 입으로 나올
수 있다 생각하는가?
14 너희가 심판대에 설 때 그들이 그와
같이 한쪽으로 손들어 너희들의 옳고
그름의 점수를 매기는 것보다도,
15 내 귀가 그 모두를 다 듣고 있으며 내
눈이 그 모두를 다 보고 있음이니, 너
희들은 이와 같은 세상의 이치를 두려
운 줄 알아야 될 것이니라.
16 모두가 다 듣고 있으며 모두가 보고
있음이니라.
17 그러니 어찌하여 너희들이 너희 입으
로 그 아름다운 말을 하지 아니하며,
너희들이 추하고 욕된 말을 함부로 할
수 있단 말이더냐?
18 그러니 너희들이 나의 아들의 마음을
흔드는 자들이요, 나의 아들이 바로
가고자 하는 그 마음을 무너트리는 자
들이니,
19 그와 같은 지, 나의 아들을 따르는 백
성이요, 나의 아들을 따르는 제자가
될 수 없으며, 나에게 선택된 백성으
로서 너희들이 더불어 갈 수 없다는
것을 알아야 될 것이니라.
20 이제 내가 너희들에게 쥐와 새가 너

희들이 하는 말을 듣는 것이 아니요,
21 너희들 몸에 붙어 있는 보이지 않는 미물까지도, 그리고 보이지 않는 그 모든 것들이 다 너희들이 하는 이야기를 듣고 있으며,
22 말 못 하는 식물이요, 날아다니는 새들이요, 동물들까지도, 그리고 내가 귀를 열어 놓고 모두를 다 듣고 있음이니,
23 그리하여 심판할 때 너희들이 어떠한 행위를 어찌했는가를 아무리 변명을 하고 또 변명을 한다 해도, 그들이 증거함으로써 너희들에게 입증할 것이니,
24 너희들은 알아서 행하고 행동하도록 그리하라.

10,197 번째 하나님 말씀

2004년 3월 30일 20시 02분

1 사랑하는 나의 아들아!
2 "네, 아버님! 말씀하옵소서."
3 너희들은 알고 또한 깨달아야 될 것이니라.
4 그리고 진정한 그 믿음이요, 하늘의 뜻을 너희들이 알지 못하면 아니 됨이니라.
5 이스라엘의 선택된 그 백성들이 왜 약속의 땅, 가나안 땅으로 직접 다 가지 못하고,
6 너희들이 약속의 땅에 가기 전에 구별하고 또 구별하여, 선별하고 또 선별하여,
7 그 은혜를 받을 자와 받지 못할 자가 구분되는 그와 같은 슬픈 엇갈리는 현상이 일어났겠는가?
8 모두를 다 바쳐 역사한 자요,
9 저희들이 한 점의 부끄러움이 없이 왔다 한 자도 가지 못했으며,
10 선별하고 또 선별하는, 그리고 구별하고 또 구별하는 그와 같은 아픔의 그 상처가 너희들이 가지고 왔던 과거사가 아니더냐?
11 그러니 너희들은 여기서 들어야 될 것이니라.
12 너희들이 그와 같이 약속의 땅에 가도록 된 자도 거기서 구별하고 또 구별하고,
13 선별하고 또 선별하여, 갈 자와 안 갈 자를 구분한 그와 같은 의미를 안다면,
14 오늘 나의 아들 예수를 찾고 믿는 것으로써, 그리고 너희들이 나의 아들 예수의 보혈로써 구원을 받았다 그리 말하는 것,
15 너희들이 영원히 구원의 길에 들어섰다 말하며 구원을 받았다 하는 백성, 너희들은 이제 너희들 스스로 착각 속에서 벗어나야 됨을 알라.
16 나의 아들 예수를 믿는 것, 그리고 나의 아들 예수의 보혈의 의미가 너희들은 무엇인 줄 알겠느냐?
17 나 여호와에게 올라오고자 하는 그 출발선에 입문하여 거기까지 오는 것, 그 역사함을 너희들이 얻는 것임이니라.
18 나의 아들 예수의 보혈로써 나의 아들 예수를 부르짖으며 나를 찾으며 이와 같이 울고불고하는 너희들이 오늘의 믿음이라는 것은 바로 너희들이 나에게 오를 수 있는 그 출발선까지,

19 거기까지 너희들이 입문하여 그 문 앞
에 와 서 있는 것이니,
20 바로 예수의 보혈이요,
21 나의 아들의 그 죽음의 고통이요,
22 그 모두로써 너희들이 받을 수 있는
은혜는 거기까지임이니라.
23 그러니 너희들이 먼 길을 달리기 위해
선수가 출발하기 전에 출발선까지 올
수 있는 것으로 그 모두를 역사하도록
내가 그리하였으며,
24 너희들이 나에게 오르고 안 오르는 것
은 그때부터 너희들이 모두를 역사하
는 것이라는 것을 알라.
25 그러니 그곳에서 너희들이 헤어나지
못하고 아직도 출발하지 못한 것이 오
늘의 믿음이요,
26 종교 집단 너희들이 지금 가고 있는
형국임을 알라.
27 모든 믿음의 길을 가는 자, 너희들이
나의 아들 예수의 보혈로써 은혜를 받
아 구원을 받았다 말하며,
28 오늘의 종교 집단에서 너희들이 나에
게 올 수 있는 모든 자격을 갖추었다
말하는 자,
29 너희들은 아직도 그 출발선까지도 입
문하지 못한 백성이라는 것을 알라.
30 출발선까지도 입문하지 못한 백성들
이 구원을 받았다 하며 열매를 거둔
것처럼 그리하니,
31 그 불쌍하고 가련한 백성 너희들이 새
로운 성경이요, 내가 내리는 이를 보
고 깨우쳐,
32 너희들이 어찌하여야 하늘에 오르는
것인가를 알아야 될 것이니라.
33 내가 지금 나의 아들을 통하여 내리는
마지막 나의 성령이요, 160권의 법전
도 너희들을 구원하는 것이 아니라,
34 너희들이 구원의 길에 들어설 수 있는
그 문턱에까지만 모두를 안내하고 인
도한다는 그 무서운 사실을 너희들은
수없이 들어서 알고 있을 것이니라.
35 내가 너희들에게 무어라 하였느냐, 너
희들은 내가 역사하는 말을 어찌하여
그리 귀 기울이지 않고 소홀히 들었던
가?
36 내가 한 말에 대해 너희들이 귀를 기
울여 반듯이 깨우쳐 너희 것으로 만들
라 내가 수없이 너희들에게 그리 말하
였거늘,
37 내가 나의 아들을 통하여 법전에 기록
하는 그와 같은 내용을 너희들은 그저
읽어 한쪽 귀로 흘려보내고,
38 더욱이 지금의 믿음의 길을 가는 백성
들은 사탄이요, 이단이요, 마지막 거
짓 선지자가 현혹케 하는 것이라 하여
태우고 찢어 버리는 그와 같은 행위를
함이니,
39 너희들이 나에게 오르고자 하는 그 출
발선까지 입문하는 그와 같은 역사를
이루어야 되거늘,
40 그 역사를 이루지 못하고도 너희들이
지금 열매를 맺었으며 나에게 올 수
있는 백성이라 하는 어리석음을 알라.
41 너희들이 출발선에 서게 되는 것은 무
엇이더냐?
42 너희들이 그 믿음이요, 진정한 깨달음
을 알아, 나의 아들 예수가 그 죽음으
로써 모두를 역사한 것,
43 그리고 그가 전하고자 하는 것, 너희
들을 깨우치고자 하는 것,

44 그를 행하고 지키고 따름으로 인하여
너희들이 나에게 오를 수 있는 그 출
발선에 입문한다 하였음이니,
45 그 출발선에 입문하는 백성들은 무엇
이더냐?
46 지금 나의 법전을 읽고 깨우친 만백성
너희들도 또한 나의 법전을 읽고 깨우
쳐 나에게 올 수 있는 그 출발선에 입
문하는 그와 같은 은혜를 입은 것은,
47 내가 너희들에게 하나의 단단한 그 씨
앗을 내려 준 것이니라.
48 그러니 씨앗을 받은 자들이 출발선에
서 있는 백성이요,
49 출발선에 입문한 백성 너희들이 나로
부터 하나의 단단하고 건실한 씨앗을
하나 받았음이니,
50 그 씨앗을 받아 너희들이 잘 가꾸고
역사하는 그 과정을 거쳐 너희들이 열
매를 맺어 내가 거둘 수 있을 때,
51 너희들이 나에게 오를 수 있으며 구원
을 받는 것이니,
52 이 세상에 어떠한 것도 너희들을 구원
해 주는 것이 아니요,
53 너희들이 구원의 길에 올 수 있도록,
열매를 맺을 수 있는 씨앗을 나로부터
받을 수 있는 출발선까지 입문하는 것
이니,
54 그것 외에는 누구도 역사하지 못하며,
55 그 이상의 것은 누구도 너희들에게 인
도하며 가르쳐 주는 것이 아니라는 것
을 알라, 사랑하는 나의 아들딸들아!

10,198 번째 하나님 말씀

2004년 3월 30일 20시 08분

1 사랑하는 나의 아들아!
2 "네, 아버님! 말씀하옵소서."
3 나 여호와가 너희들에게 명하여 내리
기를, 너희들이 육을 가지고 행하는
자, 어떠한 행함을 하는 것으로써 너
희들이 나에게 오르는가를, 내가 너희
들에게 다 행함에 대한 지침을 내려보
내서 수없이 나의 법전에 기록하여 전
했느니라.
4 배고픈 자를 대접하는 것, 걸칠 것이
없는 것을 걸치게 해 주는 것,
5 그리고 나그네를 편히 쉬게 하는 것,
6 그리고 가장 낮은 속에서 더불어 사는
삶을 사는 것,
7 이러한 너희들의 행동 지침을 내가 나
의 성경에 기록하여 전했으며,
8 나는 또한 양심의 기준이요,
9 양심의 지표를 너희들에게 내려보냈
음이니라.
10 그러니 성령으로 임하는 백성 너희들
이 행동으로 지킬 것을 내가 다 내려
보냈으며,
11 또한 너희들이 양심에 지켜야 할 것
을, 내가 그 기본이요, 근본을 나의 성
경에 기록하여 너희들에게 일찍 전하
였음이니,
12 너희들은 이와 같은 것을 지키고 행하
는 것이며, 그것으로써 나에게 오르는
길이요,
13 너희들은 그 이상의 아무것도 나에게
오르는 길이 없다는 것을 알아야 될
것이니라.

14 내가 행동의 지침은 수없이 가르쳤으
며, 양심의 기본이요, 양심에 너희들
이 지켜 가는 것을 내가 성서에 기록
하여 전하지 않았더냐?
15 오래 참는 것이 너희들의 양심의 기본
이요,
16 온유함이 너희들의 양심의 기본이요,
투기하지 아니함이 너희들이 양심의
기본이요,
17 사랑하는 것이 너희들의 양심의 기본
이요,
18 악한 것을 생각하지 않는 것이 너희들
의 양심의 기본이요,
19 불의를 기뻐하지 않는 것이 너희들의
양심의 기본이요,
20 진리와 함께 기뻐하는 것이 너희들의
양심의 기본이요,
21 참고 인내하는 것이 너희들의 양심의
기본이요,
22 모든 것을 견딤으로써, 모든 것을 인
내함으로써 그것이 너희들이 모든 양
심을 지킬 수 있는 기본이라 하여 내
가 너희들의 양심의 기본도 상세히 기
록하여 전했음이니,
23 성령으로 임하는 백성 너희들이 양심
의 기준을 지키며, 행함의 그 기준을
지키는 것, 그것이 너희들이 성령이
임함이요,
24 성령이 임하는 백성 너희들이 나에게
오를 수 있으며, 모든 이치를 통달하
게 되는 것이니,
25 나 여호와는 너희들에게 모두를 전하
여 가르쳐 주었거늘, 어찌하여 너희들
은 이와 같은 것을 행동으로 옮겨 지
키는 그와 같은 삶을 살지 아니하고,
26 말로써 너희들이 모두를 다스리며 말
로써 모두를 이루며 그와 같은 삶을
살아간단 말이더냐?
27 나는 너희들에게 모두를 다 주었음이
니라.
28 양심을 지키는 너희들의 그 기본이요,
행함을 지키는 그 기본이요, 모두를
내려보냈으니,
29 이제 너희들이 행하는 것, 너희들이
실천하는 것, 너희 자신이 해야 할 몫
만 남았다는 것을 잊지 말도록 그리하
라.
30 성서에 모두를 기록하여 전하였거늘,
너희들은 이를 지켜 행하지 아니하며,
31 울고불고 재물을 바치며 그저 종교
지도자에게 맹종 맹신하는 것,
32 그리고 사탄의 종이 되어 가르치는 자
들을 나 여호와의 종인 줄 알고 너희
들이 벌벌 떨며 그 앞에 무릎 꿇고 눈
물의 기도를 하며, 그 앞에서 오금을
펴지 못하며,
33 그를 존경하는 것을 나를 존경하는
것보다도 더 위대한 마음으로 그들의
뜻을 따르며, 그 말이 절대적인 것처
럼 따르는 것,
34 그것이 사탄의 종 앞에 너희들이 지금
맹종하는 것이라는 걸 잊지 말라.
35 지금 내가 다시 한 번 나의 아들을 통
하여 나의 법전에 기록한 너희들의
양심의 기본이요, 육의 행함의 기본
이요,
36 그것을 너희 스스로 깨우쳐 가면,
37 그것이 너희들이 하늘에 오르는 길이
요,
38 나의 아들딸로서 거듭나는 것이요, 나

로부터 받을 수 있는 모든 영광과 은
혜를 얻을 수 있는 것이니,
39 그걸 먼저 행하고 역사하는 삶으로
살도록 그리하라.
40 그리하여 그를 너희들이 하지 못하며
행하지 못하기에,
41 내가 나의 아들을 통하여 어떠한 백
성도 읽고 들으면 행할 수 있도록 나
의 법전에 내가 성경의 비밀을 풀며
나의 모든 뜻을 기록하여 전하는 것
이 다시 역사하는 것이요,
42 그리하여 '하늘에 오르는 길'이요, '하
나님! 말씀하옵소서.' 새로운 법전이
요, 새로운 성경이라 내가 명함이니
그리 알라.

10,199 번째 하나님 말씀

2004년 3월 30일 20시 14분

1 사랑하는 나의 아들아!
2 "네, 아버님! 말씀하옵소서."
3 마음 아파하며 슬퍼하는 마음을 갖지
말라.
4 그리고 오로지 너는 나의 법전을 만들
어 꾸준히 전진하는 그와 같은 것만이
모든 백성을 구원하고 살릴 수 있는
길임을 알아야 될 것이니라.
5 어찌하여 네 마음이 아파 우는 것인지
나는 알고 있음이니라.
6 "네, 아버님!
7 저는 정녕 견디기 어렵고 힘드옵나이
다.
8 정녕 아무리 외쳐도 아무리 몸부림을
친다 해도 이를 듣고 보는 사람들이
없으며 이를 따르는 백성이 없사오니,
9 모든 백성들이 너무나 가짜에 젖어 있
으며, 가짜에 익숙해져 있으며, 사탄
에게 익숙해져 있으며, 사탄에게 훈련
이 너무 되어 있으니,
10 그를 깨고 넘는다는 것이 너무나 어
렵고 힘든 것이요, 제 마음이 그리하
여 이리 불안하고 고통스러우며 제 가
슴이 아프옵나이다."
11 사랑하는 나의 아들아!
12 너는 그와 같은 마음을 거두라.
13 지금의 모든 종교 지도자요, 그 집단
신도들이 네가 말하는 대로 그들은 진
품이 아니요,
14 가짜에 너무나 익숙해져 있으며, 많은
세월 속에 거기에 세뇌되어 있으며 거
기에 완전히 젖어 있음이니,
15 누가 진품을 갖다 내민다 해도 그들은
그를 믿지 아니하며 그를 저주할 것이
며, 사탄이요, 마귀라 그리 말할 것이
니라.
16 내가 나의 법전에 기록하여 너에게 전
하지 아니하였더냐?
17 지금의 가짜 꿀이요, 그 꿀을 마시던
그 백성들이 몇십 년, 몇백 년, 몇천
년 그를 먹고 왔음이니, 그들이 그 입
맛에 익숙해져 있으니,
18 진짜 꿀을 갖다 준들 그들이 진짜 꿀
을 받으려 하지 아니하며, 받아들이려
하지 아니하며,
19 그것이 가짜요, 잘못된 것이라 썩은
물이라 그리 말한다 하지 아니하였더
냐?
20 그것이 독소라 하여 먹어 보지도 아니
하며 떠 보려 하지도 않은 것이 그들
이라 하였으니,

21 그들을 바로잡고 깨우치기가 얼마나
힘들고 어려운 것인가를 나는 잘 알고
있음이니,
22 그리하여 160권의 법전을 너를 통하
여 세상에 내려보내며,
23 네가 존재하며 너의 제자들이 하나의
꽃이 다 피어 꽃동산을 이루었을 때
그 모두는 역사한다 하지 아니하였더
냐?
24 진품이 세상에 나와도 그들은 받아들
이지 아니하며, 절대 그를 역사하지
아니하며,
25 그것을 제 것으로 만들려 하지 아니하
는 것을 나 여호와가 모르고 있겠느냐?
26 잘 알고 있음이니라.
27 그러나 그 속에서 너희들이 진품을 진
품으로 보는 백성이 있을 것이니, 그
들을 구원하며 그들과 더불어 너희들
이 가고 역사하면 될 것이니, 두려워
하지 말라.
28 너희들이 지금까지 믿음이요, 그 신앙
이요, 지금까지 울고불고 모두를 다
바쳐 온 그 믿음이 참진리의 길이 아
니요, 나에게 오르는 길이 아니요, 나
의 뜻대로 역사하는 것이 아니라,
29 너희들 인간이 만든 그 교리에 의하여
너희들이 비진리를 가지고 나의 피조
물 만백성을 지금까지 이끌어 왔기 때
문이니라.
30 너희 진정한 진리의 가르침과 깨달음
을 그들은 모르고 있으며,
31 나 여호와의 뜻을 모르며, 내가 역사
하고자 하는 것을 그들은 전혀 모르고
32 지금까지 종교 집단 지도자의 세 치
혓바닥에 현혹되어 저 자신의 판단력
을 상실한 그와 같은 나의 백성들로
타락되었기 때문이니라.
33 그러니 지금까지 익숙해져 있는 너희
들이 그 진품을 보지 못하고 그 비품
을 가지고 지금까지 온 그들이 하루아
침에 어찌하여 이를 변할 수 있겠단
말이더냐?
34 지금 내가 그리하여 나의 법전이요,
진품의 나의 성령이요, 불변하는 나의
뜻을 세상에 내려보내도 이를 들으려
하지 아니하며,
35 이를 보고 깨우치려 하지 아니하는 것
이 그들의 심성이니라.
36 그러나 그들을 너희들은 깨우쳐야 되
며 그들을 다스려야 되며, 그들을 용
서하는 마음으로써 모두를 인내하고
가야 될 것이니라.
37 그 속에 있는 자, 진품을 볼 수 있는
눈을 뜨도록 내가 할 것이며, 그들의
귀와 입을 열어 줄 것이니, 너는 두려
워하지 말라.
38 그들이 지금까지 가짜를 가지고 거기
에만 모두가 익숙해져 있고 저희들이
그 가짜 속에서 너무나 훈련되고 젖어
있기 때문에,
39 저희들이 가지고 있는 것만이 진품이
요, 모두는 다 가짜라 고집을 부리고
있는 것을 어찌하겠느냐?
40 그러니 그들이 그림을 가지고 본체라
하여 여태껏 울부짖고 왔으니,
41 그 그림은 그림이라 너희들이 보여 주
며 본체의 실체의 모습을 보여도 그들
은 보지 아니하느니라.
42 거울에 비치는 모두를 보며 거울에 비
치는 제 모습을 보고 살아왔던 자들이

과연 그 거울 속에 있는 것이 저라 생
각하는 그 착각을 어찌 깨겠느냐?
43 그것은 비쳐진 그림자에 불과한 것이
거늘, 그들은 이것 자체도 구분하지도
못하는 어리석고 불쌍한 백성이요, 가
련한 자들이니,
44 너희들이 그들을 깨우치기 위하여 최
선을 다하도록 그리하라, 사랑하는 나
의 아들딸들아!

10,200 번째 하나님 말씀

2004년 3월 30일 20시 21분

1 사랑하는 나의 아들아!
2 "네, 아버님! 말씀하옵소서."
3 지금의 믿음의 길을 가는 그 백성들이
요, 너희들을 지배하는 자들이라는 그
종교 집단이요, 지도자, 그들이 가고
있는 행위가 어떠한 행위인 줄 알겠느
냐?
4 그들이 얼마나 무모하며 어리석은 행
위를 하는가?
5 그들이 지금 하는 짓이 성한 사람을
갖다 환자로 만들며, 성한 사람을 갖
다 팔다리를 분질러 제 육신을 바로
쓰지 못하는 그와 같은 고통을 주며,
6 그와 같이 바보스러운 사람이요, 병신
의 모양으로 만드는 것이 오늘의 종교
집단이요, 지도자요, 그 신도들이 역
사하는 것이라면, 과연 너희들은 믿겠
느냐?
7 성한 사람을 환자로 만들며 성한 사람
을 병신으로 만드는 그와 같은 행위를
하고 있는 것이 오늘의 믿음이요, 종
교 집단이요, 지도자가 하고 있는 무
모한 행위라는 것을 내가 극단적으로
너희들에게 전함이니, 너희들은 이를
믿어야 될 것이니라.
8 성한 사람을 병신으로 만들지 않는가?
9 그대로 놔두면 그들이 나에게 오를 수
있는 길이요, 스스로 깨달을 수 있는
백성들을 그들이 지금 지옥으로 이끌
어 가며 나와 반대의 길로 이끌어 가
는 그와 같은 행위를 하니,
10 성한 사람을 죽이는 자요, 성한 사람
을 병자로 만들며, 환자로 만들며, 병
신으로 만드는 것보다도 더 사악한 짓
을 하고 있는 것이 그들이니라.
11 이제 너희들은 알아야 될 것이니라.
12 그들의 믿음이 과연 무엇이라 했느냐?
13 그들은 본체는 보지 못하며 그림자를
보고 저희들이 그 그림자에 익숙해졌
으며,
14 그림자만이 저희들이 하늘에 오르는
길이요, 진정한 믿음이라는 그 착각
속에서 그림자에 매달려 살아온 자들
이니,
15 그러니 그들이 본체를 볼 수 있으며
본체의 실체를 볼 수 있겠느냐?
16 그러니 그림자라는 것은 저희들이 무
게가 없으며 너희들이 그를 가지고 이
동하며 그를 움직임이니 고통스러운
것이 없음이니라.
17 그러나 이제 너희들은 알아야 될 것이
니라.
18 본체요, 실체의 그 모두를 가지고 너
희들이 움직여야 될 것이며,
19 아무리 너희들이 작든 크든 그 실체의
본체는 그 무게가 있으며, 그 움직이
는 힘듦이 있으며,

20 그를 다루고 역사하기는 너희들이 그
림자를 가지고 놀고 장난하는 것보다
얼마나 힘들고 고통스러운 길인가?
21 너희들은 그 본체를 가지고 역사하는
것은 힘들고 고통스럽게 그 모두는
지워 버리고,
22 그림자를 가지고 역사하며, 그림자를
가지고 모든 행위를 하는 것,
23 그것을 가지고 너희들이 하늘에 오르
는 길이라 그 착각 속에 살아간 것이
니라.
24 그러니 그림자만 보고 너희들이 믿음
의 길을 왔으며
25 너희들이 성한 사람을 환자요, 병자로
만들고 병신으로 만든 그와 같은 행위
가 너희들이 오늘에 이끌어 온 죄라
면 알겠느냐?
26 그러니 너희들이 그림자를 보고 역사
한 자, 그 본체를 보게 되면 그것이 얼
마나 허상이요, 얼마나 잘못된 것인
지 알게 될 것이니,
27 그때는 이미 너희들이 늦어졌으며,
28 그때는 나에게 와 심판을 받아, 너희
들이 지옥문에 들어가지 아니하려고
울고불고 있는 것이 네 모습이라는 것
을 알아야 될 것이니라.
29 모든 종교 집단 때문에 깨우쳐 하늘에
오를 수 있는 나의 백성들을 지옥으
로 이끌어 가며 죽음의 길로 인도한다
는 것을 내가 나의 법전에 감히 기록
하여 전함이니,
30 너희들이 정녕 오늘의 행함을 보라.
31 나의 아들의 제자들이요, 그리고 나의
법전을 읽고 깨우쳐 가는 백성들의 삶
이요, 그들이 기도하는 것이요, 그들
이 역사하는 것과, 너희들이 살아가며
너희들이 역사하는 것이,
32 과연 어떠한 것이 하늘의 법도요, 하
늘의 뜻이요, 진정한 너희들 인간이
인간을 사랑하는 길인가?
33 인간이 인간을 사랑하며 소중히 살아
가는 것, 그것이 너희들의 기본이요,
나에게 오를 수 있는 기초라는 것을
너희들은 알진대,
34 과연 너희들이 얼마나 그와 같이 살
아가는가?
35 가진 자가 과연 나누어 주며 사는가?
36 나의 아들딸이요, 나의 아들을 따르는
제자요, 그 백성들이 가진 자가 나눠
주며 살며 베풀며 사는 것과,
37 모든 종교 집단 속에 있는 너희들이
가지고 있는 자, 권력을 가진 자, 재물
이요, 금화와 은화를 가진 자, 그들이
과연 얼마나 베풀고 나누고 사는가?
38 너희들은 부끄럽고 창피하여 고개를
들지도 못할 것이니라.
39 나의 아들딸들이 나눠 주고 베푸는 그
모두를 기록하여 너희들에게 전할 것
이니, 너희들이 그를 읽고 한번 견주
어 보라.
40 그리고도 너희들이 어떠한 것이 사랑
이며 어떤 것이 사랑을 행하는 것인가
그때 가서도 깨닫지 못한다면, 너희들
은 그 죄가 가중됨을 알게 될 것이니
라.

10,201 번째 하나님 말씀

2004년 3월 30일 20시 28분

1 사랑하는 나의 아들아!

2 "네, 아버님! 말씀하옵소서."
3 지금의 동양의 작은 나라 이 민족에
게, 나의 아들이 여기에 존재하며 나
의 아들이 이곳에서 너희들과 더불어
역사함이니,
4 이 동양의 작은 나라 너희들에게 은혜
와 축복을 내가 내림이요, 그 모두를
역사하기 위하여 준비된 것이라 그리
말하였느니라.
5 그러니 지금의 믿음의 길을 가는 모든
백성 너희들은 들으라.
6 이제는 너희들이 남의 것이요, 너희들
과 관계없는 남의 것을 가지고,
7 통하지도 아니하며 이해도 가지 않는
것을 가지고,
8 너희들이 그를 가지고 나의 피조물 만
백성들을 내가 내린 뜻이라 하여 인도
하는 그와 같은 오늘의 종교 집단이
요, 그 믿음에서 너희들이 탈피해야
될 때가 되었음을 알라.
9 내가 사랑하는 나의 아들이 동양의 작
은 나라에 너희들과 같이 존재함이니,
10 내가 동양의 작은 나라에 은혜와 축복
을 내리는 것이라는 것을 너희들은
어찌 모르는가?
11 이제 너희들은 남의 것을 가지고 죽었
던 자식이 살아온 것처럼 그와 같이
매달리고 기뻐하며 화해하며 그저 죽
기 아니면 살기로 너희들이 몸 바쳐
왔던 그와 같은 믿음에서,
12 이제 넘어야 할 선이 있으며, 넘어서
가야 할 길이 따로 있다는 것을 알아
야 될 것이니라.
13 이제 남의 것을 가지고 너희들이 울고
불고 그리하지 말며,
14 내가 직접 나의 아들을 통하여 내리는
동양의 작은 나라의 언어요, 문자요,
15 이 모두를 가지고 만백성을 통제하고
다스리는 그와 같은 새로운 역사를 이
룸이니,
16 너희 모두가 다 네 것을 가지고 역사
하도록 여기에 동참하지 아니하면 아
니 되거늘,
17 어찌하여 너희들이 남의 것을 가지고
믿고 그것이 너희들 것인 양 죽기 아
니면 살기로 가는 그와 같은 너희들로
지금 되어,
18 내가 너희들에게 가장 편한 것, 너희
들이 같이 역사할 수 있는 것, 그리고
내가 모든 은혜와 영광을 주어 내리는
너희들 것을 저버리고 이를 보지 아니
하려 하며,
19 남의 것은 너희들이 그저 숭배하며,
너희 것은 그저 사탄이요, 이단이요,
사악한 것이라 그리 지금 하고 있음이
니 그 어리석음에서 깨어나도록 그리
하라.
20 이제는 나 여호와가 너희들에게 모두
를 내려 주며 너희들로 주관하여 역사
하고자 함이니,
21 동양의 작은 나라, 그 민족의 너희들
것을 가지고 내가 언어요, 문자요,
22 그리고 너희들의 관습이요, 너희들이
흘러오며 역사한 모든 것, 그를 내가
종합하여 그 속에서 이를 가지고 만백
성을 구하며,
23 세상 만방에 전하여 내가 나의 나라를
새로 이루고 역사하고자 하는 것이 나
여호와의 뜻이니,
24 너희들은 어찌하여 내가 이와 같은 큰

은혜요, 은총을 내리는 것을 감사의
기도로써 받아들이지 아니하며,
25 어찌하여 나의 아들과 나의 법전이요,
그 모두를 너희들이 사탄이요, 이단이
라 하며 벌레 보듯이 그리하는가?
26 160권의 이 법전이 너희들 동양의 작
은 나라의 글로써, 언어로써 모두가
이루어져 세상에 전함이니,
27 과연 누가 이 역사를 이룰 수 있으며
너희들이 이와 같은 것을 할 수 있단
말이더냐?
28 인간의 노력으로써, 인간의 생각으로
써 너희들이 그리할 수 있단 말이더냐?
29 인간의 생각으로써 단시일 안에 160
권의 법전을 만들어 만백성을 깨우쳐
주는 그와 같은 역사를 이룰 수도 없
으며, 하얀 눈이 세상을 덮듯이 모두
가 덮는 그와 같은 역사도 이루어질
수 없음을 알라.
30 나 여호와가 선택한 동양의 이 작은
나라요, 내가 선택한 민족이요, 그리
하여 내가 나의 아들을 이 민족이요,
너희들과 더불어 역사하도록 그리했
음이니,
31 너희들은 모두를 너희 것으로써 역사
하는 그와 같은 은혜를 받은 것을 감
사하고 기뻐하는 그와 같은 마음으로
돌려,
32 이를 잘 가꾸고 다스려 잘 성장시켜,
내가 이루고자 하는 이 세상의 공통
어요, 그리고 모두를 하나로 만드는
그 역사에 동참하도록 그리하라.
33 남의 것이요, 너희들과 맞지도 않는
것이며, 방법도 다른 것을 가지고 지
금 너희들이 그것이 하늘에 오르는 길
이요, 하늘에 오르는 그 역사함이요,
34 그 모두가 나 여호와의 뜻이라며 너
희들이 그대로 행한다 하여 지금 울고
불고하는 그와 같은 모두를 중단하며,
35 너희들 것을 내려 준 것, 너희들 것을
받아 너희들 것으로 소화시켜서, 옳고
바른 그와 같은 가르침으로써 만백성
을 이끌어 가는 데 너희들이 동참하도
록 그리하라.
36 나 여호와가 동양의 작은 나라의 역사
요, 새로운 시대요, 새로운 가르침이
요, 새로운 성령으로써 모두 새 역사
를 이루고자 함이니,
37 너희들이 여기에 참여하는 자, 여기에
같이하는 자만이 너희들이 나에게 올
수 있는 그 길을 바라볼 수 있으며, 나
에게 올 수 있는 방법을 알며, 나에게
오를 수 있는 그 모든 지혜의 은혜를
얻게 된다는 것을 잊어서는 아니 될
것이니라.

10,202 번째 하나님 말씀

2004년 3월 30일 20시 36분

1 사랑하는 나의 아들아!
2 "네, 아버님! 말씀하옵소서."
3 너의 제자들이 하루를 살아가면서 너
희들이 작은 것에 대해서는 나에게 감
사 기도를 잊어버리며,
4 그리고 너희들이 큰 것에 대해서 잊어
버리지 않는 그 기도를 하지 아니하는
가?
5 그리고 작은 것에서 너희들이 작은 마
음으로 감사하는 기도를 드리며, 크기
에 따라서 큰 것은 너희들이 큰 마음

으로 기도를 드리지 아니하는가?
6 이것이 너희들의 오늘의 마음이면 아
니 됨이니라.
7 내가 무어라 말하였느냐?
8 작은 죄도 그 죄가 크고 작은 것을 너
희들은 모른다 하였음이니라.
9 그 작은 죄로 인하여 뽑히는 그 숨어
있는 죄의 덩어리가 어떠한 것인가를
모르며,
10 큰 죄라 해도 그것이 뽑힐 때 뿌리가
없는 것이 있으니, 너희들은 모른다
하지 아니하였더냐?
11 그러니 내가 작고 큰 것을 따지지 말
며 그를 너희들이 구분하지도 말라 하
였음이니,
12 너희들이 나에게 경배의 기도를 드리
면서 너희들이 작다 하여 그저 지나치
며,
13 작다 하여 너희들이 작은 기도요, 작
은 정성이요, 작은 마음으로써 나에게
경배를 하며,
14 크고 큰 것을 얻었을 때 너희들은 큰
마음이요, 큰 기도를 드린다면, 너희
들은 결코 깨우친 백성이 아니요, 변
화된 백성이 아님을 알아야 될 것이니
라.
15 나의 아들을 따르는 제자 너희들은 크
고 작은 것이 없음이니라.
16 그러니 크고 작은 것이 없이 똑같은
마음으로 너희들이 나에게 기도하고
경배하며,
17 감사하는 마음 또한 그리해야 될 것이
며,
18 작고 크다 하여 너희들이 마음이 변하
는 그와 같은 백성이 되지 말라.
19 모두가 다 똑같은 마음에서 받아들일
수 있고 똑같이 사랑하는 그와 같은
마음으로 너희들이 역사하는 삶을 살
도록 그리하라, 사랑하는 나의 아들딸
들아!
20 그렇지 아니하면 너희들이 실수하고
무너짐이니라.
21 너희들이 작은 것은 작은 대로 기도하
며, 작은 것은 작은 대로 생각하며, 큰
것은 큰 대로 크게 생각한다면,
22 너희들이 모든 백성들을 외형으로 보
고 너희들이 가진 것과 갖지 아니한
것으로써 사람을 평가하니,
23 내면의 가지고 있는 마음을 모르게
되는 어리석은 백성이 되기 때문이니
라, 사랑하는 나의 아들딸들아!
24 이와 같은 이치를 깨달아 너희들은 이
를 행하고 가야 될 것이며, 너희들이
그와 같은 변화된 삶으로써 살지 아니
하면 아니 되느니라.
25 내가 나의 아들을 통하여 내리는 나의
법전에 기록된 것은,
26 인간의 지혜로써 인간 세상의 상식이
아니라,
27 하늘에서 내리는 하늘의 가르침이요,
하늘의 너희들의 교본이니,
28 이를 너희들이 암송하고 깨우쳐 너희
것으로 만든다면 어디에 가도 너희들
을 당할 자 없으며, 너희들이 부끄럽
지 아니하며,
29 너희들이 물러나 살 수 있는 그와 같
은 것이 아니요,
30 너희들의 강론이요, 너희들이 전하는
말에 귀를 기울이지 아니할 백성이 없
음이니,

31 한 구절 한 구절을 너희 것으로 만들
어 착실히 다져 나가는 그와 같은 삶
을 살도록 너의 제자들에게 그리 가
르치라.
32 인간 세상의 교육으로 가르치는 것이
아니요, 똑같은 단어요, 똑같은 이야
기요, 똑같은 내용이라 해도,
33 너희들은 하늘에서 내린 것이요, 나
여호와가 내린 하늘의 가르침이요, 하
늘의 뜻이니,
34 너희들이 성령으로 임한 백성으로서
그를 설법할 때, 받아들이는 이는 하
늘의 뜻으로 받아들이게 되며,
35 인간이 가르치는 것과 거기에서 차별
화를 얻게 되며 다름을 그들은 반드시
느끼게 될 것이니,
36 너희들이 전하는 것은 내가 나의 법전
에 기록한 모두는 똑같은 말이요, 똑
같은 내용이라 해도,
37 이는 하늘의 뜻이요, 하늘에서 가르치
는 것이요, 나 여호와의 뜻을 역사하
는 것이니,
38 그것을 이길 자 없으며, 그걸 당할 자
없으며, 그걸 함부로 평하지 못하며,
그를 틀렸다 말하지 못할 것이니,
39 나의 법전에 있는 모든 내용을 잘 너
희들이 깨우치고 공부하여 너희 것으
로 만들도록 그리하라, 사랑하는 나의
아들딸들아!
40 그러니 나의 법전에 기록된 그 내용도
나 여호와의 뜻이기에, 너희들이 방대
한 것만 성취하려 하며 그저 작고 흘
러가는 한두 구절을 소홀히 넘기지
말라.
41 거기에 위대한 가르침이 있으며 숨은
비밀이 있으며, 숨은 위대한 진리가
있음이니,
42 작고 큰 것을 너희들이 똑같이 생각하
며, 똑같이 정성스러운 마음으로 정독
하여, 하나하나 흘려 버리지 말고 네
것으로 만들도록 그리하라 전하라, 사
랑하는 나의 아들아!

10,203 번째 하나님 말씀

2004년 3월 30일 20시 43분

1 사랑하는 나의 아들아!
2 "네, 아버님! 말씀하옵소서."
3 이 세상이 거꾸로 되어 있으며, 너희
들이 살아가는 것을 반대 방향으로 보
지 아니하면, 너희들이 진리요, 하늘
에 오르는 길이요, 내 뜻을 알 수 없다
내가 이 가슴 아픈 말을 너희들에게
전할 때, 과연 내 마음이 어떠하던가?
4 모든 백성들이 바른 세상을 만들어 가
는 것이 아니요,
5 이 세상의 그 모두를 다 거꾸로 돌아
가도록 반대로 돌아가도록 그리 만들
고 그리 역사하는 것이 오늘의 너희들
의 삶이니라.
6 오죽하면 내가 너희들이 바로 서서 편
한 모습으로 세상을 보면 세상을 알
수 없으며,
7 그 이치를 알 수 없으며,
8 그리고 세상을 바로 볼 수 없으니,
9 너희들이 거꾸로 물구나무선 형태로
써 세상을 봐야만 너희들이 바른 세상
을 볼 수 있으며,
10 제대로 된 세상이 너희들의 눈에 들어
온다 내가 그리 말하였으니,

11 이와 같이 내가 말을 전하지 아니하면
아니 되는 나 여호와의 아픈 마음이
어떠하겠는가?
12 너희들이 삶을 사는 것을 보는 것이
그리되었음이니라.
13 이 말의 뜻을 너희들은 아는가?
14 너희들은 이 말을 이것은 가짜요,
15 진정한 나 여호와의 아들이요, 내 뜻
에 의하여 역사하는 자가 감히 할 수
없는 말이라 그리할 것이니라.
16 너희들이 바로 서서 세상을 보는 것이
아름답게 보이며, 바로 보이며, 너희
들이 바로 잘 가고 있는 것을, 어찌하
여 거꾸로 봐야만 제대로 된 세상을
본다 말하는가 너희들이 그리 말하나,
17 너희들은 너희들의 마음이요, 너희들
의 그 깨우침에 너희들이 생각하는 그
마음이 다 그러하니라.
18 그러니 너희들이 오늘의 수천 년 동안
흘러오면서 종교 집단이요, 믿음의 길
을 가는 자들이 어찌 가고 있는지 알
겠느냐?
19 참진리요, 진실한 믿음이요, 진실된
신앙생활이요, 성경에 의한 깨달음이
요, 그와 같은 믿음의 길을 가는 백성
들을 너희들은 격려하고 그를 따르는
것이 아니라,
20 성경에 의한 삶을 살아가고자 하는 그
와 같은 백성들을 너희들은 금방 이단
이라 말하며, 그리고 금방 정죄하고,
21 당장 그는 이 세상에 버림받은 자라
하며 이 세상에 존재하지 못하도록 하
는 것이 아니더냐?
22 그러니 너희들이 그와 같이 가기 때문
에 이 세상을 거꾸로 만드는 자이니라.
23 오늘까지 너희들이 한 형제자매요, 한
종교 지도자요, 목자라 말하던 자가,
24 눈이 뜨이고 귀가 열려서 성경의 가르
침이 잘못되었으며, 오늘의 너희들이
기독교라는 그 종파가 잘못했으니, 그
러니 교회라는 것이 잘못되었다 해도,
25 그가 눈이 뜨여 그걸 가지고 너희들에
게 감히 설법을 하여 참진리요, 바른
길이요, 내 뜻을 전한다면, 너희들은
금방 그러지 않더냐?
26 저자는 이단이요, 사탄이요, 마귀에
뒤집어쓰인 자이니,
27 그를 정죄해야 되며, 그를 용서치 말
아야 될 것이며,
28 그와 같은 자는 세상에 존재할 수 없
다 너희들이 그와 같이 하지 않느냐?
29 그러니 너희들이 진실이요, 참진리요,
나 여호와의 뜻을 가지고 바로 신앙의
길이요, 믿음의 길을 가는 백성,
30 그리고 내가 내린 성경이요, 그 모두
를 바로 가르치고 바로 이해하며 그
뜻을 알아 너희들에게 진실을 가르치
는 자는 이단이요, 사탄이라며,
31 금방 너희들이 한 형제라 하던 자도
등 돌려 놓고 그리 말하니,
32 너희들이 그를 용서치 아니하며, 그를
받아들이지 아니하는 그와 같은 것이
너희들의 오늘의 마음이니,
33 너희들이 진리가 잘못된 것이요, 이단
이요, 사탄이라 그리 둔갑하는 세상이
니,
34 너희들이 거꾸로 된 자들이요, 거꾸로
보지 아니하면 아니 된다는 것이 나
여호와의 뜻이니라.
35 그러니 이를 어찌한단 말이더냐?

36 저희들이 같이 가던 자도 진리를 깨달
으면 이단이요, 사탄이라 하며, 발붙
일 곳이 없게 만드니,
37 그러니 참진리요, 나 여호와의 뜻을
너희들이 오늘의 같이 가는 그 믿음의
길을 가는 종파요, 종교 지도자 중에
서 내가 선택하여 나의 뜻을 전하며
나의 아들이라 명한들, 그가 갈 수 있
으며 존재할 수 있겠는가?
38 그러니 그는 존재할 수 없으며 갈 수
없음이니라.
39 그리하여 아무것도 모르는 나의 아들
에게 지금 모두를 명하며, 내가 나의
아들을 준비시켜 지금 나의 160권의
법전이요, 너희들이 하늘에 올 수 있
는 것,
40 그리고 성경을 성경대로 깨우치며, 그
리고 그 비밀의 뜻을 알려 주며 인봉
된 것을 너희들에게 열어 주며,
41 나의 법전으로써 너희들이 하나하나
상세히 가르쳐 주니,
42 이것이 곧 나의 뜻이요, 이를 역사할
수 있는 것은 나의 아들밖에 없기 때
문임을 너희들은 부끄러운 줄 알며,
43 너희 자신의 오늘의 위치요, 너희들의
그 사악한 마음이 얼마나 너희들이 무
너졌으며 너희들이 찌들어졌으며 흉
악한 모습인가를 너희들은 알아야 될
것이니라.
44 정녕 새로운 성서를 받을 수 있는 그
릇이 너희들이 못 됨이요,
45 찌그러지고 깨졌으며 오물이 더덕더
덕 거기에 차 있음이니,
46 내가 아무것도 모르는 나의 아들을 준
비하여 이렇게 내린다는 것, 너희들
자신이 부끄러움을 알라.

10,204 번째 하나님 말씀

2004년 3월 30일 20시 47분

1 사랑하는 나의 아들아!
2 "네, 아버님! 말씀하옵소서."
3 너희들이 부모가 곱게 만들어 준 그
몸에 맞는 옷이요, 그리고 몸에 맞는
모든 신발이요, 그 장신구는 얼마나
너희들이 격에 맞추어 아름답고 고운
모습이더냐?
4 그러니 그와 같은 모습으로써 너희들
이 그 부모 앞에 서 있는 모습은 아름
다운 모습이니라.
5 그러나 너희들이 그와 같은 옷이 아니
요, 맞지도 않는 옷이요, 형의 것을 입
고 또한 더 큰 자의 옷을 입고 서 있으
며 춤을 추는 모습이라면 과연 어떠
하겠느냐?
6 지금 나의 피조물 만백성, 믿음의 길
을 가는 백성들이 그러하니라.
7 나 여호와가 너희들에게 입으라고 내
려 준 그 곱고 아름다운 옷을 입으며,
내가 내려 준 그 모든 신발을 신으며,
그리고 내가 내려 준 그 장신구를 가
지고 그대로 즐기고 살아가면 너희들
의 그 모습이 얼마나 곱고 아름답겠
느냐?
8 그러나 내가 내려 준 옷이요, 그 신발
이요, 장신구는 너희들이 팽개치고,
9 사탄이 내려보낸 그 맞지도 않는 옷을
입고 너희들이 지금 춤을 추는 그와
같은 형국이니,
10 너희들이 사탄이 내려 준 옷을 입고

춤을 추는 것이 무엇이더냐?
11 너희들이 오만과 자만에 빠져 있는 자
들이니라.
12 그러니 자만과 오만에 빠져 눈이 어두
움이니,
13 너희들이 내가 내려 준 그 입어야 될
아름다운 옷이 아니요,
14 사탄이 내려 준 맞지도 않는 옷을 입
고 춤을 추는 그와 같은 형국이 오늘
의 믿음의 길을 가는 백성, 너희들의
현실이라는 것을 너희들은 알라.
15 그러니 너희들이 얼마나 어리석은 백
성인가?
16 너희들이 잘 깨우쳐 너희들이 바로 오
는 삶을 살지 아니하면 아니 됨을 너
희들은 알아야 될 것이니라.
17 너희들이 지금 여기서 사탄이 만들어
준 맞지도 않는, 너희들에게 어울리지
도 않는 그 옷을 입고 자만과 오만과
교만에 빠져 춤을 추는 그와 같은 형
국에서 깨어나라.
18 그렇지 아니하면 너희들은 시간이 없
음이니라.
19 너희들이 지금 회개하고 깨우치는 그
시간이 얼마나 남았으며, 너희들이 나
를 아버지라 부를 수 있으며 내 앞에
용서를 빌 수 있는 시간이 얼마나 남
았는가?
20 육이 살아 있는 그 시간 속에서만 너
희들이 나를 아버지라 부르며 나에게
용서를 빌고 구할 수 있다 내가 하였
음이니라.
21 이제 모든 백성들은 들으라.
22 오늘의 믿음의 길을 가는 백성들이요,
신앙 속에 있는 자,
23 그리고 울고불고 광란의 짓을 하는 백
성,
24 너희들은 내가 내려 준 옷이요, 내가
내려 준 신발이요, 내가 내려 준 아름
다운 장신구를 집어던지고,
25 사탄이요, 마귀가 만들어 준 흉물스러
운 옷을 입고 너희들이 지금 춤을 추
고 있다는 것을 알라.
26 그러니 그 옷을 벗어던지라 함이니,
너희들은 내가 이 예를 들어 너희들에
게 가르쳐도 아직도 깨우치지 못한다
면 어찌하겠느냐?
27 맞지도 않는 옷, 그 흉한 옷을 벗어던
지라.
28 그것만이 너희들이 내가 내린 옷을 입
을 수 있는 것이요,
29 내 옷을 입었을 때 너희들이 얼마나
편안하고 예쁘고 아름다운 모습인가
를 알게 될 것이니,
30 너희들이 곧 참진리의 길을 가는 것,
비진리를 버리고 참진리의 길을 오며
너희들이 나의 뜻을 따라 사랑을 베풀
고 사는 것,
31 그것이 곧 너희들에게 맞는 옷같이 행
복하며 기쁨을 얻게 될 것이니 그리
알라.

10,205 번째 하나님 말씀

2004년 3월 30일 20시 53분

1 사랑하는 나의 아들아!
2 "네, 아버님! 말씀하옵소서."
3 오늘의 종교 집단이요, 지도자요, 너
희들이 지금 오늘의 동양의 작은 나라
에 나의 믿음을 전파하며 복음을 전하

는 너희들이 어떠한 형국이 되었는지
아느냐?
4 너희들은 보이는 것, 잡히는 것을 우
선으로 하는 그 종교임을 알아야 될
것이니라.
5 너희들이 이 동양의 작은 나라에 나의
복음이 들어오기 전에 이 모든 믿음이
이것은 나의 아들 예수가 죽음으로 인
하여 그 후부터 너희들이 그를 역사하
고 지켜 온 그 백성들이 어떠한 믿음
으로써 역사했는지 알겠느냐?
6 동양의 작은 나라에 나의 복음이요,
나를 찾는 이와 같은 성서가 들어오기
전에 그 모든 나라들은 어찌하였으며
그 백성들이 어찌 왔는지 아느냐?
7 그들은 보이는 것, 만질 수 있는 것,
실용주의의 믿음에서 그들이 거듭났
으며,
8 그들은 실용주의의 믿음으로써 그와
같이 오늘까지 역사했음이니라.
9 그러니 이미 너희들이 실용주의에 젖
어든 그 교리에 맞춰진 그 믿음을 가
지고 동양의 작은 나라에 와 그를 전
하며 그를 실용적인 것으로써 너희들
에게 가르침이니,
10 동양의 작은 나라에 아름답고 곱던 마
음들이 다 무너지고 갈기갈기 찢어지
고 헤쳐지는 그와 같은 상처를 입었음
을 알라.
11 오늘의 모든 종교 집단이요, 너희들이
지금 동양에서 복음을 전하며 만백성
을 깨우치는 모든 그 종파는 실용주의
의 믿음이요,
12 실용주의의 그 신앙에 물들어져 있으
며,
13 너희들에게는 걸맞지 않은 그와 같은
종파요,
14 그 믿음을 받아들여 너희 것으로써 지
금 접목하고자 몸부림치고 발버둥치
고 있음이니,
15 그리하여 내가 너희들에게 맞지도 않
은 사탄의 옷을 입고 춤을 추는 것이
오늘의 너희들이 믿음의 길을 가는 것
이라 내가 하였음이니라.
16 그러니 실용주의에 그 성경을 접목시
켜 너희들에게 그리 가르침이니,
17 이것이 너희들이 시작부터 잘못되었
으며,
18 처음에 너희들이 전달받는 것부터 잘
못되었으며,
19 그를 받아 너희들이 한 술 더 떴음이
니라.
20 그리하여 너희들이 재물을 바치는 것
이 구원의 은혜요,
21 그리고 너희들은 종교 집단의 지도자
는 가장 낮은 자요,
22 낮은 자라면서, 가장 높은 자의 제왕
적인 대우를 받도록 그리 가르쳤으며,
23 그러니 실용주의의 그 믿음을 동양의
작은 나라 너희들이 그 백성의 교리에
맞추어 지금에 또 타락되고 타락되는
그와 같은 형국이 온 것이,
24 오늘에 나의 복음을 전한다 하여 너희
들이 교회를 지으며 궁궐같이 역사하
며 아름답게 꾸미며 그곳에서 호의호
식하는 사탄들의 소굴이 되었음을 알
라.
25 그러니 동양의 작은 나라에 너희들이
이 성경이요, 신앙의 그 믿음이 들어
올 때,

26 본연의 성령으로 임하는 그 세상은 이
미 무너졌으며,
27 그 세상은 이미 존재하지 않는 그와
같은 너희들의 복음이 이 세상에 동
양의 작은 나라에 전해졌으니,
28 성령으로 여는 세상이 아니요, 성령을
저버린 그와 같은 너희들의 복음으로
써 여기에 역사했다는 것을 알라.
29 그리하여 내가 다시 성령으로써 임하
는 세상을 열기 위하여 동양의 작은
이 나라를 선택한 것이 무엇인 줄 알
겠느냐?
30 너희들이 방대한 그 나라요, 실용주의
인 그 백성들에게 아무리 참진리요,
아름다움을 가지고 도덕적인 그 아름
다움을 가지고 깨우치며, 인성이요,
본성을 다스린다 해도,
31 실용주의에 젖어 있는 그들의 뿌리를
바꿀 수 없으며 그들을 다스릴 수가
없음이니,
32 그리하여 아직도 너희들이 미덕이요,
아름다움이 남아 있는 작은 동양의 이
나라를 내가 미리 선택해 준비했으며,
준비된 나라라는 것을 알라.
33 동양의 작은 나라에 성령으로 임하여
내가 새로운 세상을 변화해 가는 기
본이요, 기틀이 여기서 이루어지며,
34 그리하여 나의 아들 또한 동양의 작은
나라 여기에 임하도록 내가 했음이니,
준비된 것이 오늘의 동양의 작은 나라
이니,
35 너희들은 여기서 승자가 될 것이며 역
사할 것이니라.
36 이제 너희들은 실용주의의 그 믿음으
로써 전수받은 그 복음이요, 너희들에
게 걸맞지 않은 그 옷을 다 벗어던지
고,
37 지금 나의 아들을 통하여 160권으로
내리는 너희들에게 아름답고 고운 옷
으로 갈아입어 너희들이 본연의 인간
의 모습으로써 거듭나도록 그리하라.
38 그리하여 그 모습으로써 만백성이 그
와 같이 따르며 너희들과 같이,
39 큰 옷을 입고 맞지 않은 옷을 입고 춤
을 추는 그와 같은 형국이 아니라, 그
것을 다 벗어 너희들이 입고 있는 아
름답고 고운 옷으로써 그들에게 입힐
수 있도록,
40 동양의 모든 관습이요, 언어요, 그 뜻
을 가지고 역사하도록 너희들이 그리
해야 할 것이니, 여기에 너희들이 모
두를 다 바치며 최선을 다하라.
41 그리하여 너희들이 지금 스스로 생각
해 보라, 내가 나의 아들을 통하여 동
양의 작은 나라로 역사한다는 것을.
42 동양의 작은 이 민족이요, 이 나라에
내가 나의 뜻을 심으며 너희들에게 맞
는 옷을 입히며 내 뜻을 전하여 심는
것도 너희들로부터 시작하기도 벅참
이니,
43 실용주의에 젖어 있는 방대한 그 나라
에 나의 아들을 보내어 거기서 역사한
들 과연 너희들이 뿌리를 잡을 수 있
겠느냐?
44 천년만년이 가도 거기서는 뿌리를 내
릴 수 없음이니,
45 동양의 작은 나라의 역사요, 그 빛이
만백성을 다스리고 그 만백성이 그 빛
을 보아 저희들이 바로 깨닫는 그 역
사를 이루고자 하여 내가 계획했음이

니 그리 알라.

10,206 번째 하나님 말씀

2004년 3월 31일 06시 12분

1 사랑하는 나의 아들아!
2 "네, 아버님! 말씀하옵소서."
3 똑같은 음식이요, 그 모두를 어떠한
사람이 먹으며 어떠한 미물이요, 동물
이 취하나에 따라서 그것은 그 형태가
달라진다 그리하였느니라.
4 너희들이 똑같은 물을 마셔도, 독소를
만드는 그 미물이요, 짐승이 그를 먹
으면 독소를 만들게 되며,
5 그렇지 않은 동식물이 그를 취한다면,
또한 그는 순수한 그 자연의 순리에
따라서 똑같이 살아가는 생활로써 변
화된다 그리하였느니라.
6 그러니 내가 너에게 무어라 말하였느
냐?
7 누구든 똑같이 십계명을 암송하는 것
이 다같이 십계명을 암송하나,
8 그 암송하는 사람의 마음이요, 생각이
어떠하나에 따라서 그는 사탄이 되는
것이며, 또한 천사의 암송함이 된다
그리하였느니라.
9 이 세상의 모두가 전해지는 것이 그러
하니라.
10 너를 따르는 제자들이요, 그리고 지금
법전을 읽고 깨우친 백성, 나의 법전
을 읽고 깨우쳐 경지에 오르는 너희들
이 살아가면서 무엇을 생각하고 어떠
한 마음으로써 나의 법전을 읽고 깨우
치느냐에 따라서 이는 천사요, 나 여
호와의 가르침이요,
11 그렇지 아니하면 사탄의 가르침이라
내가 그리 말하였으며,
12 그 모두가 그와 같이 변하는 그 이치
를 내가 너희들에게 일찍이 깨우쳐 주
었느니라.
13 그러니 지금 너를 따르는 제자들이 과
연 이는 나 여호와의 뜻이요, 이 뜻이
얼마나 무섭고 두려운 것이며, 너희들
이 어찌 지키고 행하고 살아가야 되는
가를 과연 얼마나 두렵고 무섭게 생
각하여 너희 가슴에 새기고 사는가
스스로 자신에게 물어보라 그리하라.
14 그들은 지금도 나의 아들을 따르는
제자들이요, 그리고 나의 법전을 읽고
깨우친 백성, 너희들처럼 하늘의 이치
요 하늘의 뜻을 알지 못하며 내가 역
사하는 것을 모르느니라.
15 모두는 정녕 지금까지는 나 여호와가
직접 관여하지 아니하였으며, 내가 직
접 너희들을 통제하지 아니한 시대라
하였음이니라.
16 그러나 나의 아들을 따르는 제자들이
요, 나의 법전을 읽은 백성 너희들은
내가 새로운 시대를 열어 가기 위해
내가 직접 선택한 백성이요, 내가 부
른 백성이라 하였으며, 그리하여 내가
너희들을 직접 다스리고 관장하는 것
이니라.
17 그러한 은혜와 축복을 입은 백성, 너
희들이 과연 바람에 흔들리는 나뭇가
지처럼 너희들의 마음이 수시로 흔들
리는 그와 같은 삶을 살지 않는가?
18 지금도 너희들이 그와 같은 마음을 가
지고 산다 하면, 그러한 마음속에 내
가 무엇을 너희들에게 부어 줄 수 있

으며 어떠한 은혜를 내릴 수 있겠는가?
19 이것을 너희들이 이제 굳건히 심어야
될 것이니라.
20 그와 같은 마음을 너희들이 굳건히 심
지 아니한다면, 너희들은 평생 동안
나의 법전을 읽고 깨우친다 해도, 너
희들이 나에게 오를 수 있는 그 은혜
를 받을 수 있는 상이 없음을 알아야
될 것이니라.
21 사랑하는 나의 아들딸들아!
22 이제 그 누가 나의 법전이요, 나의 성
령이요, 이 모두가 나 여호와가 직접
관장하는 것이며 역사하는 것이라는
것을 믿겠는가?
23 너희들 자신이 목숨을 다하여 이를 믿
으며, 너희들 마음속에 굳건히 이를
새겨 두지 아니한다면,
24 그 어느 백성도 나의 법전을 나 여호
와의 뜻이요, 새로운 성경이요,
25 심판의 마지막 시대에 너희들을 깨우
치며,
26 너희들을 구원하고 구원하지 못하는
것을 마지막으로 가리는 그와 같은 기
본이요, 근본이라 말하겠느냐?
27 내가 오죽하면 너희들에게 이와 같은
말을 너희들에게 전하겠는가?
28 너희들이 아직도 잡혀지지 아니하였
으며, 바람에 흔들리는 나뭇가지처럼
흔들리고 있음이니, 그를 보는 내 마
음이 오죽하겠는가?
29 그러니 너희들이 마음을 굳건히 다스
리며 굳건히 하라.
30 그리하여 나의 성전에 와 나의 아들의
강론을 듣는 너희들이 오로지 한 마음
으로써 그 마음이 굳어질 때, 모두는
역사했을 것이니라.
31 이제 너희들이 남을 말하는 것, 남에
대한 흠집을 이야기하는 것, 남에 대
한 시시비비를 하는 것, 그와 같은 말
을 하는 너희들 형제의 말에 귀 기울
이지 말며, 그들을 엄히 너희들이 다
스려야 될 것이니라.
32 너희들이 그와 같이 말할 수 있는 백
성은 아직도 깨달음이 부족한 백성이
요, 이 법전이 나의 성령이요, 나의 뜻
이라는 것을 모르는 백성이니,
33 저 자신이 불평불만하며 남을 시시비
비하는 말을 할 수 있을망정, 그 말로
써 하나가 되고자 하며 마음을 다스리
고자 하는 다른 형제들까지도 그 마음
이 흔들리게 함이니,
34 그와 같은 너희들의 악습이요, 그와
같은 욕심을 비우지 못한다면, 나의
성전에서 너희들이 하나가 되는 역사
를 이룰 수가 없으며,
35 그리고 너희들이 목숨을 다하고 충성
을 다하여 나의 법전이 나의 성령이
요, 내가 명하는 것이라는 것을 믿지
못하고 가기 때문이니,
36 그러면 이것이 바로 모래성이요, 내가
너희들을 선택한 이유가 없으며 내가
너희들을 선택하여 명한 의미가 없음
을 알라.
37 이제 나의 아들을 따라가는 백성, 너
희들은 오늘 이후 두 번 다시 남을 시
비하며 남을 음해하며 남을 욕하는 행
위를 나의 성전에서 해서는 결코 안
될 것이니,
38 그와 같은 말을 하는 자, 입을 막도록
하며, 그와 같은 말을 하는 자, 나의

성전에 발을 들여놓지 말라 그리 말하
라.
39 어떠한 역사가 있든, 어떠한 너희들이
마음 자세를 가지고 있든,
40 나의 선택된 아들딸 너희들이 바로 서
며, 너희들이 의인의 길을 가며,
41 나에게 구원의 길을 올 수 있도록 해
야 함이니라.
42 너희들이 구원의 길을 와야 너희들을
보고 만백성이 따라온다 하였음이니,
43 아직도 너희들이 인간 세상의 마음을
변하지 못하여, 나의 성전에서 인간
세상의 그 대화를 하며 시시비비를 한
다면,
44 그로 하여금 나의 아들딸이 바로 설
수 없음이니, 그것까지 무너짐이니라.
45 그러니 너희들은 그와 같은 너희 형제
를 엄히 다스리며, 그들을 용서치 말
며, 그들이 대화하는 곳에 끼어들지
말며,
46 그와 같은 자와 너희들이 같이 겸상하
지 말라.
47 이제는 너희들이 시간이 없음을 알라.
48 나의 법전이 130권이 넘어 지금 가고
있으며, 머지않아 160권이 이루어져
한 송이의 아름다운 꽃을 피우니,
49 너희들도 각자 꽃을 피우니,
50 그와 같이 남을 음해하고 시시비비하
는 말을 지금도 하는 백성, 결코 그 꽃
을 피울 수 없으며 그 꽃으로 하여금
다른 꽃도 피울 수가 없음이니,
51 이를 엄히 너희들이 다스려서 이제는
행하도록 그리하라, 사랑하는 나의 아
들딸들아!
52 아무리 어리석고 못난 자라도 남을 시
시비비하는 자와 같이하지 말며,
53 아무리 너희들이 능력 있고 힘이 있고
권력이 있고 재물이 있는 백성이라 해
도,
54 남을 시시비비하는 말을 하는 백성에
게는 귀를 막으며 그와 같이 겸상하지
말며 그와 같이 상대하지 말라.
55 그가 모두를 무너트리는 원인이 되고
있으니, 원인의 뿌리를 뽑지 아니하면
너희들이 바로 설 수 없음이니 그리
알라 전하라.

부 록

【하나님께서 가르쳐 주신 운동】

천재지변이 일어날 때, 동물이나 미물들은 미리 알고 대피하지만, 인간은 알지 못하고 큰 화를 당합니다. 하나님께서 인간에게 가장 높은 지혜를 주시고 완벽하게 창조해 주셨기에 동물들보다 더 잘 알 수 있지만, 욕심으로 마음이 혼탁해져서 한 치 앞을 보지 못하는 것입니다.

마찬가지로, 인간은 누구나 스스로 필요한 운동을 해서 건강을 지킬 수 있도록 하나님께서 만들어 주셨습니다. 우리의 머리에서 우리 몸에 필요한 동작을 해 달라고 끊임없이 신호를 보내지만, 인간이 혼탁하게 살아서 그 신호를 알아채지 못합니다. 그러니 자연스럽게 자기 몸이 원하는 그 신호를 따라서 운동하는 것이 하나님께서 가르쳐 주신 운동 방법입니다. 바로, 우리의 영이 육을 이끄는 운동입니다.

▶ 하나님 운동법

1. 눈을 감고, 발을 어깨너비로 벌리고 바르게 선다.
2. 몸에 힘을 풀고, 허리를 숙이면서 손과 머리를 아래로 내린다.
3. 허리를 펴고 싶을 때, 천천히 펴면서 하고 싶은 동작을 하면 운동이 시작된다. (사람마다 다르다.)
4. 멈추지 말고, 어떤 동작이든지 자기 몸의 느낌대로 계속 이어서 한다.

▶ 참고 사항

① 눈을 감은 상태로 아무 생각 하지 않고, 자기 몸의 느낌대로 움직입니다.

② 마음을 비우고, 욕심을 버리고, 지난날의 잘못을 반성하면서 몇 차례 시도하다 보면, 자기도 모르게 하고 싶은 동작이 끊임없이 생깁니다.

③ 운동 장소는 방 안이든 운동장이든 관계없으며, 걷거나 달리고 싶을 때는 눈을 떠도 됩니다.

④ 매일 40분 이상, 주 4회 이상, 3개월 이상 하면 음식 조절에 들어갑니다.
- 음식으로 생긴 병은 음식으로 치료하게 되며, 어떤 음식을 먹어야 하는지 스스로 알게 됩니다.
(자기 몸에 필요한 음식만 먹고 싶어집니다.)

⑤ 사랑하는 사람과 함께 운동하면 서로 치료해 주기도 합니다.

⑥ 운동을 하다가 몸의 어느 한 부분을 계속 손으로 자극한다면 그쪽에 이상이 있는 것이니, 의사에게 상담을 받고 적절한 치료를 받으면 됩니다.

⑦ 다이어트 및 기타 건강관리에 효과적입니다.

⑧ 꾸준히 운동하여 영이 맑아지면, 자신의 과거와 미래를 스스로 보게 됩니다.

누구나 스스로 하실 수 있습니다.

간행사

《새로운 성경》은:

· 새로운 성경은, 하나님께서 선량하고 선한 자를 선택하여 십계명을 암송하도록 하시고, 십계명을 암송한 다음에 음성으로써 들려주시는 말씀을 듣고 그대로 카세트테이프에 녹음해서 받아쓴 책입니다.

· 90분짜리 녹음테이프 700여 개에 달하는 말씀으로, 1999년 8월부터 2004년 7월까지 총 160권(권당 288쪽)을 완성하였으며, 그 이후에도 현재까지 계속 말씀을 내려 주고 계십니다.

· 새로운 성경은 "하늘을 두루마리 삼고 바닷물을 먹물 삼아 쓰고 써도 다 못 쓴다"는, 끝없이 방대한 하나님의 말씀이 두루마리로 직접 내려오는 것입니다. 이러한 새로운 성경은 구약과 신약을 폐하려는 것이 아니라 "인봉된 성서의 비유의 뜻"을 상세히 설명하여 완성하고자 하나님께서 직접 내려 주신 말씀입니다.

《새로운 성경》의 구성:

· 제 목: 2013년, 160권 모음집을 발간하면서, 본 도서의 제목을 "하나님! 말씀하옵소서"에서 《새로운 성경》으로 명해 주셨습니다.

· 단행본: 각 권당 288쪽(신국판) 책이 160권까지 시리즈로 출판됩니다.
(모음집은 단행본을 16권씩 묶어서, 총 10부로 구성됩니다.)

《새로운 성경》의 성경적 근거:

· 신약 성경 [요한복음] 16장 13절에 "진리의 성령이 오시면 그가 너희를 모든 진리 가운데로 인도하시리니 그가 자의로 말하지 않고, 오직 듣는 것만을 말하며" 하신 말씀처럼 하나님의 음성을 들은 것만 기록하였으며,

· "장래 일을 너희에게 알리시리라" 하신 말씀과 같이 개인, 나라, 인류의 "장래"일을 하나님께서 알려 주시는 것만 기록하여 책으로 만들었습니다.

《새로운 성경》의 기록 방법:

· 1999년 8월부터 하나님께서 저에게 들려주시는 음성을 기록하였습니다. 처음에는 제가 들은 말씀을 불러 주면 저의 아내가 기록하여, 2000년 1월 29일에 1권 초판이 세상에 나왔습니다. 2000년 4월부터는 주시는 말씀을 받아 녹음기에 기록하기 시작하였습니다.

· 녹음을 시작하면서 하나님의 말씀을 받는 데 가속도가 붙었고, 2001년 5월 3일에 1부(1~16권까지)를 인쇄하여 출판하였으며, 2004년 7월까지 총 160권 분량의 말씀을 받아 기록하였습니다.

하나님께서 저에게 주신 것은:

· 첫째, 만백성을 상대로 내려 주시는 "기도", 둘째, 수시로 내려 주시는 "묵상", 셋째, 개인의 과거, 현재, 미래를 알려 주시는 "개인 기도", 넷째, 개인의 건강을 위해서 내려 주시는 "음식 처방", 다섯째, 하나님께서 가르쳐 주신 "운동"등이 있습니다. 이 중에 첫 번째, "기도"를 책으로 편찬하였습니다. 사람의 생사, 개인의 미래에 관한 천기는 수록하지 말라 하셨습니다.

강론 안내:

· 하나님께서는 지금도 매일 저에게 새로운 하늘의 비밀의 말씀을 내려 주고 계십니다. 수시로 내려 주시는 말씀을 정리해서 제자를 육성하라는 말씀에 따라 매주 강론을 하고 있습니다. 누구나 무료로 들으실 수 있습니다. (book160.com)

《새로운 성경》을 읽는 분들에게 드리는 선물:

· 개인 기도: 개인의 과거, 현재, 미래에 관하여 말씀을 내려 주십니다.

· 음식 처방: 사람은 음식을 먹고살다가 건강을 잃으니, 음식과 운동으로 건강을 되찾는 방법을 알려 드립니다. 단, 하나님이 계심을 믿고, 십계명을 지키겠다고 진실로 서약하는 분들께 알려드립니다.

《새로운 성경》의 은혜와 기적:

· 새로운 성경 전160권은 16권씩 묶어서 총 10부의 모음집으로 구성됩니다. 모음집 한 부를 읽고 깨우치는 자에게 하나님께서 다음과 같은 기적이 있다고 하셨습니다.

· "첫째, 그가 죽어 하늘에 갔을 때 그의 죄를 묻지 아니하며, 구원을 받는 위대한 은혜가 있으며, 둘째, 그의 소원과 소망이 이루어지고, 셋째, 죽은 자(부모, 형제, 자식, 사랑하고 은혜 입은 분)의 이름으로 구입한 책을 읽고 누군가 한 사람이 깨우칠 때, 그 죽은 자가 지옥에서 천국으로 구원을 받게 되며, 넷째, 유산, 중절 수술 등으로 태어나지 못한 아이를 위하여 구입한 책을 보고 한 명이 깨우쳤을 때, 그 아이가 사람으로 다시 한 번 태어나는 은혜를 받는다."

· "새로운 성경"을 3회 이상 정성을 다해 정독하는 자, 성서의 비밀을 알게 되고, 세상의 이치를 알게 되며, 세상을 지배하고 통제할 수 있는 지혜를 다 얻게 된다고 하셨습니다. 이 책은 만백성이 정독하고 이웃에게 전하여, 평생 가슴에 묻은 슬픔과 고통의 짐을 벗고 미래를 위한 힘찬 삶을 살아가도록 하는 책입니다.

끝으로

· 하나님께서는 흰 눈이 세상을 덮듯이 새로운 성경을 온 세상에 전하라고 하셨습니다. 《새로운 성경》을 각국어로 번역해서 온 인류에게 구원의 길을 깨우쳐 주고, 그 수익으로 가난하고 어려운 백성을 구제하여, 만백성의 영과 육을 함께 구원하는 선지자의 임무를 수행하라고 저에게 명하셨습니다.

· 하늘에서 내려 주신 말씀의 보화를 만백성에게 나누어 주는 것이 선지자의 임무라고 하셨습니다. 새로운 성경을 통해서 얻는 재물을 사용할 곳도 하나님께서 일일이 명해 주십니다. 모든 재물은 저의 자의로 쓸 수 없고, 하나님께서 명하시는 대로만 쓰여집니다.

· 어떤 명분으로든 십일조나 각종 헌금을 거두어들이지 말라 하셨으며, 국내뿐 아니라 각국에 성전과 단독 서점을 운영하며, 한국의 많은 젊은이들을 전 세계에 지도자로 내보내라고 하셨습니다.

· 우리는 세계적으로 새로운 성경을 보급하며 어려운 이들을 돕는 역사를 해 나갈 것입니다. 지금까지 비록 몇 명 안 되는 제자들과 함께 이러한 일을 역사했지만, 앞으로도 계속 하나님께서 기뻐하시는 일들을 해 나갈 것입니다. 부족한 저희에게 여러분들의 지혜와 성원을 보내 주시기를 바랍니다. 많은 분들의 참여와 도움을 간절히 기다립니다. 감사합니다.

한국어로 내려온 《새로운 성경》 단행본을 출간하며
2016년 4월 10일

발행인 **김 용 철**

한국어로 내려온

새로운 **성 경** · 9부 · 제136권

지은이 하나님 말씀
대역자 김용철

초판인쇄 1쇄 2017년 4월 3일

펴낸 곳 도서출판 하얀마음
등록번호 제 10-2107호 (2001년 2월 14일)
주소 서울시 노원구 덕릉로86길 5, 2층
전화번호 02) 313-1114
팩스 02) 393-5554
전자우편 book160@hanmail.net
편집위원 조나영 김미향 이석교
제작지원 이기종

도서상담 1600-7527
ISBN 978-89-5875-236-3 (04230)
978-89-5875-100-7 (세 트)

값 10,000원
잘못된 책은 구입하신 곳에서 바꾸어 드립니다.

※이 책은 10부로 제작되며, 각 부 16권씩 총160권으로 구성됩니다.※

1부	2부	3부	4부	5부	6부	7부	8부	**9부**	10부
1권	17권	33권	49권	65권	81권	97권	113권	129권	145권
2권	18권	34권	50권	66권	82권	98권	114권	130권	146권
3권	19권	35권	51권	67권	83권	99권	115권	131권	147권
4권	20권	36권	52권	68권	84권	100권	116권	132권	148권
5권	21권	37권	53권	69권	85권	101권	117권	133권	149권
6권	22권	38권	54권	70권	86권	102권	118권	134권	150권
7권	23권	39권	55권	71권	87권	103권	119권	135권	151권
8권	24권	40권	56권	72권	88권	104권	120권	136권	152권
9권	25권	41권	57권	73권	89권	105권	121권	137권	153권
10권	26권	42권	58권	74권	90권	106권	122권	138권	154권
11권	27권	43권	59권	75권	91권	107권	123권	139권	155권
12권	28권	44권	60권	76권	92권	108권	124권	140권	156권
13권	29권	45권	61권	77권	93권	109권	125권	141권	157권
14권	30권	46권	62권	78권	94권	110권	126권	142권	158권
15권	31권	47권	63권	79권	95권	111권	127권	143권	159권
16권	32권	48권	64권	80권	96권	112권	128권	144권	160권